FÓRUM DA EJA DE PERNAMBUCO
CONSTRUINDO DIREITOS E FORTALECENDO A ARTICULAÇÃO PERNAMBUCANA PELA EJA EM REDE – UM DIÁLOGO COM PAULO FREIRE

Editora Appris Ltda.
1.ª Edição - Copyright© 2025 dos autores
Direitos de Edição Reservados à Editora Appris Ltda.

Nenhuma parte desta obra poderá ser utilizada indevidamente, sem estar de acordo com a Lei nº 9.610/98. Se incorreções forem encontradas, serão de exclusiva responsabilidade de seus organizadores. Foi realizado o Depósito Legal na Fundação Biblioteca Nacional, de acordo com as Leis nos 10.994, de 14/12/2004, e 12.192, de 14/01/2010.

Catalogação na Fonte
Elaborado por: Dayanne Leal Souza
Bibliotecária CRB 9/2162

B957f 2025	Burgos, Mirian Patrícia
	     Fórum da EJA de Pernambuco: construindo direitos e fortalecendo a articulação pernambucana pela EJA em rede: um diálogo com Paulo Freire / Mirian Patrícia Burgos. – 1. ed. – Curitiba: Appris, 2025.
	     337 p. : il. ; 23 cm. – (Coleção Educação, Tecnologias e Transdisciplinaridades).
	
	     Inclui referências.
	     ISBN 978-65-250-7458-0
	
	     1. Educação de jovens e adultos. 2. Movimento social. 3. Controle social. 4. Mobilização social. 5. Direito à educação. 6. Inclusão social. I. Burgos, Mirian Patrícia. II. Título. III. Série.
	
	                                                                    CDD - 374

Livro de acordo com a normalização técnica da APA

Appris *editorial*

Editora e Livraria Appris Ltda.
Av. Manoel Ribas, 2265 – Mercês
Curitiba/PR – CEP: 80810-002
Tel. (41) 3156 - 4731
www.editoraapris.com.br

Printed in Brazil
Impresso no Brasil

Mirian Patrícia Burgos

FÓRUM DA EJA DE PERNAMBUCO
CONSTRUINDO DIREITOS E FORTALECENDO
A ARTICULAÇÃO PERNAMBUCANA PELA EJA EM REDE –
UM DIÁLOGO COM PAULO FREIRE

Appris editora

Curitiba, PR
2025

FICHA TÉCNICA

EDITORIAL
Augusto Coelho
Sara C. de Andrade Coelho

COMITÊ EDITORIAL E CONSULTORIAS
Ana El Achkar (Universo/RJ)
Andréa Barbosa Gouveia (UFPR)
Antonio Evangelista de Souza Netto (PUC-SP)
Belinda Cunha (UFPB)
Délton Winter de Carvalho (FMP)
Edson da Silva (UFVJM)
Eliete Correia dos Santos (UEPB)
Erineu Foerste (Ufes)
Fabiano Santos (UERJ-IESP)
Francinete Fernandes de Sousa (UEPB)
Francisco Carlos Duarte (PUCPR)
Francisco de Assis (Fiam-Faam-SP-Brasil)
Gláucia Figueiredo (UNIPAMPA/ UDELAR)
Jacques de Lima Ferreira (UNOESC)
Jean Carlos Gonçalves (UFPR)
José Wálter Nunes (UnB)

Junia de Vilhena (PUC-RIO)
Lucas Mesquita (UNILA)
Márcia Gonçalves (Unitau)
Maria Margarida de Andrade (Umack)
Marilda A. Behrens (PUCPR)
Marília Andrade Torales Campos (UFPR)
Marli C. de Andrade
Patrícia L. Torres (PUCPR)
Paula Costa Mosca Macedo (UNIFESP)
Ramon Blanco (UNILA)
Roberta Ecleide Kelly (NEPE)
Roque Ismael da Costa Güllich (UFFS)
Sergio Gomes (UFRJ)
Tiago Gagliano Pinto Alberto (PUCPR)
Toni Reis (UP)
Valdomiro de Oliveira (UFPR)

SUPERVISORA EDITORIAL
Renata C. Lopes

PRODUÇÃO EDITORIAL
Bruna Holmen

REVISÃO
Árie Lingnau

DIAGRAMAÇÃO
Luciano Popadiuk

CAPA
Lívia Weyl

REVISÃO DE PROVA
Lavínia Albuquerque

COMITÊ CIENTÍFICO DA COLEÇÃO EDUCAÇÃO, TECNOLOGIAS E TRANSDISCIPLINARIDADE

DIREÇÃO CIENTÍFICA
Dr.ª Marilda A. Behrens (PUCPR)

Dr.ª Patrícia L. Torres (PUCPR)

CONSULTORES
Dr.ª Ademilde Silveira Sartori (Udesc)

Dr. Ángel H. Facundo
(Univ. Externado de Colômbia)

Dr.ª Ariana Maria de Almeida Matos Cosme
(Universidade do Porto/Portugal)

Dr. Artieres Estevão Romeiro
(Universidade Técnica Particular de Loja-Equador)

Dr. Bento Duarte da Silva
(Universidade do Minho/Portugal)

Dr. Claudio Rama (Univ. de la Empresa-Uruguai)

Dr.ª Cristiane de Oliveira Busato Smith
(Arizona State University /EUA)

Dr.ª Dulce Márcia Cruz (Ufsc)

Dr.ª Edméa Santos (Uerj)

Dr.ª Eliane Schlemmer (Unisinos)

Dr.ª Ercilia Maria Angeli Teixeira de Paula (UEM)

Dr.ª Evelise Maria Labatut Portilho (PUCPR)

Dr.ª Evelyn de Almeida Orlando (PUCPR)

Dr. Francisco Antonio Pereira Fialho (Ufsc)

Dr.ª Fabiane Oliveira (PUCPR)

Dr.ª Iara Cordeiro de Melo Franco (PUC Minas)

Dr. João Augusto Mattar Neto (PUC-SP)

Dr. José Manuel Moran Costas
(Universidade Anhembi Morumbi)

Dr.ª Lúcia Amante (Univ. Aberta-Portugal)

Dr.ª Lucia Maria Martins Giraffa (PUCRS)

Dr. Marco Antonio da Silva (Uerj)

Dr.ª Maria Altina da Silva Ramos
(Universidade do Minho-Portugal)

Dr.ª Maria Joana Mader Joaquim (HC-UFPR)

Dr. Reginaldo Rodrigues da Costa (PUCPR)

Dr. Ricardo Antunes de Sá (UFPR)

Dr.ª Romilda Teodora Ens (PUCPR)

Dr. Rui Trindade (Univ. do Porto-Portugal)

Dr.ª Sonia Ana Charchut Leszczynski (UTFPR)

Dr.ª Vani Moreira Kenski (USP)

Na verdade, seria incompreensível se a consciência de minha presença no mundo não significasse já a impossibilidade de minha ausência na construção da própria presença. Como presença consciente no mundo não posso escapar à responsabilidade ética no meu mover-me no mundo. Se sou puro produto da determinação genética ou cultural ou de classe, sou irresponsável pelo que faço no mover-me no mundo e se careço de responsabilidade não posso falar em ética. Isto não significa negar os condicionamentos genéticos, culturais, sociais a que estamos submetidos. Significa reconhecer que somos seres condicionados mas não determinados. Reconhecer que a História é tempo de possibilidade e não de determinismo, que o futuro, permita-se-me reiterar, é problemático e não inexorável.

(Freire, 1996, p. 11)

AGRADECIMENTOS

A Deus, que me possibilitou vencer inúmeros obstáculos, renovando as forças para atingirmos o objetivo desejado, sem que, em momento algum, eu tenha negligenciado os compromissos profissionais, com a minha família ou com outros.

Ao Ministério da Educação, por meio da Secretaria de Educação Continuada, Alfabetização e Diversidade (Secadi/MEC), em nome do seu secretário André Lázaro, do diretor de políticas Jorge Teles e do coordenador Mauro Silva, pela relevante atuação que tanto contribuiu com o movimento dos fóruns da EJA do Brasil, num debate democrático em torno das pautas da implementação das políticas públicas para a EJA, o que não quer dizer que não tenha havido os devidos embates e tensionamentos. Para a minha alegria e honra, o Jorge Teles é o autor do posfácio deste livro.

À Secretaria Estadual de Educação e a todas as Secretarias Municipais de Educação de Pernambuco, por suas atuações permanentes como membros do fórum da EJA PE ao longo da sua existência.

À Universidade Federal de Pernambuco, por meio de seus centros e departamentos, como o Centro de Educação, na pessoa de seu então diretor professor Alfredo Gomes; ao Núcleo de Ensino, Pesquisa e Extensão em Educação de Jovens e Adultos e em Educação Popular (Nupep), na pessoa do professor João Francisco de Souza (in memoriam); e à Cátedra Paulo Freire, na pessoa da professora Eliete Santiago, que muito me honrou ao compor a minha banca de doutorado em Ciências da Educação como avaliadora externa, devido ao seu reconhecido acúmulo epistemológico, sua postura crítica, rigorosa, comprometida e ética diante do meio acadêmico e social, além de me prestigiar, mais uma vez, e me dar muito orgulho, ao prefaciar esta obra.

À Faculdade de Psicologia e de Ciências da Educação da Universidade do Porto (FPCE-UP), por meio das professoras Isabel Menezes e Rosa Nunes, que tão dedicadamente me atenderam no que tange ao ingresso para iniciar esta pesquisa. E aos professores Pedro Ferreira e Joaquim Coimbra (in memoriam), por terem apostado, desde o início, neste projeto de investigação, além de o Pedro ter me brindado com o segundo prefácio desta obra, o que me encheu de orgulho e alegria.

À Universidade de Coimbra – Faculdade de Psicologia e de Ciências da Educação, na pessoa do professor Luis Alcoforado, por seu interesse na pesquisa, ainda que não tenhamos prosseguido com o estudo.

À Universidade de Pernambuco, campus Nazaré da Mata (UPE/Nazaré da Mata), na pessoa da professora Waldênia Leão, por seu interesse na pesquisa, ainda que não tenhamos prosseguido por lá.

Ao Centro Paulo Freire – Estudos e Pesquisas (CPFreire), por sua constante atuação junto ao fórum da Educação de Jovens e Adultos de Pernambuco (fórum da EJA PE), desde a sua fundação em 1990, como Articulação Pernambucana Pela EJA, aqui representados pelos presidentes Paulo Rosas (in memoriam), Alcides Restelli Tedesco (in memoriam) e Maria Nayde dos Santos Lima, e pelo vice-presidente João Francisco de Souza (in memoriam), referências importantes na trajetória do fórum da EJA PE durante as suas gestões no CPFreire, como expressões ímpares de militância em defesa da EJA, de compromisso social com a educação, sendo a Nayde Lima, para minha alegria e honra, a autora do texto livre que compõe a segunda orelha desta obra.

Ao Instituto Paulo Freire de Portugal (IPFP), na pessoa de sua presidente da direção, Luiza Cortesão, pela minha acolhida no seio da sua diretoria no momento de desenvolvimento deste trabalho, entre os anos de 2014 e 2019.

Ao Centro de Integração Empresa Escola de Pernambuco (CIEE-PE), pela sua contribuição ao fórum da EJA PE, na pessoa de sua superintendente, Maria Inez Borges Lins.

A todos os coordenadores e coordenadoras dos fóruns municipais e do estadual da EJA PE e dos fóruns da EJA do Brasil, desde os seus surgimentos até os dias atuais, pela sua importância nesse processo democrático, de luta e resistência, mediante o permanente exercício de Advocacy, no campo da Educação de Jovens e Adultos do Brasil, e a todas as pessoas membros do fórum da EJA PE, atuantes ou não mais atuantes, sem exceção, pela dedicação a esse movimento em defesa da Educação de Jovens e Adultos.

A todas as instituições e pessoas que compuseram a Agenda Territorial de Desenvolvimento Integrado de Alfabetização e EJA de Pernambuco (Agenda Territorial PE), pela relevante parceria em defesa da Alfabetização e EJA no estado.

Ao Álvaro Pantoja Leite, pelo apoio irrestrito e pela constante mentoria. Sim, sem ele tudo teria sido bem mais difícil, desde a preparação, o ingresso e o desenvolvimento da investigação. Ainda, ele me brindou com a escrita da sinopse deste livro, me enchendo de orgulho e de uma felicidade imensa.

Aos amigos Celma Rocha e Mário Ferreira, que me ajudaram significativamente a financiar o sonho da realização de meu curso de doutorado em Portugal.

A todas as pessoas entrevistadas, multiplicadoras, respondentes do questionário on-line, ouvintes, e pelas mensagens de incentivo, congratulações, entre outras manifestações de apreço, que generosamente contribuíram com esta pesquisa.

A eles e elas, estudantes da EJA do Brasil, que estiveram no coletivo dos fóruns da EJA, em qualquer momento de suas histórias, em especial de Pernambuco, em nome de Alzenir Silva da Luz e Walfranki Severo.

Ao doutor Alexandre Galvão e ao doutor Elias Melo, pelo incessante cuidado com minha saúde e de minha família.

A Adriana Carvalho, Adriano Sobral, Agostinho da Silva Rosas, Alberto Alves de Lima Freitas, Aída Monteiro, Ana Coelho Vieira Selva, Almeri, Anair Mello, Analise Silva, André Gustavo Ferreira, Antonio Danilson R. Pinto, Alcineide Germano, Ângela Fragoso, Ângela Marques, Angela Vanderlei, Argentina Rosas, Beatriz de Barros, Beth Gois, Carminha Barreto, Célia Costa Pereira, Cida Cruz, Cláudia Abreu, Claudines Carvalho, Cíntia Santos, Cláudio Azevedo, Cleidimar Barbosa, Clóvis Oliveira, Cristiane Valentim, Conceição Carvalho, Dayse Moura, Denilda Marques, Di Pierro, Edi Rocha, Edson Tenório, Elane Tonin, Elisa Pankararu, Erivalda Torres, Evanilson Alves Sá, Fátima Leal, Fátima Urpia, Flávio Miranda de Oliveira, Graça Vital, Heleno Araújo, Inês Almeida, Inês Fornari de Souza, Janayna Cavalcante, Jane Paiva, Jeane de S. Tenório Lima, Joelma Henrique Braga, José da Silva, José Edson de Oliveira Lima, Joseane Duarte, Joseilda Grinauria, José Paulino Peixoto, Leidjane Silva, Laécio Santos, Leôncio Soares, Letícia Rameh, Liana Borges, Lilian Roberta Avelar de Andrade, Lourdes Antunes, Luiz Olávo Ferreira, Lúcia Santana, Margarida Machado, Maria Bernadete Cavalcante, Maria do Carmo Pontes, Maria Luiza Bezerra, Maria Aparecida V. de Melo, Maria Hilda Siqueira, Marília Gabriela, Miriam Maia (in memoriam), Márcio Tiago dos Anjos, Márcia Barbosa, Maria Zélia Souza Correia, Mirtes Ramos, Nadja Benevides,

Nelino Azevedo, Paulo Henrique Silva, Raquel Pizzamiglio, Romana Fernandes, Rejane Dantas, Rosana Martinez, Rosângela Tenório, Rosimary Nascimento, Roberta Mônica A. da Silva, Sérgio Abranches, Sidney Ferraz, Silvana Nascimento, Simone Candez, Simone Freitas, Suzana Lima, Tainã Falcão, Tárcia Regina, Targélia Albuquerque, Teresa Leitão, Tiago Martins, Timothy Ireland, Valdinete Vasconcelos, Viviane Mota, Vera Capucho, Wilson Galindo, Xavier Uytdenbroek e Zélia Porto, por terem, de diversas maneiras, ajudado a asfaltar o caminho do fórum da EJA PE e do Brasil, por mim percorrido, antes ou durante o desenvolvimento desta pesquisa.

À minha família: Ivan Barbosa, Midyan Patrícia, Daniel Ferreira, Leonilson Lourenço e Rafaela Sposito, por terem contribuído, cada um do seu jeito, de forma generosa e "paciente", com a concretização deste livro, que é tão importante para a minha formação acadêmica, profissional, e realização pessoal. E, por fim, ao meu mais novo amor, a minha netinha, Alice Melissa, que, com seu jeito meigo, divertido, extrovertido e delicado, traz tanta leveza e harmonia para o nosso convívio familiar. É por ela, juntamente a outras tantas crianças, que vislumbro a esperança de um mundo melhor, em que todas as pessoas tenham direito ao acesso, à permanência e à qualidade social da educação, independentemente do CEP de sua residência e da sua condição social.

Dedico este livro, em primeiro lugar, ao professor João Francisco de Souza (in memoriam), *principal responsável pela criação da Articulação Pernambucana pela Educação de Jovens e Adultos (Articulação Pernambucana pela EJA) e, portanto, criador do fórum da Educação de Jovens e Adultos de Pernambuco (fórum da EJA PE); a todas as pessoas que fizeram ou fazem parte de alguma maneira da Articulação Pernambucana pela EJA e/ou do fórum da EJA PE e do Brasil. À UFPE/ CE/Nupep/Cátedra Paulo Freire, em nome de todos/as, professores/as, pesquisadores/ as, técnicos/as e estudantes que, em parceria com essa instituição, contribuíram significativamente para fundar e manter a Articulação Pernambucana pela EJA, desde 1990 até os dias atuais, como fórum da EJA PE, em nome do seu atual reitor, Alfredo Gomes, e da professora Eliete Santiago. A todas as pessoas que fizeram ou fazem parte do Centro Paulo Freire – Estudos e Pesquisas (CPFreire) nas pessoas do seu primeiro presidente, o professor Paulo Rosas, e sua vice-presidente, a professora Maria Nayde dos Santos Lima, que assumiram, desde 1998, o compromisso desse centro com a EJA, juntando-se ao coletivo da Articulação Pernambucana pela EJA, cujo legado permanece até os dias atuais no fórum da EJA PE.*

A todas as minhas amigas e todos os meus amigos, indistintamente, ao longo da minha existência. A todos/as os/as estudantes, professores/as, coordenadores/as e gestores/as que atuam na EJA no Brasil. À minha família, Ivan, Midyan-Daniel, Léo-Rafela, e a minha netinha, Alice Melissa.

Juntos trilhamos essa jornada de muita luta, muita dedicação, muita abdicação de lazeres e convívios, angústias, mas que culminou em realização pessoal e satisfação familiar. E, por fim, ao meu irmão Roberto Burgos Filho (in memoriam), *que sempre foi uma referência para mim de ética e retidão e, em nome dele, a todos os meus irmãos, irmãs e parentes.*

QUEM SOU EU?

Sou uma educadora dedicada, com uma trajetória ampla e diversificada na área da educação. Sempre busquei ampliar meus conhecimentos e explorar as diversas possibilidades de atuação docente. Concluí meu doutorado em Ciências da Educação pela Universidade do Porto, em Portugal, onde também atuei profissionalmente como membro da diretoria do Instituto Paulo Freire de Portugal (IPFP).

Minha experiência se destaca especialmente na Educação de Jovens e Adultos (EJA), na qual há quase três décadas atuo. No início de tudo fui estagiária em pedagogia das escolas das unidades Prisionais do Bom Pastor (colônia feminina), Escola Olga Benário, e do Anibal Bruno (presídio masculino). Sou membro e coordenei o fórum da EJA-PE, contribuí como assistente pedagógica no Projovem Urbano, Brasil Alfabetizado, entre outros, junto à Secretaria de Educação de Pernambuco, por meio da Gerência de Educação de Jovens, Adultos e Idosos (SEE-PE/Gejai) em diferentes regiões de Pernambuco. Também dediquei quase 20 anos ao Terceiro Setor, compondo o quadro de diretores/as e conselheiros/as do Centro Paulo Freire – Estudos e Pesquisas e a partir de 2023 no Centro de Integração Empresa Escola de Pernambuco (CIEE-PE), no qual atuo como diretora-secretária do Conselho de Administração.

Ao longo da minha caminhada profissional, tenho atuado na formação de professores/as, técnicos/as, gestores/as e alfabetizadores/as da EJA, por meio de cursos seminários, palestras, entre outros, para diversas secretarias municipais e a Secretaria Estadual de Educação de Pernambuco, também, em outros estados, e para empresas privadas. Atuei em assessorias educacionais, sigo escrevendo e publicando artigos científicos e organizando livros na educação, com foco na Educação de Jovens e Adultos. Tenho vasta experiência em organização de eventos acadêmicos nacionais e internacionais e em comissões científicas e editoriais, atividades das quais não abro mão. Atuei na coordenação geral de educação do município de Camaragibe, sobretudo, com foco na EJA, o qual considero ser uma fonte inesgotável de imersão na EJA. Esse esforço de investir na minha formação e atuação cidadã e participação social, enquanto sociedade civil, se traduz no meu objetivo de potencializar a educação pública e as políticas educacionais inclusivas.

Atuar no campo da formação inicial e continuada, da avaliação e do acompanhamento na EJA inicialmente realizados a partir de empresas de assessorias pedagógicas e do Centro Paulo Freire – Estudos e Pesquisas, é, sem dúvida, uma das minhas maiores motivações e fonte ímpar de aprendizado. Trabalhar em todas as regiões de Pernambuco, da capital ao alto sertão, nas zonas urbanas e rurais, e nos acampamentos/assentamentos me permite vivenciar a diversidade e as especificidades de cada contexto, o que é essencial para uma atuação eficaz e sensível às necessidades de cada comunidade.

Tais vivências me proporcionaram uma visão abrangente e enriquecedora das diferentes realidades educacionais do nosso estado, algo fundamental para o meu desenvolvimento profissional, pois me permitiu compreender as especificidades de cada localidade e atuar de forma precisa no acompanhamento e avaliação do processo formativo de professores/as, objetivando, quando necessário, intervir pedagogicamente fomentando a qualidade social e democrática da educação. Além disso, a troca constante de experiências e desafios me permitiu melhorias na minha prática pedagógica e nas escolhas das estratégias, além da minha evolução como ser humano.

Entendo que a formação de professores/as e a avaliação constante do processo formativo são fundamentais para garantir que educadores/as da EJA estejam preparados para lidar com os desafios cotidianos dessa modalidade de ensino, promovendo a inclusão e a equidade. Além disso, o acompanhamento constante contribui para que a EJA seja cada vez mais um espaço de emancipação e transformação social. Eu não abro mão de seguir contribuindo com políticas públicas, nessa direção.

O pensamento de Paulo Freire norteia minha prática pedagógica e segue sendo uma inspiração constante. Acredito profundamente no processo de educação como um ato de amor e compromisso social, no qual o/a educador/a e o/a educando/a se encontram em um diálogo transformador. Em consonância com Freire, defendo uma pedagogia que respeite o saber do/a aluno/a e que o/a valorize enquanto sujeito ativo no processo de aprendizagem, num diálogo fraterno e recíproco entre o currículo escolar e a realidade cotidiana dos/as estudantes. A educação deve ser uma prática libertadora, de construção coletiva e de conscientização crítica e ética, capaz de transformar a realidade dos sujeitos da educação.

Atuar como coordenadora e membro do fórum da EJA-PE e ocupar assento na Comissão Estadual da Agenda Territorial de Pernambuco, por meio da Agenda Territorial de Desenvolvimento Integrado de Alfabetização e EJA e da SEE-PE/Gejai, oportunizou-me contribuir para a construção de um debate permanente com os diversos segmentos da sociedade civil que atuam no campo da Educação de Jovens e Adultos em Pernambuco. Num contexto de controle social e advocacy, a troca de ideias e experiências nessas mesas de discussão permanentes fortalece a reflexão coletiva sobre os desafios e as soluções para a EJA, permitindo uma formação mais rica e contextualizada, tanto para os educadores/as quanto para as políticas educacionais. Tais participações ativas em fóruns e comissões, colegiados, entre outros, me proporcionam uma compreensão mais ampla e crítica sobre as realidades da educação e da EJA, além de possibilitarem a minha contribuição crítica na construção de ações que possam efetivamente transformar a educação e a vida dos alunos, sujeitos da EJA, por meio da busca incessante por implementação de políticas públicas para a EJA, em Pernambuco.

Atuei na Coordenação da Escola de Fé e Política Padre Antônio Henrique, mediante a Arquidiocese de Olinda e Recife, com o intuito de contribuir para a formação cristã, a partir de uma reflexão teológica, bíblica e ética. O Movimento Laudato Si, do qual faço parte como membro, tem por objetivo mobilizar e incentivar a comunidade católica a cuidar do meio ambiente, da biodiversidade e alcançar a justiça climática e ecológica, ou seja, incentiva a cuidarmos da nossa casa comum.

Cada experiência, além das não citadas, reafirma meu compromisso em formar e inspirar outros educadores/as, criando um elo em defesa da educação, da educação popular, do meio ambiente e da casa comum, mantendo vivo o meu compromisso em transformar vidas por meio da educação, colaborado para fortalecer a formação humana e profissional de todas as pessoas/instituições envolvidas, num debate franco, demo-crático e plural.

Além de educadora, sou mulher, esposa, mãe, avó, pernambucana e nordestina; trago comigo o orgulho de carregar minha história e minhas raízes em tudo o que faço. Acredito na educação de qualidade como instru-mento de transformação social, e sigo firme na busca por um ensino cada vez mais humano, inclusivo, ético, estético, e rigorosamente metódico, inovador e eminentemente democrático, em constante troca de experiên-cias, saberes e vivências. Como dizia o Gonzaguinha: "e aprendi que se depende sempre de tanta muita diferente gente. Toda pessoa sempre é as marcas das lições diárias de outras tantas pessoas. E, é tão bonito quando a gente vai à vida, nos caminhos onde bate bem mais forte o coração".

Mirian Patrícia Burgos

APRESENTAÇÃO

Este livro se apresenta como uma contribuição essencial para o aprofundamento das reflexões e práticas relacionadas à Educação de Jovens e Adultos (EJA) no Brasil, com enfoque especial na realidade pernambucana. Ele aborda não apenas a luta pelo direito à educação como um pilar fundamental da cidadania, mas, também, o reconhecimento de sua importância para as populações historicamente marginalizadas e vulneráveis, reafirmando o papel central da educação na redução das desigualdades.

A obra destaca a singularidade do movimento social dos fóruns de EJA, com especial atenção ao fórum EJA de Pernambuco enquanto espaço coletivo de resistência, articulação e construção de políticas públicas. Por meio de uma análise densa e criteriosa de documentos, entrevistas e resultados de uma pesquisa inédita, o livro investiga as raízes históricas, as dinâmicas sociais e as perspectivas educacionais que moldaram esse movimento, revelando o poder transformador da ação coletiva.

A Educação de Jovens e Adultos, como apresentado neste livro, encontra respaldo nos princípios consagrados pela Constituição Federal de 1988 e pela Lei de Diretrizes e Bases da Educação Nacional (LDBEN) n.º 9394/96. Esses marcos normativos garantem o direito à educação como dever do Estado, reforçando seu caráter universal, inclusivo e equitativo. Sob a égide desses documentos, a EJA é concebida como um mecanismo de emancipação social, garantindo o acesso à escolarização para aqueles que não tiveram oportunidade em idade "regular", promovendo a justiça social e o exercício pleno da cidadania.

Mais do que um registro histórico, este livro se debruça sobre os desafios contemporâneos enfrentados pelo fórum EJA de Pernambuco, analisando suas limitações e potencialidades como espaço de formulação e incidência política. Ele evidencia a urgência de fortalecer sua atuação frente às complexidades, a exemplo do cenário recente, entre 2016 e 2022, marcado por retrocessos e ameaças aos direitos conquistados, e reafirma a justiça de sua missão ainda por cumprir no campo da EJA.

Tecida com rigor acadêmico e um olhar sensível, esta obra ultrapassa o âmbito específico da EJA e "se insere em um debate mais amplo sobre a consolidação da democracia e o enfrentamento das desigualdades estruturais no Brasil, justiça social e inclusão social" (Burgos, Ferreira, & Coimbra, 2016). Escrito a partir de um lugar de cuidado, compromisso e reconhecimento, o livro não apenas celebra o passado, mas também lança luz sobre os caminhos para um futuro mais inclusivo, democrático e plural. O livro reflete a riqueza e o poder das histórias e vozes que representam o fórum EJA de Pernambuco, em estreita relação com os fóruns da EJA do Brasil, demonstrando como a mobilização coletiva pode transformar adversidades em oportunidades de inclusão social, a partir da efetivação do direito à educação de pessoas jovens, adultas e idosas.

O livro é um testemunho fundamental para compreender como as lutas pela educação, pelos Direitos Humanos e pela cidadania se entrelaçam e se fortalecem permeadas por ações articuladas em rede, em defesa da Educação de Jovens e Adultos.

Mais do que celebrar o passado, o texto lança luz sobre os caminhos para um futuro mais inclusivo, evidenciando a interdependência entre educação, justiça social e cidadania. É, portanto, um testemunho imprescindível para compreender como as lutas por educação e Direitos Humanos se aprofundam e se expandem em um horizonte de esperança, guiado por um compromisso ético e político com a construção de uma sociedade verdadeiramente democrática, participativa e equitativa.

A autora

PREFÁCIO 1

Fórum da EJA de Pernambuco: construindo direitos e fortalecendo a articulação pernambucana pela EJA em rede – um diálogo com Paulo Freire é um livro da professora pesquisadora Mirian Burgos, com origem na sua tese de doutorado, desenvolvida na Universidade do Porto.

A autora, com seu olhar inquieto para Educação de Jovens e Adultos, assim como para as reivindicações históricas pelo direito à educação de todas as pessoas, sentiu-se desafiada a compreender a tessitura das demandas da população adulta por educação e o trabalho desenvolvido pelos fóruns de Educação de Jovens e Adultos. Sem perder de vista a noção de organização federativa do Brasil, ela se debruçou sobre a experiência de Pernambuco, sem isolá-lo das iniciativas em âmbito nacional. Assim, originalidade, especificidade e adequação de Pernambuco à experiência brasileira, no seu conjunto, ganha importância neste trabalho.

A obra oportuniza ao grande público conhecer leituras de pessoas envolvidas com a Educação de Jovens e Adultos e com fóruns de educação, a partir de um mosaico multicolorido, constituído por um conjunto de informações produzidas por muitas vozes, em diferentes contextos. Vozes e ações que ecoaram de espaços governamentais e de segmentos da socie-dade civil organizada, formando coletivos por todo o Brasil, para propor e acompanhar políticas educacionais de Educação de Jovens e Adultos.

Um détour sobre a reivindicação, aos esforços de coletivos e à oferta de educação à população majoritária que, historicamente se encontra à margem dos processos básicos da educação escolarizada – o direito à leitura e à escrita – é mostrado neste livro, compondo a História da Educação e, nela, a História da Educação de jovens e adultas/os brasileiras/os. A imersão em documentos de políticas de educação levou a autora a demarcar dois momentos importantes na caminhada da EJA: um que afirma a educação como direito de todos e dever do Estado e da família, como instituiu a Constituição Federal de 1988; o outro, que define a Educação de Jovens e Adultos como modalidade da educação básica, como preceitua a lei geral da Educação Brasileira de 1996.

A Educação de Jovens e Adultos é, portanto, (re)afirmada com o trabalho da autora como objeto de política da educação em âmbitos e esferas da educação nacional.

A relação entre os fóruns da EJA no Brasil e as Conferências Internacionais de Educação de Adultos (Confiteas) ganhou lugar neste livro, haja vista a importância para a organização dos fóruns. Destaca-se a influência para a concepção e criação de fóruns da EJA, bem como para a formatação de agendas. O cuidado em evidenciar a importância dos fóruns de educação da EJA para o processo de democratização da sociedade e para a gestão da educação pública é notável na argumentação, possível de ser visto ainda na articulação necessária à sua constituição e agendas que movem os fóruns, apesar de avanços e retrocessos que sofrem esses coletivos em suas caminhadas e disputas por um projeto social e de educação.

Constituem-se em temas que atravessam todo o livro, o movimento histórico realizado pelos fóruns da Educação de Jovens e Adultos de mobilização permanente de profissionais da educação, representantes da sociedade civil e movimentos sociais para a inscrição da educação de adultos e da educação popular na agenda educacional do país.

Em mãos, temos uma obra que toma o fórum de Educação da Jovens e Adultos do estado de Pernambuco (fórum EJA/PE), situado no Nordeste do Brasil, como um movimento histórico e pedagógico, comprometido com a educação de pessoas jovens e adultas que ganhou contornos e denominação a partir da experiência pernambucana cujo nome foi de "Articulação Pernambucana pela EJA".

Sem dúvidas, o fórum EJA/PE tem sua origem e relevância históricas relacionadas à "Articulação Pernambucana pela EJA", obra da inventiva do educador João Francisco de Souza, assim como, às experiências progressistas no campo da educação que tiveram à frente o educador pernambucano Paulo Freire, a partir dos anos 1950, em especial os trabalhos com a educação de adultos no Recife, em Pernambuco e no Nordeste brasileiro.

A cidade do Recife e o Nordeste brasileiro protagonizaram nos anos de 1960 programas e políticas revolucionárias para educação de adultos que ganharam expressão nacional, a exemplo do Plano Nacional de Educação de Adultos (PNA), criado em 1963 e abortado logo em seguida. Experiências estas que se espalharam em vários espaços acadêmicos e sociais, entre os quais o Movimento de Cultura Popular (MCP), o Serviço de Extensão Cultural da Universidade do Recife (SEC/UR), a experiência de Angicos, no estado do Rio Grande do Norte, esta última inspiradora do Programa Nacional de Alfabetização (PNA).

Assim, o protagonismo de praticantes da educação, da gestão educacional em diferentes níveis e esferas governamentais e dos movimentos sociais teceram os fios da "Articulação Pernambucana pela EJA", razão pela qual ganharam a atenção da autora, sem deixar de apontar os seus antecedentes e contextualizar o caminhar do fórum de EJA no estado de Pernambuco. Em outros termos, a atenção para a tessitura da Articulação Pernambucana pela EJA, transformada em fórum de Educação de Jovens e Adultos, valoriza experiências anteriores e constitui objeto e temas deste livro.

A natureza participativa, a composição diversa e a dinâmica de mobilização e articulação são traços e gestos que perfilam o fórum EJA/PE, com sua rede de relações, marcada na sua origem com a criação da Articulação Pernambucana pela EJA, nos anos 1990. Essa estratégia política é minuciosamente tecida pela autora da obra. Ela evidencia concepções e tendências que tecem significado e história dos fóruns no Brasil, situando o de Pernambuco. Refere-se a sujeitos coletivos na sua construção e destaca a importância da localidade. Porém, não perde de vista, na sua abordagem, as aproximações entre fórum nacional e fórum regionais como atuação em rede.

A retomada das origens do fórum EJA/PE mostra que a "Articulação Pernambucana pela EJA", na verdade, pode ser considerada um movimento político pedagógico que contribuiu, ao longo de 14 anos, para a discussão e proposição coletivas sobre experiências em EJA, processos formativos institucionais, produção e socialização do conhecimento. Foi tecida pelas mãos de um coletivo, formado por diferentes segmentos da sociedade civil e governamental.

Uma abordagem que considera a interioridade-exterioridade do movimento, composição e alcance, leva a leitoras/es uma visão que é, ao mesmo tempo, sócio-histórica, política e pedagógica, da criação à transformação nominativa e estrutural de "Articulação Pernambucana pela EJA" para fórum de EJA/PE, nos primeiros anos de 2000.

Este livro recupera a memória da Educação de Adultos em Pernambuco e atualiza a discussão ao trazer o fórum de Pernambuco, compondo a rede de fóruns como resistência, mobilização e articulação para a Educação de

Jovens e Adultos. Portanto, um trabalho relevante ao tratar da dívida social do Brasil com as pessoas iletradas que ainda se faz presente, confirmada pelos dados demográficos do Censo de 2022.

É uma leitura fundamental para profissionais em educação, que trabalham com gestão, formação e currículo, bem como para professoras/es em formação.

Recife, novembro de 2024.

Maria Eliete Santiago

Professora titular da Universidade Federal de Pernambuco (UFPE), vinculada ao Programa de Pós-Graduação em Educação, coordenadora da Cátedra Paulo Freire da UFPE

PREFÁCIO 2

Este é um livro importante. Pode-se dizer que ele é especialmente importante para quem se preocupa com questões de educação, em particular a Educação de Jovens e Adultos (EJA) no Brasil, mas não só – há muito mais nesta obra. Falar da EJA no Brasil é falar da luta pelo direito à educação, do seu efetivo reconhecimento, e, em especial, do direito à educação das populações mais pobres e vulneráveis. É, também, falar do trabalho educativo, social e político que se foi fazendo necessário para que aqueles e aquelas tantas vezes negligenciados no efetivo acesso ao direito à educação possam ter tido a oportunidade de estudar e aceder (pelo menos, e demasiadas vezes) às literacias mais básicas. Este trabalho, que é, em boa verdade, também uma luta por justiça e reparação, articulou-se nas últimas décadas a partir de contextos específicos, de reflexão-ação sobre educação popular e emancipatória, de criação e instituição de arenas de diálogo e compromisso, e das possibilidades que a existência continuada (e reconhecidamente sempre limitada) desses espaços de construção participada de políticas públicas foi abrindo. É também sobre isto o livro: a possibilidade de se conhecer e reconhecer a singularidade do movimento social dos fóruns EJA, em especial do fórum EJA de Pernambuco, e de, a partir deste, compreender as dimensões históricas, sociais e educacionais que o foram constituindo e fazendo avançar, e situar os seus desafios enquanto espaços de construção de política(s).

Esta é uma obra importante, também, pelo que documenta e pela pesquisa que a suporta. A partir de uma cuidadosa, profunda e inédita análise de documentos e de entrevistas a atores importantes dessa história, o livro permite olhar para o modo como a certa altura se foram articulando os princípios constitucionais do direito à educação e da democracia participativa, para a consequente articulação de diferentes instituições, organizações e movimentos sociais e para a construção de uma pauta partilhada em torno das questões da EJA. É essa articulação que torna o movimento dos fóruns possível, é ela mesma que cria as relações que lhe trazem potência, e também a arena em que se vão definindo os seus desafios e limites. Escutar em entrevista membros atuais e históricos das diferentes instituições, organizações, e movimentos, e muitos outros membros, a partir de um inquérito que abrangeu todo o estado, contribui para fazer uma história que estava por escrever. Mas contribui, também, para ir muito além disso: conhecer e refletir sobre o movimento dos fóruns com nuance, sobre a sua singularidade e sobre as suas contradições, sobre o que o exercício de interlocução continuada e horizontal tornou possível (em termos de pautas e políticas em favor da EJA), mas também reconhecer o que nesse esforço ficou aquém. É a própria centralidade da democracia para os fóruns que leva a esse movimento de questionamento, de alargamento e de aprofundamento, e é a absoluta justeza da sua incumprida missão que ao mesmo obriga.

Este livro é, ainda, importante pela sua autora, pelo lugar de onde é escrito, tecido de interior e exterior, de cuidado, reconhecimento, mas também uma preocupação com o futuro, com as possibilidades do próprio movimento e do que, pela sua missão, a partir dos testemunhos de quem está, e da consciência da ausência de quem (quase) não está, precisa de ser e fazer. Mirian Burgos é uma educadora comprometida com a educação popular e emancipatória, com o legado daqueles e daquelas que reconhecem terem feito as possibilidades de uma educação dedicada a avançar, mas a par de que esse avançar se faz sempre de consciência e de ação renovadas. A autora é uma devotada atora do movimento dos fóruns EJA e do fórum EJA de Pernambuco, que acompanhou durante um largo período, que conhece no sentir e no fazer, nos ganhos e nas perdas, tendo-se afastado apenas na medida em que o seu posicionamento perante a sua pesquisa, o modo de a conduzir, e o espaço para a levar mais longe foram demandados. A autora acredita na luta pela justiça, pela democracia e pelo direito à educação (e a uma educação emancipatória), pela umbilical ligação entre essas três lutas e pela necessidade absoluta de se aprofundarem a cada dia, nos contextos e nas ações, de forma presente, permanente e participada. Este livro faz disso bom testemunho. Um testemunho fiel a Paulo Freire (de quem é leitora inspirada), no modo como coloca a educação e as suas possibilidades transformadoras no espaço de troca entre pessoas, e fiel a uma compreensão humana da política, daquela que, como diz Hannah Arendt, surge no mundo entre pessoas – a partir do que produz o poder que se cria entre elas –, e fiel ao compromisso com a possibilidade de um outro mundo no qual não podemos deixar de acreditar.

Pedro D. Ferreira
Professor associado da Faculdade de Psicologia e de
Ciências da Educação da Universidade do Porto (FPCEUP)

LISTA DE ABREVIATURAS E SIGLAS

Agenda Territorial	Agenda Territorial de Desenvolvimento Integrado de Alfabetização e EJA
CCSA	Centro de Ciências Sociais Aplicadas
Ceaa	Campanha de Educação de Adolescentes e Adultos
Ceaal	Conselho de Educação de Adultos da América Latina
Ceaeja-PE	Comissão Estadual de Alfabetização e EJA de Pernambuco
CEB	Câmara de Educação Básica
CEC	Círculos de Educação e Cultura
Ceja	Centro de Educação de Jovens e Adultos
Ceja-Olinda	Centro de Educação de Jovens e Adultos do Município de Olinda
CIEE-PE	Centro de Integração Empresa Escola de Pernambuco
Cnaeja	Comissão Nacional de Alfabetização e Educação de Jovens e Adultos
CNE	Conselho Nacional de Educação
Conae	Conferência Nacional de Educação
Confintea	Conferência Internacional de Educação de Adultos
CPFreire	Centro Paulo Freire – Estudos e Pesquisas
Criaeja	Comitês Regionais Intrassetoriais de Alfabetização e EJA
CUT	Central Única dos Trabalhadores
EJA	Educação de Jovens e Adultos
Eneja	Encontro Nacional da Educação de Jovens e Adultos
Ereja	Encontro Regional da Educação de Jovens e Adultos
Fetape	Federação dos Trabalhadores Rurais Agricultores e Agricultoras Familiares do Estado de Pernambuco
Fundaj	Fundação Joaquim Nabuco
Fundeb	Fundo de Manutenção e Desenvolvimento da Educação Básica e de Valorização do Profissional da Educação

Fundef	Fundo de Manutenção e Desenvolvimento do Ensino Fundamental e de Valorização do Magistério
Gejai-SEE-PE	Gerência de Políticas Educacionais de Jovens, Adultos e Idosos da Secretaria Estadual de Educação de Pernambuco
IBGE	Instituto Brasileiro de Geografia e Estatística
Icae	Conselho Internacional de Educação de Adultos
IES	Instituições de Ensino Superior
IFPE	Instituto Federal de Educação Ciência e Tecnologia de Pernambuco
Incra	Instituto Nacional de Colonização e Reforma Agrária
LDBEN	Lei de Diretrizes e Bases da Educação Nacional
Marista/Ubec	Colégio Marista Nossa Senhora da Conceição/União Brasileira de Educação Católica
MCP	Movimento de Cultura Popular
MEC	Ministério da Educação
MST	Movimento dos Trabalhadores Rurais Sem Terra
NMS	Novos Movimentos Sociais
Nupep – UFPE	Núcleo de Ensino, Pesquisa e Extensão em Educação de Jovens e Adultos e Educação Popular da Universidade Federal de Pernambuco
ONG	Organização Não Governamental
PAS	Programa Alfabetização Solidária
PDE	Plano de Desenvolvimento da Educação
PNE	Plano Nacional de Educação
PNA	Plano Nacional de Alfabetização
Pnad	Pesquisa Nacional por Amostra de Domicílio
PNLD	Programa Nacional do Livro Didático
PPF	Programa Paulo Freire Pernambuco Escolarizado
Proeja	Programa Nacional de Integração da Educação Profissional com a Educação Básica na Modalidade de Jovens e Adultos
PBA	Programa Brasil Alfabetizado
Projovem	Programa Nacional de Inclusão de Jovens

Promata	Projeto de Alfabetização de Jovens e Adultos do Programa de Apoio ao Desenvolvimento Sustentável da Zona da Mata de Pernambuco
Pronera	Programa Nacional de Educação na Reforma Agrária
Secad/MEC	Secretaria de Educação Continuada, Alfabetização e Diversidade/Ministério da Educação
Secadi/MEC	Secretaria de Educação Continuada, Alfabetização, Diversidade e Inclusão/Ministério da Educação
Sede	Secretaria Executiva de Desenvolvimento da Educação
Sedo	Secretaria de Educação de Olinda
SEE/PE	Secretaria Estadual de Educação de Pernambuco
Senac	Serviço Nacional de Aprendizagem Comercial
Sesc	Serviço Social do Comércio
Sesi	Serviço Social da Indústria
Senai	Serviço Nacional de Aprendizagem da Indústria
Seplag	Secretaria de Planejamento e Gestão
Sintepe	Sindicato dos Trabalhadores em Educação do Estado de Pernambuco
UFPE	Universidade Federal de Pernambuco
UFPE/CE	Universidade Federal de Pernambuco – Centro de Educação
Undime/PE	União Nacional dos Dirigentes Municipais de Educação Seccional de Pernambuco
Unesco	Organização das Nações Unidas para a Educação, Ciência e Cultura
UPE	Universidade de Pernambuco

SUMÁRIO

INTRODUÇÃO... 35

CAPÍTULO 1
CONTEXTUALIZAÇÃO SÓCIO-HISTÓRICA DA EJA........................ 45

1.1 CONTEXTUALIZAÇÃO SÓCIO-HISTÓRICA DA EJA NO BRASIL E EM
PERNAMBUCO 45

1.1.1 Os contextos aos quais estão submetidos os coletivos da EJA 50

1.1.2 Políticas públicas para a Educação de Jovens e Adultos 54

1.2. DIRETRIZES OPERACIONAIS PARA A OFERTA DA EJA NO ESTADO DE
PERNAMBUCO (2016) 57

1.2.1 No âmbito do governo estadual 58

1.2.2 Proeja... 58

1.2.3 Projovem Urbano.. 59

1.2.4 Modalidade da Educação de Jovens e Adultos 59

1.2.5 Público atendido e matrícula da EJA fundamental entre os anos de
2014 e 2017 60

1.2.5.1 EJA do ensino médio..61

1.2.5.2 Público atendido e matrícula da EJA no ensino médio 61

1.2.5.3 Programa Paulo Freire Pernambuco Escolarizado (PPF) 61

1.2.5.4 Exame supletivo... 62

1.2.6 Programas para populações especialmente vulneráveis 62

1.2.6.1 EJA nas prisões... 62

1.2.6.2 Programas de desenvolvimento social e EJA 63

1.2.6.3 Programa Chapéu de Palha... 63

1.2.6.4 Programa Mãe Coruja Pernambucana.................................... 64

1.3. A ORIGEM DO FÓRUM DA EDUCAÇÃO DE JOVENS E ADULTOS DE
PERNAMBUCO 66

1.4 ENCONTROS ESTADUAIS DA EJA PROMOVIDOS PELA ARTICULAÇÃO
PERNAMBUCANA PELA EJA ENTRE OS ANOS DE 1990-2004.................... 76

1.5 SURGIMENTOS DOS FÓRUNS DA EJA NO BRASIL....................... 80

1.5.1 Fóruns da EJA: de que objeto estamos falando? 80

1.5.2 Surgimento do fórum da EJA de Pernambuco............................. 84

1.5.3 Alguns marcos históricos... 87

1.5.4 Marco histórico de algumas ações e encontros promovidos pelo fórum da EJA PE, no estado, entre os anos de 2008 e 2015 88

1.6 ESTRATÉGIAS PEDAGÓGICAS UTILIZADAS PELOS FÓRUNS DA EJA 91

CAPÍTULO 2

CONTEXTO E INFLUÊNCIA DOS FÓRUNS DA EJA DO BRASIL: UM OLHAR SOBRE A ATUAÇÃO DOS FÓRUNS COMO EXERCÍCIO DE *ADVOCACY* E CONTROLE SOCIAL. 97

2.1 CONTROLE SOCIAL DAS POLÍTICAS PÚBLICAS PARA A EDUCAÇÃO DE JOVENS E ADULTOS ATRAVÉS DAS AÇÕES DOS FÓRUNS DA EJA PE. 97

2.2 CARACTERÍSTICAS DOS FÓRUNS DA EJA DO BRASIL. 108

2.3 OS FÓRUNS DA EJA: DEMOCRACIA PARTICIPATIVA E O EXERCÍCIO DO *ADVOCACY* 113

2.4 INTERLOCUÇÃO ENTRE OS FÓRUNS DA EJA DO BRASIL E A SECADI/MEC. .118

2.5 V CONFERÊNCIA INTERNACIONAL DE EDUCAÇÃO DE ADULTOS (CONFINTEA): SUA CONTRIBUIÇÃO PARA A CRIAÇÃO DOS FÓRUNS DA EJA NO BRASIL. 122

2.5.1 Encontros Preparatórios para a V Confintea no Brasil 124

2.5.2 Recomendações para as instituições que atuam no campo da EJA 131

2.6 A REALIZAÇÃO DOS ENCONTROS NACIONAIS DA EJA (ENEJAS) 136

2.7 SEMINÁRIO NACIONAL SOBRE A FORMAÇÃO DO/A EDUCADOR/A DE JOVENS E ADULTOS/AS 140

2.8 AGENDA TERRITORIAL DE DESENVOLVIMENTO INTEGRADO DE ALFABETIZAÇÃO E EJA. 140

2.8.1 Agenda Territorial em Pernambuco. 145

CAPÍTULO 3

CONTEXTUALIZAÇÃO DA PESQUISA. 147

3.1 PERCURSOS DA PESQUISA. 147

3.1.1 Observação Participante (OP) 155

3.1.2 Entrevistas individuais semiestruturadas. 161

3.1.3 Os conceitos/categorias mais presentes no discurso das pessoas entrevistadas 163

3.1.4 Inquérito por questionário on-line. 165

3.1.5 Descrição do questionário utilizado. 166

CAPÍTULO 4

AS REUNIÕES DO FÓRUM DA EJA PE E A PARTICIPAÇÃO DE SEUS MEMBROS IDENTIFICADOS NA OP 175

4.1 PRIMEIRA REUNIÃO: UMA VISÃO GLOBAL SOBRE O FÓRUM DA EJA PE 175

4.2 A QUESTÃO DA PARTICIPAÇÃO DOS MEMBROS 187

4.2.1 A participação dos membros do fórum da EJA PE nas reuniões de Observação Participante (OP) 190

4.2.2 A participação dos/as estudantes da EJA 193

4.3 AS PRINCIPAIS TEMÁTICAS ABORDADAS NAS REUNIÕES DE OBSERVAÇÃO PARTICIPANTE 194

4.4 SÍNTESE DAS REUNIÕES DA OP DO FÓRUM DA EJA PE 196

CAPÍTULO 5

COMO SE PROJETA A EDUCAÇÃO DE JOVENS E ADULTOS A PARTIR DO FÓRUM EJA PE 199

5.1 PARTE A: EJA e a maneira de os membros do fórum da EJA refletirem sobre ela .. 199

5.1.1 Tema 1: a aproximação dos/as entrevistados/as com a EJA............... 199

5.1.1.1 Tópico: a) campo e sujeitos da EJA 199

5.1.1.2 Tópico: b) EJA como direito 204

5.1.2 Tema 2: a relação do fórum da EJA PE com o campo da Educação Popular (EP) 206

5.1.2.1 Tópico: a) teoria e prática da Educação Popular 206

5.1.2.2 Tópico: b) Relação intrínseca entre as ações do fórum da EJA PE e o pensamento de Paulo Freire 212

5.2 PARTE B: ORGANIZAÇÃO DO FÓRUM DA EJA PE 219

5.2.1 Tema 3: como se dá a organização do fórum da EJA PE 219

5.2.1.1 Tópico: a) concepção e prática 219

5.2.1.2 Tópico: b) organização/composição....................................... 222

5.2.2 Tema 4: fórum da EJA PE e a formação de seus membros................. 224

5.2.2.1 Tópico: fóruns da EJA como espaço de formação 224

5.2.3 Tema 5: processo de participação da sociedade nas instâncias do fórum da EJA PE 227

5.2.3.1 Tópico: a) representação/participação/protagonismo 227

5.2.3.2 Tópico: b) Presença/ausência dos segmentos dos/as professores/as e estudantes da EJA no fórum da EJA PE 230

5.2.4 Tema 6: a condução do diálogo no fórum da EJA PE...................... 233

5.2.4.1 Tópico: espaço de escuta, espaço de fala................................. 233

5.3 PARTE C: IDENTIDADE DO FÓRUM DA EJA PERNAMBUCO 237

5.3.1 Tema 7: fórum da EJA PE como um Movimento Social (MS) 237

5.3.1.1 Tópico: A influência do fórum da EJA PE na construção de políticas públicas para a EJA através do controle social 237

5.3.2 Tema 8: Contribuição do fórum da EJA PE para influenciar nas políticas sociais/políticas públicas para a EJA em Pernambuco......................... 242

5.3.2.1 Tópico: a) luta e influência dos fóruns da EJA na efetivação de políticas públicas para a EJA através do controle social.. 242

5.3.2.2 Tópico: b) exercício democrático/segmento governo(s) federal, estadual e municipais como membros participantes do fórum da EJA PE 251

CAPÍTULO 6
A PARTICIPAÇÃO DOS/AS ESTUDANTES DA EJA NO FÓRUM DA EJA DE PERNAMBUCO 259

6.1 PARTE A: PARTICIPAÇÃO DOS/AS ESTUDANTES DA EJA E SUAS AUSÊNCIAS ..259

6.1.1 Estudantes da EJA: desafios e possibilidades 260

6.1.2 A participação figurativa dos/as estudantes da EJA: presença/ausência ... 267

6.1.3 A falta de protagonismo dos/as estudantes da EJA........................ 272

6.1.4 A não participação e/ou a invisibilidade dos/as estudantes da EJA 273

6.1.5 A necessidade de maior participação dos/as estudantes, representatividade e diversidade... 275

6.1.6 Necessidade de construir para/com os/as estudantes da EJA um lugar empoderado 277

6.2 PARTE B: POSSÍVEIS MUDANÇAS NO HORIZONTE 281

6.2.1 Esforços – o que pode e tem sido feito para superar o desafio e incluir os/as Estudantes da EJA como partícipes dos fóruns da EJA PE 281

CAPÍTULO 7
CONSIDERAÇÕES FINAIS.. 293

7.1 DIÁLOGO ENTRE O GOVERNO E A SOCIEDADE CIVIL 293

7.2 RELAÇÃO DA UFPE COM O FÓRUM DA EJA PE............................. 294

7.3 SÍNTESE DOS RESULTADOS.. 296

7.3.1 Diálogo/participação horizontal 297

7.3.2 Mobilização e diversidade do público participante....................... 299

7.3.3 A Participação dos/as estudantes e professores da EJA no fórum da EJA PE 300

7.3.4 A aproximação do fórum da EJA de Pernambuco com o campo da Educação Popular 301

7.3.5 A Identidade do fórum da EJA PE 302

7.3.6 A categoria diálogo na organização do fórum da EJA PE.................. 307

7.3.7 Desafios e possibilidades da organização do fórum da EJA
de Pernambuco..308

7.3.8 A contribuição do fórum da EJA PE para influenciar nas políticas
públicas para a EJA 309

7.4 ALGUMAS CRÍTICAS E SUGESTÕES DAS PESSOAS PARTICIPANTES DESTA
INVESTIGAÇÃO, COLHIDAS ATRAVÉS DAS ENTREVISTAS E DO INQUÉRITO POR
QUESTIONÁRIO ON-LINE...312

POSFÁCIO 323

REFERÊNCIAS.. 327

INTRODUÇÃO

Este livro nasce de uma longa trajetória pessoal e profissional, marcada pela dedicação à Educação de Jovens e Adultos (EJA). A motivação para investigar e aprofundar esse tema é impulsionada por um "saber de experiência feito", que transcende o campo acadêmico e invade a esfera das práticas vívidas e do comprometimento social. É, portanto, uma obra que dialoga com a atuação no campo educacional, enraizada na práxis transformadora que busca incessantemente compreender, criticar e propor alternativas para as demandas e desafios da EJA no Brasil, com foco especial a partir da Articulação Pernambucana pela EJA, criada em 1990, tendo assumido a nomenclatura de fórum da EJA PE, em 2004, cuja trajetória de atuação em defesa da EJA em Pernambuco vem sendo construída e está alicerçada ao longo de mais de vinte anos de sua existência.

É mais que uma obra acadêmica. É uma jornada de compromisso social e uma contribuição genuína ao campo da EJA. Nascido de uma vivência intensa e comprometida, o estudo percorre caminhos que dialogam profundamente com as experiências da autora, que, há mais de duas décadas, se dedica a essa causa. Seu percurso na EJA, especialmente em Pernambuco, mas também em outros estados e em Portugal, ilumina não só a história dessa modalidade de ensino, mas também os desafios e conquistas de um movimento que luta pelo direito à educação para jovens, adultos e idosos.

A autora inicia sua trajetória de investigação e atuação na EJA ainda como estagiária na graduação, em contextos sociais de grande complexidade como o das escolas das Unidades Prisionais da Rede Estadual de Educação de Pernambuco (SEE-PE), onde encontrou no pensamento de Paulo Freire uma força transformadora. Inspirada pela pedagogia dialógica crítica de Freire, que lança uma nova luz sobre o papel emancipador da educação, ela confronta práticas de ensino excludentes e a importância da mobilização e controle social na (re)formulação das políticas públicas. A experiência como gestora e educadora no Centro Paulo Freire – Estudos e Pesquisas (CPFreire), inspirada pela pedagogia emancipadora de Paulo Freire, reforçou os alicerces sólidos para entender a educação não como prática bancária, mas como uma ação dialógica e transformadora.

Suas vivências no fórum da EJA PE e em outras iniciativas de educação popular são bases para uma análise que envolve não só teoria, mas também, é fruto de uma trajetória marcada pela prática e pela reflexão crítica, enraizada no campo da EJA. Esse percurso se iniciou a partir de uma curiosidade epistêmica que se consolidou em um compromisso acadêmico e profissional com a EJA. Essa jornada foi intensificada pela atuação em diversas instâncias de formação e pesquisa, abrangendo desde o estágio em escolas prisionais até o envolvimento com vivências no chão das escolas, em diálogo crítico permanente e troca de experiências no campo da formação de professores/as coordenadores/as pedagógicos/as, gestores/as educacionais atuantes no campo da EJA e gestores/as governamentais, além dos aprendizados resultantes da atuação numa perspectiva da avaliação formativa e do acompanhamento das práticas pedagógicas aplicadas em sala de aula da EJA, literalmente em todas as regiões do estado de Pernambuco.

Atuar como membro titular representando um movimento social, fórum da EJA PE, e uma ONG, o Centro Paulo Freire – Estudos e Pesquisas, na Comissão Estadual da Agenda Territorial de Desenvolvimento Integrado de Alfabetização e Educação de Jovens e Adultos de Pernambuco[1] (CEAEJA-PE), ação lançada pela Secretaria de Educação Continuada e Diversidade do Ministério de Educação (Secad-MEC[2]), com suas orientações lançadas em 2008 para que todos os estados e o Distrito Federal pudessem aderir, oportunizou à autora conhecer e conviver com as várias instituições e pessoas que também compunham essa comissão com variadas especificidades, vivências, princípios, concepções, objetivos e formas de atuar na EJA, numa mesa permanente de debates, em constante vigilância, com objetivos de analisar, criticar, e propor alternativas que ajudassem os governos estadual e municipais na perspectiva de contribuir com o debate para a construção de políticas públicas para a EJA em Pernambuco, através do diálogo franco, horizontal e democrático entre as instituições que compunham a CEAEJA-PE: Secretaria Estadual de Educação como Unidade Executora, Secretarias Municipais, Quilombo-

---

[1]   Resultou, entre outros, na organização e a publicação do livro, junto a outras companheiras de caminhada, com a memória da atuação e contribuição da Agenda Territorial de Pernambuco para impulsionar as políticas públicas para a EJA no estado, intitulado de Agenda Territorial de Desenvolvimento Integrado de Alfabetização e Educação de Jovens e Adultos do estado de Pernambuco: breve histórico com a 2ª edição em 2015.

[2]   A partir do ano de 2012 essa Secretaria assumiu em sua nomenclatura que trata, também da inclusão social. Passou então a se chamar Secretaria de Educação, Continuada, Diversidade e Inclusão do Ministério da Educação (Secadi/MEC).

las, Movimento Negro, Sistema S, fóruns da EJA, Sindicatos, Movimento Sem Terra, segmentos como a Educação do Campo e representantes de diversos programas ofertados pela SEE-PE, Organizações Não Governamentais (ONGs), universidades públicas e privadas, entre outras, em um constante movimento em defesa do direito à Educação de Jovens e Adultos em Pernambuco, em constante interlocução com a Secad-MEC, cujos desdobramentos alcançaram a todas as Regionais da Educação da Rede Estadual da Educação de Pernambuco, através dos Comitês Regionais Intrassetoriais de Alfabetização e EJA (Criaeja), onde se dá a operacionalização da agenda, nas 17 Gerências Regionais de Educação. Essas instâncias de atuação coletiva, entre outras, contribuíram, significativamente, como amálgama na caminhada em que essa autora foi forjada como profissional, pesquisadora da EJA e do fórum da EJA PE.

Também se faz importante jogar luz sobre a sua trajetória com atuação como professora substituta da Rede Municipal de Educação do Recife, nos Anos Iniciais do ensino fundamental I, num contexto de pós pandemia, nas turmas de alfabetização, dos quintos anos e multisseriadas. Esta última abarcava crianças dos 9 anos de idade até adolescentes com idades entre 13 e 14 anos, com as suas construções do saber variando entre o processo inicial da alfabetização, até estudantes que se encontravam no processo da aquisição do seu conhecimento compatível com a sua idade. Destaque-se, ainda, o importante aprendizado ao atuar como vice-gestora municipal, em Camaragibe, na Região Metropolitana do Recife. Ambos foram fundamentais para consolidar a compreensão de que se faz impositivo investir em políticas públicas na educação básica pública, desde os anos iniciais, a fim de evitar que se continue produzindo estudantes para a EJA em Pernambuco. Tais vivências aguçaram a profissional, num exercício de uma educação de qualidade social, humanizadora, inclusiva, amorosa, rigorosamente metódica e ética.

No Brasil, ao longo da sua história, a Educação de Jovens e Adultos tem sido caracterizada pela ausência de investimentos adequados, o que reflete uma negligência que impede a garantia plena desse direito. Isso se manifesta, principalmente, na carência de políticas públicas externas para essa modalidade de ensino. Diante desse cenário, especialmente após a redemocratização do Brasil em 1988, a participação da sociedade civil tornou-se fundamental para a criação e o fortalecimento de políticas públicas em diversas áreas, com destaque para a educação. Um exemplo disso é a atuação dos fóruns da EJA do Brasil, em rede.

Diante das demandas da sociedade, diferentes grupos sociais organizados, em parceria com iniciativas privadas, passaram a desenvolver ações específicas com o objetivo de promover o bem comum na área da educação. Para isso, diversas entidades se organizaram e desempenharam um papel fundamental ao tensionar os governos por políticas públicas para a educação. Entre esses atores estavam universidades públicas, movimentos sociais, sindicatos, ONGs, entre outros protagonistas importantes, que se inseriram nesses espaços de debates crítico-problematizador em defesa da educação, pública, gratuita e com qualidade social.

O livro analisa as complexas articulações entre Estado, sociedade civil e organizações populares da educação, no enfrentamento das lacunas históricas que cercam a EJA. Historicamente, o segmento da EJA tem sido negligenciado, e a Articulação Pernambucana pela EJA, o fórum da EJA de Pernambuco e os fóruns da EJA do Brasil, a partir da década de 1990, emergem como uma resposta política de controle social a falta de investimentos e de políticas públicas consistentes. No contexto brasileiro, onde a sociedade civil assume um papel crítico na promoção de direitos, as práticas e lutas em torno da EJA se mostram fundamentais para a cidadania das pessoas excluídas socialmente, ou incluídas perversamente, como diria o professor João Francisco de Souza.

Com a mudança do governo federal e o aumento da pressão social por políticas inclusivas, foi possível estabelecer parcerias entre os fóruns da EJA, outros movimentos sociais e órgãos públicos, resultando em políticas públicas estruturantes para a EJA, ao longo das últimas décadas, mais especificamente, a partir do ano de 2003, quando o Brasil alcançou avanços importantes na implementação das políticas públicas para esse segmento da educação e pudemos testemunhar e atuar em iniciativas relevantes para ampliar o financiamento da EJA e integrar a modalidade aos planos municipais e estaduais de educação. Entre os anos de 2016 a 2022, foi um período em que historicamente, o país teve que enfrentar retrocessos e desmontes significativos na Educação de Jovens e Adultos, a despeito dos sujeitos da EJA serem agredidos, através da negação dos seus direitos constitucionais e legais, ao serem desmontados, o que reitera a necessidade do Movimento dos fóruns da EJA do Brasil, de se manter vigilante e atuando, exigindo por meio da intervenção coletiva e articulada com outros atores importantes, movimentos e instituições em defesa do direito à EJA, dentro de uma pauta coletiva de reivindicação com proposições de estratégias e caminhos para retomada da agenda da Secadi/MEC, a fim manter a EJA como prioridade.

É importante destacar que os investimentos na construção e/ou efetivação de políticas públicas para a EJA, a partir de 1 de janeiro de 2023, voltou a fazer parte das prioridades da agenda do governo federal, Secadi/MEC.

Apesar de reconhecer os avanços conquistados no campo da EJA no Brasil, este país ainda enfrenta uma conjuntura alarmante em relação ao analfabetismo e à subescolarização de pessoas jovens, adultas e idosas, de acordo com dados recentes do IBGE, ao revelar que cerca de 11 milhões de brasileiros/as ainda não têm acesso aos níveis mais básicos de educação, continuam analfabetos, e muitos outros semianalfabetos, com limitações de leitura e escrita que dificultam seu acesso pleno à cidadania. Esse cenário reflete as desigualdades históricas e regionais do país, em que questões estruturais, como a pobreza, a falta de infraestrutura e a desigualdade de acesso às escolas, mantêm uma parte expressiva da população fora do circuito educacional formal.

Diante dessas condições, torna-se urgente que o poder público assuma um papel proativo na formulação de políticas públicas de Estado para a EJA. A realidade vivida no Brasil no tocante ao analfabetismo e subescolarização de pessoas jovens e adultas, justifica a necessidade e relevância da ação dos fóruns da EJA do Brasil que têm atuado, permanentemente em rede, para alcançar ganhos para a EJA, para além das letras frias das leis, lutam pela efetivação das políticas públicas de estado, de forma inclusiva, plural e democrática que respeitem a diversidade cultural e social dos sujeitos da EJA.

Nesse sentido, a retomada pelo governo federal do Programa Brasil Alfabetizado[3] (PBA) e do Pacto pela Educação de Jovens e Adultos, a partir do ano de 2023, que está em curso, representa um passo significativo na direção da redução dessas desigualdades e da retomada da valorização da EJA. O governo federal reestruturou o Ministério de Educação e recriou da Secretaria de Educação, Continuada, Diversidade e Inclusão do Ministério de Educação (Secadi/MEC), a partir do Decreto de n.º 11.342 ao tornar sem efeito o Decreto n.º 10.502, que a extinguiu. O (re)lançamento da

---

[3] Defendemos políticas públicas de estado para a Educação de Jovens e Adultos, contudo, com a realidade em que acomete o Brasil com alto índice de analfabetos e subescolarização de pessoas adultas, principalmente em áreas de difícil acesso, ainda se faz necessário os governos federal, distrital, estadual e municipais lançarem mão, mais uma vez, do PBA, devido ao seu desenho e abrangência territorial que revela ser de suma importância, ainda, para alcançar pessoas jovens e adultas que não tiveram acesso à educação formal, como um aporte de entrada, como a primeira fase ou ciclo da educação básica da EJA, enquanto políticas pública de estado.

Secadi/MEC trouxe consigo a esperança de um compromisso renovado com a educação e a continuidade educacional de jovens, adultos e idosos em situação de vulnerabilidade social, acentuado ao longo dos anos do apagão da EJA, entre 2016 a 2022.

Essas iniciativas são fundamentais para mobilizar recursos, orientar formações e implementar ações coordenadas entre a Secadi/MEC, Distrito Federal, estados e municípios, com vistas a promover uma política de estado para a EJA, que vá além das gestões governamentais temporárias, e permita que milhões de brasileiros e brasileiras tenham, finalmente, seus direitos à educação efetivado, de acordo com Freire, num processo de educação como um caminho para a emancipação.

Por meio desta obra, a autora contribui para a compreensão científica do movimento da Articulação Pernambucana pela EJA/fórum da EJA PE e dos fóruns da EJA do Brasil. Com base na fundamentação teórica de autores renomados, apresenta uma análise da trajetória e dos desafios enfrentados pelos fóruns da EJA, com especial ênfase no fórum da EJA de Pernambuco. Este estudo busca não apenas sistematizar o conhecimento acumulado sobre o fórum da EJA PE e a EJA, mas, também, oferece um ponto de partida para futuras pesquisas que desejem explorar as interfaces entre educação, cidadania e movimentos sociais em Pernambuco em defesa da EJA.

Aportada nos referenciais de Paulo Freire, educador pernambucano, que revolucionou a Educação de Jovens e Adultos ao desenvolver uma metodologia que coloca o/a aluno/a no centro do processo de aprendizagem e valoriza a cultura e a vivência dos educandos/as com a sua abordagem dialógica e crítica a exemplo da obra Pedagogia do Oprimido, conhecida mundialmente, propunha romper com o modelo tradicional de ensino "bancário" – onde o professor deposita informações nos/as alunos/as –, ao invés disso, o teórico propôs um método de alfabetização e conscientização fundamentado na participação ativa, no diálogo crítico, na rigorosidade metódica e na ética universal do ser humano (Freire, 1998).

Freire enxergava a educação como um caminho de emancipação. Em 1963, liderou a experiência das "40 horas de Angicos", no Rio Grande do Norte, onde alfabetizou 300 trabalhadores rurais em tempo recorde, mostrando que, ao utilizar palavras e temas retirados da realidade dos/as alunos/as, o aprendizado tornava-se um processo significativo, transformador, emancipador e libertador. Essa experiência não apenas revelou a eficácia de sua metodologia, mas consolidou Freire como referência no campo da Educação de Jovens e Adultos, inspirando educadores/as no Brasil e em todo o mundo.

A influência de Paulo Freire na EJA é profunda e contínua. Suas obras e prática incentivam o fortalecimento de movimentos populares, inspirou a Articulação Pernambucana pela EJA e tem inspirado os fóruns da EJA do Brasil, que tomam como base a ideia de uma educação voltada para a cidadania, para a consciência social e para o desenvolvimento do pensamento crítico. Freire afirma que a educação é um ato político e que, ao alfabetizar, o/a educador/a deve permitir que o/a educando/a tome consciência de sua realidade, identificando-se como sujeito da sua própria história e agente de transformação.

Historicamente, a EJA é marcada pela falta de investimento e revelada através da negação do direito e do baixo investimento em políticas públicas para esse segmento da educação.

> Assim onde a macroburocracia estatal e o poder empresarial funcionam mal, abrindo uma imensa avenida de organização capilar da sociedade [...] Estado e sociedade civil assumem um papel importante [...] onde a articulação entre Administração pública e as organizações da sociedade civil pode ser mais facilmente organizada [...] em torno da qualidade de vida do cidadão. (Dowbor, 1999, p. 20)

Nesse caso, frente às necessidades da sociedade, os diversos segmentos sociais juntamente com iniciativas privadas passaram a assumir ações especificas objetivando o bem coletivo no campo da educação, através de diversos segmentos sociais que ocuparam esses espaços de discussão em defesa da efetivação de políticas públicas de Estado para a Educação de Jovens e Adultos, no Brasil.

Então, na década de 1990, surgem os fóruns da Educação de Jovens e Adultos do Brasil, através de um posicionamento político diante do descaso do governo para com a EJA, como estratégia de enfrentamento a essa situação.

Este estudo se justifica por ser pioneiro enquanto produção científica que trate da temática do Movimento da Articulação Pernambucana pela EJA/fórum da EJA PE. Além disso, lançamos mão de textos de diversos autores Arroyo e Caldart (2011), Bandeira (2006), Bobbio (1987), Burgos (2011, 2016, 2017), Coutinho (2006), Di Pierro (2000, 2003, 2005), Fávero

(2013), Foley e Edwards (1996), Foucant (1997), Freire (1986, 1988, 1989, 1991, 1993, 1994, 1996, 1997, 2000, 2001, 2005a, 2005b, 2005bc, 2009), Gadotti (2014), Gohn (2013, 2014), Habermas (1980, 2003), Ireland (2000, 2004, 2009), Lázaro (2009, 2014), Lima (2009, 2015), Lima, M, N, S; Correia, M, Z, S e Burgos, M, P (2015), Paiva J. (2006, 2007), Paiva V. (1984), Paiva J, Machado & Ireland (2004), Pantoja (2013), Soares (2002, 2003, 2004), Souza (2000, 2004), Streck e Stheban (2013), Tarrow (2009), Touraine (1996, 2006), Urbinati (2010), Urpia (2009), Warre (2011), documentos oficiais, entre outros documentos em torno da trajetória da Educação de Jovens e Adultos e do fórum da EJA do Brasil, com destaque para o fórum da EJA de Pernambuco, colaborando para a atualização e alargamento da perspectiva pedagógica dos fóruns da EJA. E, com igual relevância, busca sem a menor pretensão de esgotar a discussão, que esta obra possa servir de contribuição para futuras pesquisas neste mesmo campo do saber.

A manutenção de uma rede articulada da sociedade civil em defesa da Educação de Jovens e Adultos, ao longo das décadas, revela-se vital, pois, além de fortalecer a voz de milhões de brasileiros/as historicamente excluídos/as, ou incluídos/as perversamente, como diria o professor João Francisco de Souza, sustenta a continuidade das lutas por políticas públicas a exemplo dos fóruns da EJA de Pernambuco e dos fóruns da EJA do Brasil, cujos/as educadores/as, gestores/as, pesquisadores/as e estudantes debatem e constroem estratégias de transformação social, em articulação com outros movimentos sociais e diversos atores da sociedade civil que atuam na EJA no país. Estes fóruns da EJA atuam como espaços democráticos de resistência e inovação pedagógica. Esta articulação constante tem sido o alicerce para que as demandas da EJA permaneçam na agenda pública, forjando incidir nas orientações governamentais que promovam políticas públicas que assegurem não só o direito ao acesso a uma educação de qualidade, mas que, concomitantemente, assegurem políticas públicas que viabilizem e assegurem a permanência dos estudantes nas escolas, a partir da oferta de uma educação calcada na qualidade social, inclusiva e libertadora.

Para compreender a profundidade e o alcance do fórum da EJA PE, a autora se apoia em uma metodologia orientada e crítica, que inclui entrevistas, observação participante, questionários e análise documental. Com esses métodos, ela traça um panorama detalhado das ações, dos desafios e das aspirações dos membros desse movimento, e, especialmente, da maneira como a EJA pode transformar realidades e gerar novas perspectivas de vida.

Inicia-se aqui um percurso que remonta aos primeiros passos no universo da Articulação Pernambucana pela EJA, do fórum da EJA PE, dos fóruns da EJA do Brasil e da EJA, em contextos de educação popular e dos fóruns como espaços de formação crítica.

Organizado em sete capítulos, o livro começa com uma contextualização da EJA no Brasil, oferecendo ao leitor uma visão ampla da origem do fórum da EJA PE, oriundo da Articulação Pernambucana pela EJA. Segue abordando os desafios e as estratégias pedagógicas e políticas adotadas pelo movimento dos fóruns da EJA do Brasil em defesa da EJA, como direito fundamental para a efetivação da cidadania e como esses espaços se revelam como lugares de resistência, controle social e *advocacy*, essenciais para reivindicar políticas públicas que incluam e respeitem a dignidade dos jovens e adultos que ainda permanecem à margem da escolarização formal.

Estes fóruns desde o seu nascedouro se conectaram aos ideais e ao legado de Paulo Freire, inspirados em seu método dialógico. Freire (1988) fundamentou uma pedagogia de libertação e ação crítica que desafia o status quo e impulsiona a conscientização crítica na luta pelo direito à educação.

Entre os temas centrais está o papel dos movimentos sociais e da sociedade civil nos tensionamentos dos governos distrital, estaduais e municipais para a criação, implementação e/ou efetivação das políticas públicas para a EJA no Brasil, algo que ganha destaque no segundo capítulo. A autora discorre sobre a atuação desses fóruns como algo eficaz, articulado, plural e em rede como uma estratégia fundamental para que a EJA seja tratada como direito fundamental, atuando como instrumentos de resistência e *Advocacy*.

Os fóruns da EJA do Brasil são responsáveis por exercer pressão junto ao poder público e garantir espaços de participação da sociedade civil organizada em busca de pautar o debate crítico e problematizador com a Secadi/MEC, e os governos distrital, estaduais e municipais da educação, para que o Estado e a sociedade civil se comprometam, de fato, com a inclusão e o respeito aos direitos educacionais das pessoas jovens, adultas e idosas.

Partindo da caracterização do *modus operandi* desse movimento, desde o ano de 1990, bem como dos sentidos e significados atribuídos pelos sujeitos membros dessa iniciativa à sua experiência, a análise buscou percorrer a gênese do fórum da EJA PE, desde o seu surgimento enquanto Articulação Pernambucana pela EJA, as suas expressões e a sua contribuição para influenciar nas políticas públicas para a EJA no estado de Pernambuco. Investigou-se como ocorre a intervenção para o controle social das políticas públicas para a EJA, bem como o modo como essas intervenções contribuem para uma nova forma de sociabilidade nesse campo da Educação de Jovens e Adultos em Pernambuco. Outros tópicos abordados pela obra são:

O universo das práticas caracterizadas como movimento da Articulação Pernambucana pela EJA, do fórum da EJA de Pernambuco e dos fóruns da EJA do Brasil em defesa da educação para pessoas jovens e adultas no país.

– Contexto de controle social e *Advocacy*, constituindo uma rede de movimentos dos fóruns Estaduais e Distritais da EJA, que, juntos, compõem o fórum da EJA do Brasil;

– O debate sobre a efetivação do direito da Educação de Jovens e Adultos no Brasil;

– A formação crítica dos membros militantes do movimento do fórum da EJA de Pernambuco.

Os capítulos finais são dedicados à análise dos resultados obtidos, especialmente no que se refere ao papel, à identidade do fórum da EJA PE e à participação do/as estudantes e professores/as da EJA nos espaços de discussão e decisão deste movimento, revelando as transformações, os desafios e as vozes dos sujeitos que constroem a realidade da EJA em Pernambuco. É um estudo que valoriza o protagonismo dos/as educandos/as, seus e suas representantes, e membros em geral, destacando a importância de suas experiências de participação e reflexões para a construção de uma educação emancipadora através do fórum da EJA de Pernambuco.

Por fim, este livro é um convite ao/à leitor/a para refletir através de uma leitura inspiradora e indispensável para educadores/as, gestores/as, pesquisadores/as e pessoas que acreditam no poder transformador da Educação de Jovens e Adultos e da mobilização social, na busca da garantia do direito à educação, pública, gratuita e com qualidade social. Mais que um estudo acadêmico, é uma obra que convida o leitor a se engajar na construção de um futuro mais justo, onde a EJA não seja apenas uma modalidade de ensino, mas uma força de transformação social.

CAPÍTULO 1

CONTEXTUALIZAÇÃO SÓCIO-HISTÓRICA DA EJA

1.1 CONTEXTUALIZAÇÃO SÓCIO-HISTÓRICA DA EJA NO BRASIL E EM PERNAMBUCO

A alfabetização é uma questão nacional no Brasil há aproximadamente sete décadas. A Constituição Federal de 1934 em seu artigo 150 preconizava que se deveria assegurar "ensino primário integral gratuito e de frequência obrigatória extensivo aos adultos". Na década de 1940, a alfabetização emerge com força de causa nacional. Desde 1947, quando o governo brasileiro lança pela primeira vez a Campanha de Educação de Adolescentes e Adultos (Ceaa), foi estruturado o Serviço de Educação de Adultos do Ministério da Educação (MEC).

É na década de 40 do século passado, bem como da década de 60, com todos os seus contornos socioculturais e político-pedagógicos (Haddad, 2007), que o tema emerge com força de causa nacional, ou seja, assumida pelo Estado através da criação de mecanismos objetivos nas políticas públicas, como a criação de um plano e de um programa efetivo de enfrentamento da questão (Beisegel, 2004).

A década de 60 marca profundamente a história da EJA no Brasil a partir do Movimento de Cultura Popular (MCP) no início dos anos 60.

> As ações que da Cultura Popular deságuam na educação popular, como um de seus campos de pensamento e prática, partiram de uma busca de interação entre diversos campos do saber, da criação pessoal e coletiva, e de ações sociais, através de enlaces entre as ciências, a filosofia, as ideologias, a educação e as artes. Saberes e ações culturais através da ciência, do cinema, do teatro, da literatura, da música, das artes plásticas, da educação e de outras práticas sociais de vocação popular. Campo da criação humana, compreendidos como diferentes domínios humanos de gestação de novas ideias com um convergente horizonte político-transformador. (Brandão, 2003, pp. 12-13)

Em 1961, surge pela primeira vez na história o MCP do Recife, baseado na educação popular, composto por alguns grupos sociais e, entre outros, por atores como Paulo Freire, Paulo Rosas, Abelardo da Hora, Germano Coelho – que lutavam pelo processo de inserção das classes populares em sistemas de ensino com escolarização que ultrapassasse seus próprios determinantes contextuais – contribuindo para dar sentido e forma à necessidade de uma pedagogia crítica. Nesse mesmo período, Paulo Freire forma sua equipe de educadores nordestinos através da então Universidade do Recife[4] e do Núcleo de Serviço de Extensão e Cultura. A sua primeira equipe colocou em prática programas e projetos específicos para o atendimento da EJA, marcando profundamente o modo como as pessoas passaram a olhar e compreender a educação, levando-as à percepção de que a EJA precisava ser entendida e praticada como uma educação que "procura gerar pessoas conscientes de suas vidas, de seus destinos, da sociedade em que vivem, e motivadas a, juntas, tomarem vidas e destinos, história e sociedade entre suas mãos" (Brandão, 2013, p. 9).

O ano de 1962 consta na história com a realização no Recife do primeiro congresso do Movimento de Cultura Popular marcado pela atuação de Paulo Freire e de tantos outros/as importantes educadores/as, convergindo para o que "viria ser a educação popular, cujas interações entre esses diferentes campos buscam, também, "uma convergência de e entre culturas" (Brandão & Fagundes, 2016).

O ano de 1963 figura na história pela notável experiência de Alfabetização de Adultos realizada por Paulo Freire em Angicos, no Nordeste brasileiro, onde foram alfabetizados 300 camponeses em 40 horas. Essa experiência se deu porque, desde a década de 1950, na sua experiência no Sesi, Paulo Freire percebeu que os/as adultos/as estavam sendo alfabetizados/as da mesma maneira que se alfabetizavam as crianças. A sensibilidade e o sentido crítico desse educador apontavam que tal modo de alfabetizar os/as adultos/as era pedagogicamente inadequado por não respeitar as especificidades dos/as estudantes e, por entre outras coisas, os/as humilhar.

Gadotti (2014), fazendo referência à obra do professor Carlos Alberto Torres, afirma que "Angicos não era apenas um símbolo da luta contra o analfabetismo no Brasil, foi um marco em favor da universalização da educação em todos os graus, superando a visão elitista" (p. 28). Nessa

---

[4] Denominada em 1965 de Universidade Federal de Pernambuco (UFPE).

mesma perspectiva, diz que "Angicos foi a fermentação de um processo de mudança pedagógica, além de anunciar a possibilidade de mudanças políticas e sociais" (p. 31).

Em 1964, foi implantado o Plano Nacional de Alfabetização (PNA), coordenado por Freire a partir da experiência de Angicos como uma ação de enfrentamento ao

analfabetismo e subescolarização no país, apoiada em um processo de libertação através da consciência crítica. A metodologia proposta e vivenciada por Paulo Freire e sua equipe foi elaborada com um aporte político e pedagógico que ultrapassava o fazer formal da aquisição da leitura e escrita. Freire implantou um método de alfabetização cujo ato de educar estava intimamente ligado à transformação social no sentido da compreensão dos direitos. Freire (1996) compreendia que a alfabetização

> [...] é a aquisição da língua escrita, por um processo de construção do conhecimento, que se dá num contexto discursivo de interlocução e interação, através do desvelamento crítico da realidade, como uma das condições necessárias ao exercício da plena cidadania: exercer seus direitos e deveres frente à sociedade global. (p. 59)

Esse esforço remete diretamente para os processos de luta identificados como Educação Popular, nos quais alguns grupos sociais lutavam pelo processo de inserção das classes populares em sistemas de escolarização.

> Por movimento popular entendemos todas as formas de mobilização e organização de pessoas das classes populares diretamente vinculadas ao processo produtivo, tanto na cidade quanto no campo. São movimentos populares as associações de bairros da periferia, os clubes de mães, as associações de favelados, os grupos de loteamento clandestinos, as comunidades de base, os grupos organizados em função da luta pela terra, e outras formas de luta e organização popular. (Brandão, 1981, pp. 93-94)

Weber (2013) compreende que a educação popular é uma vocação da educação que, em seu todo e em suas múltiplas experiências do passado e do presente, resiste à colonização e a sua simples e persistente resistência é o que constitui a força de sua presença entre nós tantos anos depois (p. 12).

Streck e Esteban (2013) entendem que

> [...] a Pedagogia da Educação Popular manifesta um programa que ultrapassa seus próprios determinantes contextuais ao dar sentido e forma à necessidade de uma pedagogia crítica. Insere-se como instrumento pedagógico na sociedade que se movimenta em busca de dignidade, justiça e integridade da vida. (p. 7)

No âmago desse momento histórico, emerge uma pedagogia que ultrapassava as questões territorializadas de alfabetização popular, que remete para processos bem mais amplos de questionamento de posições colonizadoras e luta contra variadas manifestações de subordinação. Deste modo, a luta pela educação no Brasil passa a manifestar-se como luta pelo acesso à cidadania, e a alfabetização tem sido a porta de entrada do terreno onde se articula o sentido da modernidade: a cidadania. Sob essa perspectiva, o acesso à cidadania passa a ser condicionado ao acesso à escolarização (Beisegel, 2004).

Nessa perspectiva, o professor João Francisco de Souza concebeu a educação, em primeiro lugar, como direito e processo de transformação social:

> [...] a alfabetização, concebida como o conhecimento básico, necessário a todos num mundo em transformação em sentido amplo, é um direito humano fundamental. Em toda sociedade, a alfabetização é uma habilidade primordial em si mesma e um dos pilares para o desenvolvimento de outras habilidades. Existem milhões de pessoas – a maioria mulheres – que não têm a oportunidade de aprender ou que não têm acesso a esse direito. O desafio é oferecer-lhes esse direito. Isso implica criar pré-condições para a efetiva educação, por meio da conscientização e do fortalecimento do indivíduo. A alfabetização tem também o papel de promover a participação em atividades sociais, econômicas, políticas e culturais, além de ser requisito básico para a educação continuada durante a vida [...]. (Souza, 2000, p. 166)

Neste sentido, entendemos que é preciso superar o hiato que existe entre a alfabetização dos jovens, adultos e idosos e o ingresso na EJA, uma vez que entendemos ser a alfabetização o primeiro passo dos/as estudantes ou o primeiro degrau da EJA, e não como está posto em prática, muitas vezes como situações estanques, separadas. Entendemos a alfabetização como algo além da capacidade de se apropriar dos códigos formais de leitura e escrita. Compreendemos a alfabetização como um meio para se conquistar a cidadania. E o que significa hoje a luta pelo direito à educação dos jovens e adultos no Brasil? Significa tensionar os governos a fim de garantir a efetivação do direito que é legítimo para homens e mulheres jovens e adultos/as, idosos/as vítimas de uma sociedade desigual, uma vez que se trata de uma dívida social histórica.

A partir da Constituição Federal de 1988, é declarado que a alfabetização de adultos refere-se ao público de pessoas a partir de 15 anos de idade cuja instrução esteja abaixo de um ano escolar. Tal previsão constitucional decorre do fato de que, comprovadamente, o maior número de analfabetos/as se constitui de pessoas das regiões pobres oriundas das zonas rurais, provenientes dos grupos afro-brasileiros e, sobretudo, das regiões Nordeste e Norte do país, como aponta a edição 2023 da Pesquisa Nacional por Amostra de Domicílio (Pnad) e do Instituto Brasileiro de Geografia e Estatística (IBGE).

Souza (2000) entende que a efetivação do direito à EJA deve ser estendida a toda a população que dela necessite, como exercício de plena cidadania, por compreender que

> [...] sendo a leitura e a escrita bens relevantes de valor prático e simbólico, o não acesso a graus elevados de letramento é particularmente danoso para a conquista de uma cidadania plena. Suas raízes são de ordem histórico-social. No Brasil, esta realidade resulta do caráter subalterno atribuído pelas elites dirigentes à educação escolar de negros escravizados, índios reduzidos, caboclos, migrantes e trabalhadores braçais, entre outros. Impedidos da plena cidadania, os descendentes destes grupos ainda hoje sofrem as consequências desta realidade histórica. Fazer a reparação desta realidade, dívida inscrita em nossa realidade social e na vida de tantos indivíduos, é um imperativo e um dos fins da EJA porque reconhece o advento para todos estes princípios de igualdade. Deste modo, a função reparadora da EJA, no limite, significa não só a entrada no circuito dos direitos civis pela restauração de um direito negado: o direito a uma escola de qualidade, mas também o reconhecimento daquela igualdade ontológica de todo e qualquer ser humano. Desta negação, evidente na história brasileira, resulta uma perda: o acesso a um bem real, social e simbolicamente importante. Logo, não se deve confundir a noção de reparação com a de suprimento. Como diz o parecer CNE/CEB Nº 4/98. (p. 26)

Isso significa que a questão do analfabetismo no Brasil está estritamente ligada à condição social, portanto, "eliminar a pobreza e eliminar o analfabetismo são duas caras de uma mesma moeda" (Souza, 2000). Assim como apenas mobilizar para a alfabetização não é suficiente, é preciso consolidá-la por meio da ampliação da escolaridade e da formação continuada dos sujeitos. A expectativa é de que o sujeito alfabetizado domine o código escrito e faça uso significativo desse conhecimento como meio de expressão, comunicação e aprendizagem permanente, dado o pressuposto de que a alfabetização é uma necessidade básica de todos e um dos cimentos da aprendizagem permanente e da cidadania. Como diz o documento da Organização das Nações Unidas para a Educação, a Ciência e a Cultura Unesco (2003).

Já se passaram 70 anos desde a primeira política de Estado de combate ao problema extenso do analfabetismo adulto no país, o que nos remete, ancorados em Paiva (1984), à necessidade de retomarmos o pronunciamento de Lourenço Filho:

> Devemos educar os adultos, antes de tudo para que esse marginalismo desapareça, e o país possa ser mais coeso e mais solidário; devemos educá-los porque essa é a obra de defesa nacional; porque concorrerá pra que todos melhor saibam defender a saúde, trabalhar mais eficientemente, viver melhor em seu próprio lar e na sociedade em geral. (p. 179)

1.1.1 Os contextos aos quais estão submetidos os coletivos da EJA

A heterogeneidade é uma característica da EJA. Os jovens, os adultos e os idosos que buscam a EJA integram o grupo dos "negros, quilombolas, do campo, sem terra, sem teto, sem universidade, sem transporte e todos os 'sem'. Sua proximidade, portanto, é com todos aqueles e todas aquelas a quem foi negado o direito a ser gente" (Arroyo, 2005, p. 3). Assim, os sujeitos a quem se destina a EJA estão neste modo de inserção no mundo, homens e mulheres jovens e adultos/as, todos/as inseridos/as perversamente neste mundo, caracterizado pela precarização da força de trabalho, que tem implicações em todas as dimensões de suas vidas.

De acordo com Lázaro (2014), a Emenda Constitucional 59, ao considerar o direito à educação básica e gratuita, independente da idade, "resultou em um importante avanço para o segmento da EJA" (p. 53). A forma com que a lei maior do país passou a tratar a escolarização dos jovens e dos/as adultos/as trabalhadores/as, reconhecendo ser um direito à escolarização, propiciou significativa mudança em seu caráter, em seu conceito. O direito ao ensino fundamental, obrigatório e gratuito, estendido, a partir de então, àqueles/as que a ele não tiveram acesso na infância e adolescência, vem resgatar uma velha dívida social do Estado. Isso exige permanentes pautas de discussão nacional sobre a EJA. Entre elas, podemos citar a Lei de Diretrizes e Bases da Educação Nacional (LDBEN) – Lei n.º 9.394 de 1996. Essa lei, que integra a EJA ao sistema formal de ensino como uma modalidade da educação básica, faz-nos considerá-la um importante passo para o reconhecimento da EJA como direito. A LDBEN (9.394/1996) em seu capítulo III, artigo quarto, reafirma o que é assegurado na Constituição brasileira relativamente ao dever do Estado para com a educação pública na garantia de ensino fundamental obrigatório e gratuito, inclusive, para os que a ela não tiveram acesso na idade própria. Nessa mesma linha de pensamento, em seu artigo 37, § 1.º, afirma que os sistemas de ensino públicos assegurarão gratuitamente aos jovens e aos adultos que não puderam efetuar os estudos na idade regular oportunidades educacionais apropriadas, consideradas as características do aluno, seus interesses, condições de vida e de trabalho, mediante cursos e exames.

É inegável que o ano de 1996 registra um marco histórico para a EJA a partir da promulgação da nova LDBEN em 20 de dezembro, quando a EJA ganha destaque no texto da legislação (Seção V, Art. de 37 a 38), o que se revela inegavelmente em ganhos para a EJA. Porém o artigo 38 remeteu a EJA a uma perspectiva compensatória ao referir-se a "cursos e exames supletivos". Não bastasse isso, quatro dias depois dessa promulgação, a EJA foi excluída do Fundef – Lei n.º 9.424, deste mesmo ano, através de um dos vetos da Presidência da República, que desconsiderou as matrículas de alunos/as da EJA para efeito de contabilização no Fundo. Segundo Monlevade & Ferreira (1998), "[...] mais uma injustiça: a quem foi negada a educação fundamental gratuita na idade própria, e a quem pagou impostos para isto, cobram-se novos impostos e impõe-se uma única alternativa: continuar analfabeto ou pagar caro para tentar a "loteria" dos exames" (pp. 43-44).

A EJA vem adquirindo relevância no cenário educacional brasileiro, particularmente após a promulgação da Constituição de 1988. Embora essa Constituição e a LDBEN (1996) tenham deixado várias lacunas neste campo da educação, ainda assim, foi na LDBEN 9.394/1996 que foi assegurado a todas as pessoas o direito ao ensino fundamental, independentemente da idade.

Até 2006, com a criação do Fundo de Manutenção e Desenvolvimento do Ensino Fundamental de Valorização do Magistério (Fundef), a EJA era atendida por Programas Federais, Estaduais e Municipais, entretanto, continuava fora da política de Estado para o financiamento da educação. Por essas razões, podemos perceber que a realidade imposta à EJA no Brasil ultrapassa as questões legais. Para essa modalidade da educação, estão assegurados seus direitos legais, entretanto, isso não tem sido o suficiente para que tais direitos sejam efetivados. "Assim o país ganha por um lado, ao ampliar direitos e conquistas, e perde-se em tergiversações por outro, ao não garantir as condições para que a sociedade como um todo experimente os ganhos educacionais [...]" (Lázaro, 2014, p. 54).

Diante do exposto, nos questionamos por que esse direito, que está instituído e regulamentado, figura, na maioria das vezes, apenas no papel? Sem a menor intenção de responsabilizar os fóruns da EJA para sanar essa situação que acomete essa modalidade da educação, no país e, especificamente, em Pernambuco, interessa-nos compreender como se dá a contribuição do fórum da EJA de Pernambuco, enquanto movimento organizado, para a efetivação das políticas públicas para tal segmento da educação.

No Brasil, a designada agenda neoliberal começa a ser efetivada a partir do Governo de Fernando Collor (Governo Collor) sendo retomada fortemente no Governo Fernando Henrique Cardoso (Governo FHC), caracterizado, principalmente, por privatizações, pelo processo de tentativa da retirada de legitimidade dos sindicatos e de desmoralização dos movimentos sociais. Marcadamente com o Governo FHC, deparamo-nos com o descaso com o qual a EJA foi tratada, tendo ficado de fora das políticas educacionais prioritárias desse governo. A política econômica de redução de gastos e atuação mínima do Estado no setor educacional afetou contundentemente a EJA. Por adotar políticas "de acordo minimalistas, a política da EJA se baseou em ações voltadas, essencialmente, para a alfabetização em uma perspectiva clientelista e compensatória" (Paiva, 2006, p. 59). Nesse período, a reforma de Estado adotada no Brasil assumiu preceitos que apregoavam a restrição dos gastos públicos. Como a reforma era norteada pelas diretrizes da descentralização, da focalização e da redefinição das distribuições dos setores públicos e privados, surgiu um conflito no campo da educação envolvendo aqueles que estavam comprometidos com a educação popular, devido ao processo de exclusão da EJA das fontes de financiamento. Essa postura de descaso do Estado para com a EJA tornou-se, infelizmente, um forte exemplo que acabou por ser seguido por alguns segmentos da sociedade. Neste ínterim, os movimentos dos fóruns da EJA continuavam sua militância pressionando os governos e exigindo investimentos na EJA que garantissem a qualidade social para esse segmento.

Contrariamente a esse período, nas duas últimas décadas, tem havido uma discussão intensa em torno da EJA. As primeiras décadas de 2000, mais exatamente a partir do ano de 2003 até meados de 2016, destacam-se pelo forte investimento nas políticas públicas no campo da EJA, como expressão e resultado do esforço político em atender a agenda de compromissos imposta historicamente pelos movimentos sociais. Ireland (2009) entende que a substituição do governo em 2003 provocou uma mudança no foco da política educativa. "O apelo à Educação para Todos é interpretado como direito de toda a cidadania à educação, independente da idade ou de outras variáveis [...]" (p. 51).

Com a Reforma Constitucional para a Educação Básica em 2007, a EJA passa a ser financiada pelo Fundef com o teto máximo de 15%. "A reforma constitucional que criou o FUNDEF incluiu o financiamento da EJA no conjunto das políticas para a educação básica, agregando progressivamente recursos para o material didático e literário, a merenda e o transporte escolar de estudantes da EJA" (Lázaro, 2014, p. 53).

É importante destacar que a EJA alcançou uma situação especial com a instituição, em 2007, do Fundo de Desenvolvimento e Manutenção da Educação Básica (Fundeb), quando passou a ter a mesma estatura, no que diz respeito ao financiamento, que as demais modalidades da educação básica.

> Tal medida representou pela primeira vez possibilidades concretas de, progressivamente, ampliar a sua oferta – com qualidade e efetividade – e garantir a sua institucionalização, uma vez que os sistemas de ensino em todos os níveis de governo poderão ampliar a infraestrutura disponível, tornando-a mais estável e adequada às necessidades da população jovem, adulta e idosa. (Documento nacional

preparatório à VI conferência internacional de educação de adultos – VI confintea, 2009, p. 6)

A EJA passa, então, a ser considerada como uma modalidade básica da educação, mesmo considerando todas as fragilidades a ela impostas. Todavia, nos deparamos com a realidade de que, apesar dos esforços vivenciados ao longo dos anos investidos na tentativa de efetivar o direito assegurado à EJA, os aportes não foram suficientes, o que faz com que ainda nos deparemos com dados apontados pelo IBGE/Pnad (2023), ao indicar que o percentual de pessoas analfabetas no Brasil é de 5,6%. Entre as pessoas de 60 anos ou mais de idade, a taxa de analfabetismo chegou a 16%. A pesquisa destaca ainda que a desigualdade na instrução da população tem caráter regional: a Região Nordeste apresentou a maior taxa de analfabetismo (11,7%) quando comparada a região do Sudeste (2,9%), podemos constatar que a diferença é alarmante. Como podemos perceber, o Nordeste apresenta, aproximadamente, uma taxa de analfabetismo quase quatro vezes maior que a taxa do Sudeste, por exemplo.

Percebemos que no Brasil ainda há instalada uma cultura de que investir na alfabetização e na EJA é "doar" alguns "favores", é usar da "benevolência". Em muitos casos, lamentavelmente, ainda se veem os investimentos na EJA como ações supletivas que se concentram, sobretudo, em anos eleitorais e pré-eleitorais. Neste sentido, parece-nos urgente ampliarmos a compreensão de que, ao contrário do que está posto, investir nesse segmento da educação, além de ser uma obrigação dos governos, significa investir no desenvolvimento do país. Reconhecer a relevância da EJA é acreditar no futuro de cidadãos/ãs e que se pode contribuir de forma mais significativa com a construção social coletiva.

1.1.2 Políticas públicas para a Educação de Jovens e Adultos

Faz-se necessário adentrar no debate das políticas públicas, visto que reconhecemos ser uma das principais funções dos fóruns Municipais, Estaduais e Distrital da EJA, pressionar os governos para a implantação de políticas públicas para esse segmento da educação no âmbito municipal, estadual, distrital e nacional.

As políticas públicas, até a década de 1980, tinham como característica a centralização decisória e financeira localizada na esfera federal. Além dessas características, "elas eram" excludentes e seletivas, visto que a implementação e distribuição dos recursos referentes a elas eram influenciadas pelo clientelismo político, o corporativismo e o insulamento burocrático (Farah, 2001).

Como agravante, observa-se que, quando a discussão girava em torno de políticas chamadas de "massa", embates acalorados e questões que geravam impasses vinham à tona, o que provocava

> [...] um ambiente decisório pantanoso, com baixa velocidade de processamento, frágeis e efêmeras hegemonias e altos custos de transação. A inércia e a estagnação dificultam movimentos de ruptura e/ou desequilíbrios capazes de liberar energias transformadoras represadas no tecido social e/ou no *background* das instituições envolvidas. (Gaetani, 2001, p. 81)

O processo de redemocratização vivenciado no Brasil na década de 80 incentivou a sociedade civil a organizar-se para garantir seus direitos na Constituição Federal de 1988. A comunidade educacional organizada realizou em agosto de 1986, em Goiânia, a IV Conferência Brasileira de Educação, cujo tema central abordou "A educação e a constituinte". Como resultado dessa Conferência, foi aprovado o documento *Carta de Goiânia*, constante das propostas dos educadores/as para o capítulo da Constituição referente à educação. Com a inclusão das propostas da *Carta de Goiânia* no texto constitucional, inicia-se uma nova mobilização em torno da elaboração do projeto original da nova LDBEN. De acordo com Saviani (1997, p. 37), "[...] abre-se agora a oportunidade de se consagrar, em termos legais, essa aspiração, criando mecanismos que permitam ultrapassar a falta de unidade e de harmonia, assim como, a improvisação e descontinuidade que têm marcado a educação em nosso país".

Ainda fruto do processo de redemocratização vivido no Brasil, a partir da década de noventa, a agenda constituída pelos governos de oposição tomou como eixo de suas discussões a democratização dos processos decisórios, já que isso poderia resultar na eficiência da distribuição das políticas públicas. Nasce a ideia da descentralização e da participação dos cidadãos na formulação e implementação dessas políticas (Farah, 2001).

Ao transferir parte da responsabilidade sobre as políticas para as esferas locais de governo, o governo central faz emergir, no contexto da sociedade, a atuação e participação de novos atores, fazendo com que os municípios tivessem sua importância aumentada, exponencialmente, no campo das políticas sociais. Surge, assim, a necessidade de uma maior articulação da população em torno de seus interesses, na busca da integração da formulação das políticas voltadas para ela. Para Farah (2001), estas mudanças no âmbito de atuação política fizeram com que os governos locais pudessem assumir

> [...] um papel de coordenação e de liderança, mobilizando atores governamentais e não-governamentais e procurando estabelecer um processo de "concertação" de diversos interesses e de diferentes recursos em torno de objetivos comuns. Através de novos arranjos institucionais assim constituídos, tende a crescer a perspectiva de sustentabilidade de políticas públicas que, de outra forma, poderiam sofrer solução de continuidade a cada mudança de governo. (p. 142)

Apesar de reconhecermos alguns avanços para a EJA, com destaque para a mobilização da sociedade civil, Di Pierro (2000) concluiu que no Brasil, entre 1986 e 2000, o financiamento público da EJA,

> [...] manteve-se nos patamares irrisórios, sempre inferiores a 1% da despesa total com educação e cultura realizada pelas três esferas de governo considerando também a redução das matrículas nas redes púbica de ensino supletivo em 1997, isso expressa que no Brasil a EJA nunca foi considerada como prioridade mesmo após as consolidações das leis que as regem. (p. 141)

A avaliação feita por Di Pierro (2000) reforça este trabalho ao afirmar que o investimento da EJA difere, aproximadamente, nove vezes a menos que o percentual de investimentos aplicados no ensino regular. Faz-se necessário pontuar que é preciso a manutenção de um aparato que vai além daquele criado e/ou surgido para a participação da sociedade no processo de formulação das políticas públicas. É preciso que todos/as os/as cidadãos/ãs tenham acesso e possam acompanhar a implementação das políticas e, num momento posterior, convém que eles/elas participem de mecanismos de avaliação dessas políticas, ou seja, que as pessoas efetivem aquilo que chamamos de controle social.

1.2 DIRETRIZES OPERACIONAIS PARA A OFERTA DA EJA NO ESTADO DE PERNAMBUCO (2016)

Durante o processo de análise dos documentos, fez-se impositivo nós nos debruçarmos sobre as Diretrizes Operacionais para a Oferta da EJA (Diretrizes Operacionais para a EJA), edição 2016, criada pela Secretaria de Educação do Estado de Pernambuco (SEE-PE), por entendermos que se fazia necessário tentar compreender com quais políticas a SEE-PE tem atendido a esse público e como se organizam, nas redes públicas de ensino, nos espaços formais, assim como não formais de educação, sem, contudo, termos a pretensão de detalhar, devido a sua abrangência. Fez-se, então, uma síntese do alcance das Diretrizes Operacionais para a EJA. A SEE-PE, através da Secretaria Executiva de Desenvolvimento da Educação (Sede) e pela Gerência de Políticas Educacionais de Jovens, Adultos e Idosos (Gejai), publicou, em março de 2016, o documento denominado *Diretrizes Operacionais para a Organização e Oferta da EJA*, com a finalidade de ampliar e facilitar o acesso às informações sobre essa modalidade de educação na Rede Pública de Ensino de Pernambuco.

O já citado documento apresentado à sociedade, sobretudo pernambucana, através do Portal da SEE-PE, entre outros meios de comunicação, é composto pela compilação de informações presentes em diferentes documentos e dispositivos legais acerca da EJA em Pernambuco. O documento oferece uma síntese da oferta do Estado, expondo as concepções dos programas e das políticas voltadas para a EJA, assim como as leis que os orientam.

O documento constante das Diretrizes Operacionais para a EJA no estado de Pernambuco segue a concepção da EJA apresentada pela LDBEN (9.394/1996) nos artigos 37 e 38, compreendendo a EJA como uma modalidade de ensino que atende à população que não teve acesso aos estudos ou à possibilidade de continuá-los na educação básica em idade própria.

No parecer da Câmara de Educação Básica (CEB) n.º 11 (2000), de 10 de maio, e do Conselho Nacional de Educação (CNE), pode ler-se que a EJA "necessita ser pensada como um modelo pedagógico próprio a fim de criar situações pedagógicas e satisfazer as necessidades de aprendizagem dos alunos". Tal como o documento das Diretrizes Operacionais para a EJA, esse parecer chama a atenção para as funções reparadora, equalizadora e qualificadora que devem nortear a EJA na transição para o século XXI.

1.2.1 No âmbito do governo estadual

> Vêm-se desenhando políticas públicas que pretendem atender às especificidades desta modalidade, em consonância com o marco legal da EJA e às exigências da sociedade do século XXI. Busca-se garantir, em especial, a redução dos índices de analfabetismo através do programa Paulo Freire – Pernambuco Escolarizado, bem como a atenção aos povos quilombolas, indígenas, do campo, em situação de privação de liberdade, ampliando, progressivamente, a oferta da modalidade da EJA na Rede Estadual de Ensino em diferentes contextos sociais. (Diretrizes Operacionais para a EJA [SEEPE], 2016)

Nessa perspectiva, a SEE-PE, por meio da criação da Gejai[5], vem desenvolvendo políticas educacionais de ampliação e consolidação da EJA através de suas ações, visando "[...] garantir uma educação de qualidade social pautada na perspectiva da reparação, da equidade, da inclusão e da formação ao longo da vida para aqueles/as que tiveram sua trajetória escolar interrompida" (p. 11).

Ofertam-se, no âmbito do Programa Nacional de Integração da Educação Profissional com a Educação Básica na Modalidade de EJA: Projovem Urbano e Programa Nacional de Integração da Educação Profissional com a Educação Básica na Modalidade de Jovens e Adultos (Proeja); EJA do ensino fundamental; EJA do ensino médio; EJA nas prisões: Ensino fundamental e médio; EJA Campo; Programas de Desenvolvimento Social e EJA: Programa Chapéu de Palha, Programa Mãe Coruja Pernambucana, Programa Paulo Freire – Pernambuco Escolarizado; Exame supletivo; Programa Nacional do Livro Didático (PNLD EJA) para ensino fundamental e médio; Material de apoio didático; Avaliação da aprendizagem com oferta de aulas por turnos diurnos e noturnos.

1.2.2 Proeja

Segundo o MEC (2006), o Proeja foi criado inicialmente pelo Decreto n.º 5.478, de 24 de junho de 2005, e denominado como Programa de Integração da Educação Profissional ao Ensino Médio no segmento da EJA. "Sua criação foi uma decisão governamental de atender à demanda

---

[5] A Gejai foi criada em 2011.

de jovens e adultos pela oferta de educação profissional técnica de nível médio, da qual em geral são excluídos, bem como, em muitas situações, do próprio ensino médio".

Esse programa é responsável por ofertar no âmbito da Rede Pública Estadual de Ensino, através da parceria entre o MEC e o Instituto Federal de Educação, Ciência e Tecnologia (IFPE), a Educação Profissional Técnica de nível médio. Procura assegurar respostas aos desafios da modalidade destinados à formação profissional, currículo integrado e mudança no fazer pedagógico que possibilitem permanência e aprendizagem dos jovens e adultos/as. A qualificação profissional é oferecida de forma concomitante ao Ensino Fundamental (sexto ao nono ano) e à participação cidadã pelo Projovem Urbano.

1.2.3 Projovem Urbano

Tem como objetivo a elevação da escolaridade, visando à conclusão do ensino fundamental, à qualificação profissional inicial e ao desenvolvimento de ações comunitárias que são vistas como exercício da cidadania e que, se espera, contribuam para o resgate do jovem em situação de vulnerabilidade social. Esse programa oferece cursos de qualificação profissional, conforme previsto no artigo 37, parágrafo terceiro, da LDBEN (9.394/1996) e na resolução CD/FNDE n.º 22 (2013). O programa foi iniciado em abril de 2009. É um projeto educacional que articula três grandes dimensões: Formação Básica, Qualificação Profissional e Participação Cidadã, viabilizadas por uma organização curricular integrada.

1.2.4 Modalidade da Educação de Jovens e Adultos

A EJA do ensino fundamental está estruturada em fases, sendo oferecida nas unidades escolares de forma presencial. Para tanto, a sua oferta nas escolas da Rede Pública Estadual fundamenta-se na Resolução CEE/PE n.º 2 (2004), publicada no DOE-PE de 6 de maio de 2004, que regula a oferta da EJA no âmbito do Sistema de Ensino do Estado de Pernambuco, combinada com a Instrução Normativa n.º 15 (2008) Sede/GENE-SEE (DOE-PE de 27 de novembro de 2008), que orienta os procedimentos e oferta da EJA, especificamente, nas Escolas Públicas Estaduais. A EJA está, ainda, consubstanciada na Instrução Normativa n.º 2 (2011) Sede-SEGE-GENE-SE-PE DOE-PE de 29 de janeiro de 2011, que fixa as matrizes curriculares das escolas da Rede Estadual de Ensino de Pernambuco, dentre elas as matrizes da EJA do ensino fundamental e da EJA do ensino médio.

A EJA em suas fases I e II do ensino fundamental é oferecida, preferencialmente, pelas Redes Municipais de Ensino. No entanto, nada impede o oferecimento dessas fases nas escolas da Rede Estadual de Ensino, quando o município não apresentar condições de oferta para essa modalidade nos anos iniciais do ensino fundamental. As aulas são ministradas semanalmente, de segunda a sexta-feira, nos períodos diurno e noturno, correspondendo a quatro aulas de sessenta minutos no turno diurno, e quarenta minutos no turno da noite.

A EJA nas fases III e IV é oferecida pelas Redes Municipal e Estadual de Ensino, com carga horária de mil horas-aula, de forma presencial, ministradas de segunda a sexta-feira, nos períodos diurno e noturno, correspondendo a cinco horas-aula diárias de cinquenta minutos no turno diurno e quarenta minutos no turno da noite.

De acordo com as Diretrizes Operacionais para a EJA (2016):

> [...] o diálogo entre as redes públicas de ensino tem sido uma prática comum, com vista a direcionar os egressos do Programa Paulo Freire – Pernambuco Escolarizado às unidades de ensino para fins de elevação da escolaridade, assim como incentivar e promover a adesão de políticas públicas que viabilizem tanto a escolarização, como a qualificação profissional desse perfil de estudante [...]. (SEE-PE, p. 13)

1.2.5 Público atendido e matrícula da EJA fundamental entre os anos de 2014 e 2017

A matrícula na EJA é facultada a qualquer adolescente, jovem ou adulto, com quinze anos ou mais, que não teve acesso ao ensino fundamental na idade própria ou apresenta descontinuidade de estudos por motivos diversos, como orienta o artigo quinto da Resolução CNE/CEB n.º 3 (2010) – DOU de 16.06 de (2010).

A matrícula na EJA do ensino fundamental se dá mediante orientação presente em instrução normativa de matrícula, publicada anualmente no Diário Oficial do Estado de Pernambuco, que estabelece normas para a realização da matrícula do/a estudante na Educação Básica da Rede Estadual de Ensino de Pernambuco.

1.2.5.1 EJA do ensino médio

A EJA do ensino médio é oferecida nas unidades escolares ou nos Centros de Educação de Jovens e Adultos (Ceja), de modo presencial, devendo seguir as orientações normativas e a matriz curricular implementada na Rede Estadual de Educação em 2011, por meio da Instrução Normativa n.º 2 (2011). A modalidade da EJA no ensino médio está estruturada em três módulos com duração semestral. Cada módulo tem uma carga horária de quinhentas horas-aula, perfazendo um total geral de mil e quinhentas horas-aula, o que corresponde a mil duzentas e cinquenta horas de relógio ao fim dos três módulos.

1.2.5.2 Público atendido e matrícula da EJA no ensino médio

A matrícula na EJA do ensino médio é facultada a qualquer jovem ou adulto que concluiu o ensino fundamental, com progressão plena em todos os componentes curriculares do ensino fundamental, mas que não teve acesso ao ensino médio na idade própria ou apresenta descontinuidade de estudos por motivos diversos, a partir dos 18 anos completos, como orienta o artigo sexto da Resolução CNE/CEB n.º 3 (2010) – DOU de 16 de junho de 2010.

1.2.5.3 Programa Paulo Freire Pernambuco Escolarizado (PPF)

Desenvolvido no âmbito do Programa Brasil Alfabetizado (PBA), resulta de uma iniciativa do governo federal através da Secadi/MEC, cuja adesão foi feita pela SEE-PE no seu compromisso com o Plano Nacional de Educação (PNE). Destina-se à alfabetização e letramento de jovens, adultos e idosos, com vista a enfrentar o analfabetismo no estado e tem, como áreas de abrangência, os municípios:

> [...] integrantes das Regiões de Desenvolvimento (RD) do estado de Pernambuco que apresentam elevada taxa de analfabetismo, destacando-se como prioridade os 101 municípios com Índice de Desenvolvimento Humano (IDH) abaixo da média Estadual. Esse Programa nasceu na perspectiva da promoção da cidadania e respeito ao direito à educação, como proposta de Projeto Especial de Alfabetização, com

> vistas a enfrentar o analfabetismo no Estado, comprometendo-se com metas de larga escala. Assegura o ingresso e permanência dos jovens, adultos e idosos no processo educativo, garantindo-lhes as oportunidades necessárias à apropriação da leitura e da escrita e cria as condições objetivas para sua inclusão, e elevação da escolaridade dos concluintes à Educação Básica. (SEE-PE, 2016, p. 34)

A SEE-PE, através do PPF, promove a alfabetização por meio de ações intersetoriais promovidas em articulação com as Secretarias Municipais de Educação, Secretaria de Saúde, Secretaria de Desenvolvimento Social e Secretaria da Mulher. Ações como retiradas de documentação pessoal, encaminhamento para cursos de formação profissional, apoio na criação de associações de catadores de recicláveis, prioridade na marcação de exames, entre outras, são efetivadas através de parcerias diversas.

1.2.5.4 Exame supletivo

Os públicos da EJA que não concluíram o ensino fundamental e ensino médio (educação básica) terão ao seu dispor a possibilidade de recorrer

> [...] à certificação de escolaridade desejada, em períodos previamente determinados conforme edital, ou ainda, atendendo a caráter especial para os casos de aprovação em seleções para ingresso no ensino superior e concursos ou exames para admissão em cargos públicos e/ou privados. (SEE-PE, 2016, p. 37)

1.2.6 Programas para populações especialmente vulneráveis

1.2.6.1 EJA nas prisões

A educação básica é ofertada, também, nas unidades prisionais para os apenados que não tiveram acesso aos estudos ou não concluíram em idade própria, atendendo o que preceituam o artigo 37 da LDBEN n.º 9.394 (1996) e as Diretrizes Nacionais para Educação em Prisões[6]. Considerando que muitos adultos privados de liberdade não são alfabetizados,

---

[6] Brasil. Resolução CNE/CEB n.º 02/2010 (Ministério da Educação, 19/05/2010). Dispõe sobre as Diretrizes Nacionais para a Oferta da Educação para Jovens e Adultos em situação de privação de liberdade nos estabelecimentos penais.

O PPF atua nas unidades prisionais promovendo a alfabetização dos/as apenados/as e redirecionando-os/as para a continuidade dos estudos com fins de elevação da escolaridade.

1.2.6.2 Programas de desenvolvimento social e EJA

Através de diferentes Secretarias de Governo, têm sido viabilizadas políticas públicas integradas de desenvolvimento social, com a finalidade de transformar a realidade dos/as cidadãos/ãs pernambucanos/as em situação de vulnerabilidade social e pobreza. Dentre eles, destacamos o Programa Chapéu de Palha, coordenado pela Secretaria de Planejamento e Gestão (Seplag), e o Programa Mãe Coruja Pernambucana, sob a coordenação da Secretaria Estadual de Saúde.

1.2.6.3 Programa Chapéu de Palha

Foi originalmente criado em 1988, pelo então governador de Pernambuco, Miguel Arraes, como alternativa de apoio aos trabalhadores rurais da cana-de-açúcar, face aos desafios causados pelo desemprego em massa durante o período da entressafra. Em 2007, com a Lei Estadual n.º 13.244 (2007), o programa é reeditado e vem com novas perspectivas, estando presente em 13 Regiões de Desenvolvimento do Estado de Pernambuco. Esse Programa aposta na educação como alternativa viável de melhoria da qualidade de vida do trabalhador rural e da sua família.

Visa atender, no período da entressafra, jovens e adultos/as trabalhadores/as que atuam em atividades da agricultura da cana-de-açúcar, da fruticultura irrigada e da pesca artesanal. Uma das marcas desse programa é primar pela consolidação de processos de Leitura de Mundo na visão freiriana, possibilitando o pleno exercício de cidadania e a inserção no mercado de trabalho. De acordo com as Diretrizes para Oferta da EJA (2016), "o Programa contempla os trabalhadores mapeados e coordenados pela Seplag, por meio dos Círculos de Educação e Cultura (CEC), que são coordenados e acompanhados pela SEE-PE"; o foco é a reflexão e o debate em torno das questões de cidadania, de acordo com as especificidades do público-alvo.

> Os Círculos de Educação e Cultura em sua estrutura, funcionamento e concepção têm inspiração e antecedentes

> na experiência do Movimento da Cultura Popular (MCP) da década de 1960, quando se concebia uma educação comprometida com um ideal de transformação e de humanização dos sujeitos, rompendo com a lógica da educação bancária, relacionada aos saberes verticalizados e com a falsa dicotomia homem-mundo. Nessa direção, os Círculos de Educação e Cultura oportunizam um debate/reflexão no qual os direitos humanos são compreendidos e vivenciados no cotidiano dos trabalhadores de forma democrática e cidadã. (SEE-PE, 2016, p. 29)

O papel dos/as professores/as define-se em encaminhar as discussões, a partir dos debates nos CEC, apoiadas nos seguintes subeixos temáticos: Diversidade Cultural, Educação em Gênero, Educação em Raça e Etnia; Saúde: Família e Meio Ambiente; e Trabalho: Emprego, Economia Solidária e Agricultura Familiar. Sua metodologia ancora-se, sobremaneira, no saber de experiência feito dos/as estudantes. Dessa forma, entre outras atividades, os/as educadores/as atuam

> [...] analisando as falas dos interlocutores, confrontando ideias e defendendo pontos de vista, trocando opiniões, argumentando e contra-argumentando; lendo e interpretando diferentes registros sociais, procurando alinhar os Tópicos dos Subeixos, entrelaçando-os de forma interdisciplinar através da metodologia de Projetos, tendo como pressuposto o Projeto de Aprendizagens. (SEE-PE, 2016, p. 29)

1.2.6.4 Programa Mãe Coruja Pernambucana

Visa ampliar políticas públicas integradas em defesa da vida, cuidando das gestantes e das crianças de zero a cinco anos, por meio da articulação intersetorial de oito Secretarias de Governo: Educação; Meio Ambiente e Sustentabilidade; Agricultura e Reforma Agrária; Saúde; Mulher; Justiça e Direitos Humanos; e Secretaria da Micro e Pequena Empresa, Trabalho e Qualificação (Sempetq), que desempenham suas atividades de forma integrada a partir dos eixos: saúde, desenvolvimento social e educação, tendo como focos a mulher, a criança e a família.

À SEE-PE cabe contribuir com o processo de consolidação da alfabetização e letramento das mulheres cadastradas no programa. Utiliza-se da metodologia de ensino baseada nos CEC criados por Paulo Freire, entre outros/as educadores/as, na década de 1960. Atualmente, a proposta da SEE-PE abarca tanto a formação das mulheres, quanto de seus/suas filhos/as menores que as acompanham durante os encontros, uma vez que, na maioria das vezes, elas não têm estrutura familiar para assumir suas crianças durante seus horários de estudo. O trabalho desenvolvido nos CEC tem tido um olhar especial para as crianças. A partir de questões centrais da cidadania, visam favorecer o processo de aprendizagem da leitura e da escrita, além de fortalecer os laços afetivos entre familiares.

O programa nasceu em outubro de 2007[7]. É desenvolvido de modo presencial e pode ocorrer em diferentes espaços, com turmas organizadas de acordo com a disponibilidade e as necessidades das gestantes.

A organização curricular desse programa está alicerçada na metodologia de ensino dos CEC cujos conteúdos são tratados a partir de temas geradores, reunindo, desse modo, situações da realidade das estudantes, a fim de promover a compreensão e a construção de novos saberes constantes de avaliação diagnóstica no início e ao final de cada um dos três módulos. "Isso porque a transformação da realidade exige aprendizados, reflexões e ações em múltiplas dimensões, constituindo como foco prioritário de abordagem do Programa as dimensões integradoras do ser humano: biológica, psicológica e social" (SEE-PE, 2016, p. 33).

As Diretrizes Operacionais para a EJA em Pernambuco revelam um esforço para atender ao seu respectivo público, todavia o amplo leque de Programas não se constituiu, em seu todo, em políticas públicas efetivas, e sim de governo. Essa realidade contribuiu para o cenário exibido pela Pnad (2015), em que se expôs um quadro revelador de que existia no estado "um pouco mais de um milhão de pessoas analfabetas, acima de 14 anos de idade", estejam estas com atividades laborais ou não, apresentando a incapacidade de ler ou escrever. "É desta realidade da qual o movimento dos fóruns não pode se alienar [...]" (Relatório XI ENEJA, 2009).

Como vemos, o estado de Pernambuco oferece programas e políticas de ensino no campo da alfabetização e EJA, marcadamente com a criação da Gejai em 2012, todavia, ainda assim, apesar dos esforços, não tem sido o suficiente para suprir as necessidades de acesso e permanência com qualidade social para os jovens, adultos e idosos que vivem fora do processo escolar, como revelou a Pnad (2015). O número de pessoas

---

[7] Por meio do Decreto Estadual n.º 30.859, de 4 de outubro de 2007, e do Decreto Estadual n.º 31.247, de 28 de dezembro de 2007, consolidando-se como política permanente a partir da Lei Estadual n.º 13.959, de 15 de dezembro de 2009 (Diretrizes Operacionais para Oferta da EJA, p. 31, 2016).

analfabetas em Pernambuco seria suficiente "para povoar um total de 76 cidades do estado". Os dados revelam o estado como o oitavo no ranking e ainda como um dos piores colocados no ranking nacional de alfabetização. Mesmo dois anos após a divulgação das metas do Plano Nacional de Educação (PNE), uma delas voltada à erradicação do analfabetismo absoluto até 2020, "as taxas de analfabetismo da população jovem e adulta estão longe de serem zeradas e o desafio é ainda maior ao tratar do analfabetismo funcional, envolvendo pessoas acima dos 15 anos com menos de quatro anos de estudos" (Ferreira, 2016).

1.3 A ORIGEM DO FÓRUM DA EDUCAÇÃO DE JOVENS E ADULTOS DE PERNAMBUCO

Alertamos ao/à leitor/a que a partir desta temática contamos com alguns depoimentos individuais à pesquisadora devido à escassa produção sobre a temática. O ano de 1990 ficou marcado na história da EJA do Brasil pela realização do primeiro Encontro da Articulação Pernambucana pela Educação de Jovens e Adultos (Articulação Pernambucana pela EJA), no Recife, promovido pela Universidade Federal de Pernambuco (UFPE). Contou com o apoio de educadores/as de diversos segmentos da sociedade, sobretudo, ligados/as à EJA no que tange à sua organização. Sendo assim, a Articulação Pernambucana pela EJA configura-se como o primeiro Movimento Permanente pela EJA do Brasil envolvendo diversos atores e segmentos da sociedade civil organizada, como universidade, Sistema S, CUT, Secretarias Municipais e Estadual de Educação, Undime, ONGs, entre outros, no ano de 1990 através do Núcleo de Ensino, Pesquisa e Extensão em Educação de Jovens e Adultos e em Educação Popular da Universidade Federal de Pernambuco (Nupep/UFPE).

O Nupep nasceu no Departamento de Serviços Sociais da Universidade Federal de Pernambuco (CCSA/UFPE) em 1987, com atuação no campo da formação de professores da EJA. Desenvolvia, principalmente, um trabalho de apoio às comunidades e aos movimentos sociais, "criando metodologias que facilitam a prática da educação popular". No ano de 1994 esse órgão mudou-se para o Centro de Educação (CE) dessa mesma Universidade. Com a mudança para esse Centro, houve a oportunidade de expandir a atuação no campo da EJA e envolver outros atores da sociedade com o olhar muito atento ao campo da formação, entretanto, mantendo seu interesse no campo dos movimentos sociais, da educação de pessoas jovens e adultas, da educação popular e, sobretudo, através da formação de profissionais especializados/as em EJA.

> Desde sua fundação, o NUPEP/UFPE instituiu-se como um lugar de proposição de ações educativas, de enunciação e de teorização de práticas educativas, no campo da EDA e da EJA. Dentre os objetivos dessas ações, está a preocupação com os sujeitos da EDA e da EJA, e nesse sentido, se assume como intencionalidade problematizar as implicações da prática educativa na constituição das identidades sociais e culturais dos/das alunos/as e de educadores/as dessa modalidade de ensino. Isto é, problematizar as racionalidades éticas, estéticas e científicas que confrontam práticas pedagógicas e instituem identidades sociais e culturais. (Fênix, 2006, p. 19)

O trabalho empreendido pelo Nupep é feito[8] na perspectiva de que o/a "professor/a, compreendendo sua prática e as finalidades da educação, inclusive a escolar, possa criar estratégias que garantam aprendizagens e o crescimento humano de cada um dos/as educadores/as" (2006, p. 18).

Dessa forma, o Nupep assumiu a formação em diversos campos do saber em parceria com o MEC para formação dos professores do Programa Alfabetização Solidária (PAS); com a Secretaria de Educação do Recife (PCR) para a formação dos professores do PBA, cuja responsabilidade se dava em assumir o compromisso da formação para/com os/as professores/as que atuaram no PAS em 1998 e 1999 e com o governo estadual de Pernambuco para o desenvolvimento da formação de professores do Promata entre 2003 e 2007. Estabeleceram-se parcerias também com o Movimento Social dos Trabalhadores Sem Terra (MST), Federação dos Trabalhadores Rurais Agricultores/as Familiares do Estado de Pernambuco (Fetape), Secretaria Estadual de Educação e algumas Secretarias Municipais de Educação. Coube ao professor João Francisco de Souza fazer a costura política e adensar a discussão teórica com a sociedade, uma vez que ele acreditava que um dos principais caminhos para a consolidação da EJA de Pernambuco seria, sobretudo, a vigilância sobre o Programa através de mesas de diálogo permanente. Ação pioneira e "educativa à qual o Nupep/UFPE se propôs a desenvolver tem, portanto, como hipótese o entendimento de que a educação inclusiva e escolar pode contribuir com a construção da humanidade do ser humano" (Fênix, 2006, p. 18).

---

[8] O Nupep funciona até os dias atuais com a mesma proposta de trabalho desenvolvido desde o seu nascedouro, com seu departamento no Centro de Educação na UFPE (CE-UFPE).

Destaque-se que essa ação coletiva mediada pela partilha de experiências vividas pelos atores, a partir de suas especificidades, primava pela autonomia dos sujeitos envolvidos e que a soma dessas vivências e experiências possibilitasse "criar outros caminhos que convergissem em alternativas para que a EJA pudesse ser reconhecida como uma modalidade de educação e, portanto, rompermos com a cultura do assistencialismo para esse público"[9] – B. B. M. Silva (2016).

Seja alfabetizando, formando educadores/as ou socializando conhecimento, o Nupep/UFPE vem cumprindo seu papel: o de lutar pelas condições de Humanização do Sujeito Humano através da Educação (Fênix, 2002, p. 93).

O professor João Francisco de Souza, então coordenador do Nupep/ UFPE junto com sua equipe, imprimiu esforços para mobilizar os mais diversos sujeitos e segmentos da sociedade envolvidos com a Educação de Jovens e Adultos sob o argumento da necessidade da participação social como estratégia de enfrentamento ao analfabetismo e subescolarização no Brasil, mais especificamente, nas Regiões Norte e Nordeste do país. Nesta última, localiza-se o estado de Pernambuco, dando forma e sentido à criação da Articulação Pernambucana pela EJA sediada pelo Nupep/CE/UFPE.

O principal objetivo da já citada Articulação era manter espaços/ mesas permanentes de diálogo envolvendo instituições como a UFPE, alguns Movimentos Sociais, os governos municipal e estadual através das suas Secretarias de Educação a Fundação Joaquim Nabuco (Fundaj), entre outros.

A Articulação Pernambucana pela EJA foi acolhida pelo Núcleo de Ensino, Pesquisas e Extensão em Educação Popular e Educação de Jovens e Adultos, do Centro de Educação da UFPE (Nupep/UFPE/CE), a partir de uma pesquisa coordenada pelo professor João Francisco de Souza com a Fundação Viter que investigava o desenvolvimento de material didático para a EJA. Durante o percurso, já após a instalação da Articulação Pernambucana pela EJA, o Nupep firmou convênios com diversos órgãos, como os governos federal, municipais e estaduais, aderindo a programas como o Pronera, através do Ministério da Reforma Agrária para a formação de professores, no ano de 1998, cujo foco eram os jovens e os/as adultos/

---

[9] Relatos grafados com iniciais foram retirados de depoimentos individuais à pesquisadora.

as dos projetos de assentamento criados e reconhecidos pelo Instituto Nacional de Colonização e Reforma Agrária (Incra), assim como Quilombolas e trabalhadores acampados – B. B. B. Silva (2016).

Reconhecendo que a Articulação Pernambucana pela EJA nasceu muito inspirada nos referenciais freirianos e, portanto, de acordo com a pedagogia freiriana, os grupos começaram a se organizar em conferências municipais que passaram a ocorrer, inicialmente, pela necessidade dos/as gestores/as e dos/as professores/as para sua formação – B. B. M. Silva (2016). Essas conferências e seminários tiveram também "o caráter de mobilização para a participação como militantes da Articulação Pernambucana pela EJA que se iniciava em Pernambuco entendendo a EJA como processo de libertação" – M. N. S. Lima (2017).

Sob a coordenação do professor João Francisco de Souza, ao mesmo tempo em que olhava para as possibilidades da Articulação externa, ia-se formando um grupo de pesquisadores dentro do próprio Nupep. Então, o trabalho de formação praticado contribuiu para que saíssem dali sujeitos críticos que, como resultado, galgaram patamares muito relevantes em suas caminhadas profissionais, como por exemplo: a coordenação do próprio fórum da EJA PE – em suas várias instâncias –, Gestão Nacional e docência, nessa mesma Universidade, tendo-se assumido, inclusive, a coordenação do mesmo Nupep/CE/UFPE, uma das pessoas oriundas das formações e participação das atividades deste Núcleo que, desde a sua fundação no CE/UFPE, foi coordenado pelo professor João Francisco de Souza. Fatos esses são reconhecidamente frutos de sementes plantadas nas formações/discussões tecidas com o coletivo. Portanto, foi esse o amálgama praticado.

Percebe-se, então, que uma das marcas mais relevantes da composição daquele coletivo foi a forma como foram instituídas as suas bases – ancoradas na pluralidade de ideias e experiências, dialogicidade, criticidade, formação crítica e rigorosidade metódica –, orientadas por uma concepção libertadora de Educação, sobretudo, a partir do olhar e do pensamento de Paulo Freire – B. B. M. Silva (2016).

A Articulação Pernambucana pela EJA foi curiosamente gestada no seio da academia, trazendo os movimentos e a sociedade civil para dentro da universidade, entretanto, marcada pelo objetivo de transpor seus muros em busca de estreitar sua aproximação com as comunidades em geral "para que fosse (re)discutida, (re)pensada, (re)ordenada a pauta da EJA e que dali, pudesse, cada vez mais, ser multiplicada e facultada à inclusão de outros atores sociais naquele processo". Relevante também é ressaltar a singularidade dos sujeitos envolvidos e a busca incessante pela qualidade da discussão, por trazer em seu bojo a indissociabilidade entre a teoria e a prática. Ação marcada literalmente pelo encontro da prática com a teoria, refletido pela composição de um grupo mesclado por profissionais que atuavam no chão das escolas e pelas práticas sociais diversas que adentraram a Universidade para teorizar as suas questões a partir de suas vivências e experiências – B. B. M. Silva (2016).

Outro fato que contribuiu significativamente para a formação de quadros dos/as membros da Articulação Pernambucana pela EJA foi que, ao assumir a Secretaria de Educação do Município de Olinda, o professor João Francisco de Souza criou o Centro de Educação de Jovens e Adultos de Olinda (Ceja-Olinda). Essa ação possibilitou que novos parceiros aderissem ao movimento da Articulação Pernambucana pela EJA, ampliando-se, então, as possibilidades de mudanças nesse campo da educação, sobretudo, a partir das formações crítico-problematizadoras a que se destinava o fazer do Ceja –Olinda – M. C. Pontes (2016). Naquele coletivo estavam envolvidas pessoas das diversas áreas de atuação no campo da educação. Como exemplo podemos citar, além de professores/as da UFPE, estudantes que trabalhavam como bolsistas do Nupep e que já haviam contribuído no campo da formação de professores/as nos Programas como o PAS ou Pronera, entre outros, e "profissionais de algumas Redes Municipais e Estadual de Educação que foram formados a partir dos Cursos de Especialização, ofertados, como foi o caso de Olinda, nosso primeiro curso de especialização" – B. B. M. Silva (2016).

Outra questão que até hoje inspira cuidado e vale a pena destacar é uma das características definidas pelo coletivo da Articulação Pernambucana pela EJA durante o processo de sua criação: parecia muito clara a concepção de que a Articulação Pernambucana pela EJA não tinha dono. Foi uma excelente experiência para todos nós como exercício democrático – M.N.S. Lima (2017). A necessidade de você trabalhar com os outros e tomar decisões coletivamente, de se sentir sujeito de direito daquele espaço, era um exercício ímpar – B. B. M. Silva (2016).

Vale ressaltar, de acordo com a Fênix (2002), a participação de alguns parceiros da Articulação Pernambucana pela EJA, além da UFPE: o Conselho Estadual de Educação, a Secretaria Estadual de Educação, as

Secretarias Municipais de Educação de Vicência, Paulista, Tracunhaém, Paudalho, Moreno, Jaboatão dos Guararapes, Cabo de Santo Agostinho, Camaragibe e Olinda, com participação expressiva. Na sequência, outras instituições começaram a participar: o Serviço Social do Comércio (Sesc), o Serviço Social da Indústria (Sesi), o Colégio Marista Champagnat (Unbec) – Mantenedora da Rede Marista, a Central Única dos Trabalhadores (CUT), o Movimento dos Trabalhadores Sem Terra (MST), o Pronera e Fetape (p. 93).

O Centro Paulo Freire – Estudos e Pesquisas[10] também marca historicamente a trajetória do fórum da EJA PE, uma vez que, desde sua fundação em 1998, pelo então presidente o Prof. Dr. Paulo Rosas (*in memoriam*) e sua vice-presidente Maria Nayde dos Santos Lima, vem imprimindo, através de diferentes atores, esforço para que o movimento prossiga, permanentemente, mantendo sua autonomia e atuação em defesa da EJA no estado.

De acordo com Lima (2009), o primeiro Encontro da Articulação Pernambucana pela EJA se deu concomitantemente à realização do Seminário Latino-Americano de Alfabetização, promovido pelo Conselho de Educação de Adultos da América Latina (Ceaal). Nesse Encontro houve participação expressiva de vários municípios, com professores/as, alunos/as, e instituições diversas atuantes no campo da EJA. Essa presença justificou-se pela necessidade de formação dos/as educadores/as da EJA e pelas propostas do Nupep/CE/UFPE para que se organizassem para atuarem nesse campo do saber. A esse Encontro seguiram-se outros, apresentando no seu conjunto elementos importantes que registram as dimensões políticas que ampararam esses Encontros.

Os temas dos Encontros da Articulação Pernambucana pela EJA eram provocativos e desafiantes, como, por exemplo, o do primeiro Encontro: Ler a Vida e Escrever a História, pois se compreendia que aquela história poderia ter um ganho qualitativo para a EJA, se fosse escrita coletivamente. O tema trazia explicitamente que se tratava de uma construção coletiva e, sobretudo, que essa ação era construída com o protagonismo de todos/as e com o foco na sua essência. Nos três primeiros Encontros da Articulação Pernambucana pela EJA, manteve-se o mesmo tema Central Ler a Vida e Escrever a História, acrescentando, a partir do segundo, uma ênfase muito forte na formação do sujeito pensante (Fênix, 2000, p. 7).

---

[10] É uma sociedade civil sem fins lucrativos, com finalidade educativa e cultural que se propõe a manter vivas as ideias de Paulo Freire, educador pernambucano, referência no Brasil e no mundo.

Os Encontros da Articulação se debruçavam sobre as leis que regiam a EJA à época. Demarcavam-se os problemas mundiais, principalmente, com o foco na América Latina e, sobretudo, no Brasil e em Pernambuco, sempre com o olhar atento aos aspectos legais. Havia também um esforço em convidar os/as diversos/as representantes institucionais que atuavam no campo da EJA – B. B. M. Silva (2016).

Lima (2009) revela que a partir desses Encontros se deu início à organização das Conferências Municipais de Educação, também como resposta às necessidades de formação dos/as gestores/as e dos/as professores/as das Redes Públicas de Educação.

Essas conferências e seminários tiveram igualmente o caráter de mobilização para a participação como membros da Articulação Pernambucana pela EJA.

Em 2000, foi realizado o II Encontro Estadual da EJA, promovido pela Articulação Pernambucana pela EJA. Uma década após sua inauguração, esse Encontro foi importante porque ajudou a motivar os olhares para as questões da EJA no estado de Pernambuco. Possibilitou ver os problemas da EJA com um olhar plural e não segmentado, como, por exemplo, tentar perceber quais as questões que estavam influenciando a EJA, naquele momento, também pelas diversas lacunas latentes à EJA – B. B. M. Silva (2016).

Resultante de um trabalho tecido por várias mãos e mentes, foram traçados os objetivos que nortearam tanto a temática central quanto os eixos temáticos que acolheram os diferentes públicos, referência de uma época em que se investia maciçamente na formação política daquele coletivo, constituindo-se como corpo-aporte-teórico em defesa da EJA em Pernambuco, tais como:

> a) discutir a organização da EJA no Estado, b) discutir quais os avanços a educação da população atingiu após 10 anos do I Encontro Estadual da EJA de Pernambuco, promovido pela Articulação Pernambucana pela EJA; c) avaliar as diretrizes lançadas pelo MEC e se atendeu às expectativas do Estado de Pernambuco; d) focar na formação e capacitação; e) comemorar o dia Internacional da Alfabetização em 8 de setembro; f) socializar o panorama da EJA no Brasil apresentado pela Secretaria de Educação do Rio Grande do Sul, divulgando dados da experiência metodológica de trabalho desenvolvido através de parcerias e convênios com a sociedade civil. (Fênix, 2000, p. 3)

Nesse segundo encontro estadual, foi possibilitado avaliar as Diretrizes Curriculares da EJA e debater programas e políticas lançados pelo MEC para verificar se as políticas propostas atendiam às necessidades da EJA de Pernambuco. O Encontro foi importante, entre outros motivos, porque possibilitou que o estado pudesse se manifestar politicamente diante do MEC. Foi também fundamental discutir os problemas das organizações, nos Municípios, com o intuito de solidificar e ampliar o alcance da EJA no estado. Esse objetivo do Encontro foi atingido e foi ímpar para dar relevo às ações da EJA nos Municípios, considerando seus avanços, forças e fragilidades, trazendo para o centro do processo o seu protagonismo e não os tratando, simplesmente, como meros espectadores.

Esse Encontro deixou um legado para o estado de Pernambuco e para o campo da EJA porque marcou uma posição política, através da Carta de Pernambuco. Essa Carta foi iniciada nos Encontros Preparatórios a esse Encontro, marcada por diversos momentos de (re)construção e com a máxima diversidade de atores representantes da sociedade civil e dos governos municipais e estadual. A Carta foi disseminada nos vários espaços sociais e entregue ao MEC como posicionamento de Pernambuco diante das ações do governo.

> A Carta de Pernambuco trata-se de um posicionamento que teve suas raízes nos Encontros Regionais que mobilizaram cerca de 1000 educadores, em diferentes momentos de discussão, contemplando 40 municípios do Estado de Pernambuco, no período de maio a setembro de 1999 a 2000. Esta Carta objetivava, entre outros, a consolidação da Articulação Pernambucana pela EJA no Estado como um grão a mais para a construção que nos desafia. (Fênix, 2000, p. 2)

A ideia da Carta surgiu no Seminário realizado pelo Nupep em 8 de setembro de 1999, fruto das discussões sobre a EJA realizadas no evento.

> [...] a carta surge no momento em que estava prevista a aprovação de recursos específicos de Fundo de Manutenção e Desenvolvimento do Ensino Fundamental e de Valorização do Magistério (FUNDEF). A intenção era levar a Carta para outras instituições e Secretarias Municipais, além das que participaram de sua elaboração. O intuito é fazer com que entrem na Articulação Pernambucana pela EJA e se comprometam a implementá-la no Estado. (Fênix, 2000, p. 3)

Os Encontros da EJA em Pernambuco eram marcados por ações e compromissos assumidos pelas instituições em defesa da EJA, não só pré como pós-encontro. Havia uma ligação entre os Encontros, inclusive com suas temáticas, estimulando a mobilização da sociedade para que se comprometesse "em manter ações concretas em defesa da EJA para além do importante debate. Ou seja, ultrapassava a preocupação de ter que mudar a temática em discussão a cada Encontro" – J. E. O. Lima (2016).

De acordo com Fênix (2000) a Carta foi referendada, a partir da constatação dos/as presentes no II Encontro de que as iniciativas para a EJA no Brasil se apresentavam de forma pontual, assistencial, além da descontinuidade das políticas governamentais. Através dela, a posição do Encontro enfatizou que a EJA precisava ser reconhecida e legitimada como direito à educação para todas as pessoas. Portanto, a Carta de Posicionamento de Pernambuco pretendia, além de mobilizar e sensibilizar instituições e pessoas em defesa da EJA, através da Articulação Pernambucana pela EJA, denunciar as condições do programa no Brasil e, como tal, em Pernambuco (p. 5).

A Carta de Posicionamento de Pernambuco foi entregue ao MEC no mesmo mês da realização do II Encontro e distribuída nos Encontros presenciais da EJA promovidos pela Articulação Pernambucana pela EJA, além de ter sido enviada para todas as Regionais de Educação de Pernambuco, através da Secretaria de Educação de Pernambuco, sob os cuidados do professor José Edson de Oliveira Lima[11].

Assumindo compromissos claros (Figura 1), a Carta de Pernambuco posicionava-se frente aos governos estadual e municipais e ao MEC, reivindicando que se fizesse cumprir o que assegura a Constituição Brasileira, ao proclamar a EJA como direito. Reivindicava, na mesma medida, o cumprimento do direito através da implementação de políticas públicas que promovessem e efetivassem tal direito através do sistema oficial de ensino, assim como reivindicava o "financiamento de projetos" que tivessem origem nas organizações da sociedade civil. Nela propunha-se ainda que a Articulação Pernambucana pela EJA através de seus membros assumisse, efetivando:

> [...] a mobilização conjunta e articulada de todas as instituições comprometidas com a educação para todos, como

---

[11] O professor Edson ressaltou entusiasmo e concordância com a divulgação de seu nome.

forma de pressionar o Congresso Nacional e o Governo Federal para que sejam definidas as políticas públicas exigidas pelas necessidades básicas urgentes da educação de adolescentes, jovens e adultos, garantindo os recursos financeiros necessários e as condições de trabalho e salariais dos profissionais da educação. (Fênix, 2000, p. 3)

Figura 1 – *Compromissos da Carta de Pernambuco (2000)*

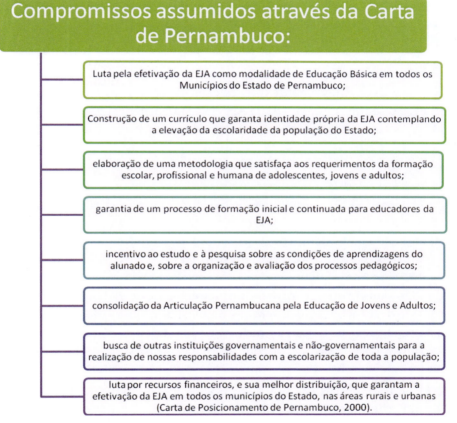

Fonte: Criado pela pesquisadora.

O trabalho de mobilização dos municípios e instituições para a participação na Articulação Pernambucana pela EJA era permanente. O registro histórico do Jornal Fênix Notícias conta que o Nupep/CE/UPFE, ao realizar Encontro da EJA com Municípios da Zona da Mata Norte de Pernambuco, aproveitou a oportunidade para divulgar as ações da Articulação Pernambucana pela EJA entre os convidados e instituições presentes ao encontro:

> O NUPEP aproveitou o terceiro dia para divulgar o trabalho da Articulação Pernambucana pela Educação de Jovens e Adultos. O Convidado foi o professor José Edson de Oliveira Lima, coordenador de Educação de Jovens e Adultos de Vicência e Membro da Articulação. (Fênix, 2001, p. 3)

1.4 ENCONTROS ESTADUAIS DA EJA PROMOVIDOS PELA ARTICULAÇÃO PERNAMBUCANA PELA EJA ENTRE OS ANOS DE 1990-2004

Houve um espaço de uma década entre o primeiro encontro, em 1990, e o segundo Encontro da Articulação Pernambucana pela EJA, em 2000, entre outros motivos pelo afastamento do professor João Francisco de Souza para a realização de seu doutorado, o que, de certa forma, provocou alguma desarticulação do coletivo que compunha a iniciativa – B. B. M. Silva (2016).

Lima (2009) registra que, "por decisão dos participantes do I Encontro Estadual (1990), o II Encontro Estadual foi realizado em 2000, isto é, 10 anos após o I Encontro. Desde então, ficou definida a realização dos Encontros Estaduais bi-anualmente" (p. 44). Nessa ocasião, as ações aconteciam nos municípios e, por essa razão, não houve nesse período um diálogo mais profícuo entre os municípios e a Coordenação Estadual no sentido deste acompanhamento. Todavia, havia uma preocupação de que os municípios que viessem a participar do II Encontro se esforçassem em mobilizar parceiros, instituições e pessoas, e investissem, maciçamente, na formação política desses parceiros – B. B. M. Silva (2016).

Então, nesses 10 anos de intervalo, a principal ação que a Articulação Pernambucana pela EJA orientava aos municípios era sensibilizar, mobilizar e formar parceiros críticos com temáticas que eram comuns a todos os municípios, a fim de dar unidade à discussão e formação. "Não havia a preocupação em apresentar as bandeiras dos municípios presentes, mas, sim, de discutir a EJA como um tema Central para todos/as e que as pessoas presentes pudessem ir contribuindo, uma vez que já haviam se fortalecido com as discussões locais" – M. N. S. Lima (2017).

O III Encontro da Educação de Jovens e Adultos promovido pela Articulação Pernambucana pela EJA foi realizado entre os dias 14 a 16 de novembro de 2002. Note-se que o I Encontro aconteceu em 1990, o II, 10 anos após, em 2000, e o III, com dois anos de intervalo do segundo. Esse Encontro contou com o tema central: Ler a vida e escrever a história: por uma sociedade mais justa e humana e foi norteado pela frase de Paulo Freire "A educação deve propor ensinamentos que favoreçam a reflexão sobre o próprio poder de refletir". Objetivou discutir propostas para reduzir a exclusão social através de um mapeamento da situação das instituições públicas e privadas, suas condições de funcionamento e financiamento em sua atuação no campo da EJA no estado, sob três aspectos: as políticas da EJA; a formação do educador de jovens e adultos; e os conteúdos educativos da EJA (Fênix, 2001, p. 4).

Tendo olhado para o que foi realizado no campo da EJA nos últimos dois anos de intervalo entre os Encontros, sobretudo pelos municípios, vê-se que nesse evento ratificou-se o posicionamento assumido na Carta de Pernambuco, iniciada em 1999 e já referendada no II Encontro Estadual em 2000, afirmando a continuidade de um investimento estratégico em Pernambuco, em torno da EJA, com avaliações sistemáticas da conjuntura educacional do país, norteadas por mobilizações permanentes e investimento na compreensão da EJA como direito. As recomendações decorrentes desse compromisso com a Carta de Pernambuco são apresentadas na Figura 2. O Manifesto denominado Carta de Posicionamento de Pernambuco foi assinado por

> 165 educadores presentes ao III Encontro Estadual da EJA representando 53 Municípios do Estado de Pernambuco juntamente com o NUPEP/UFPE, Escola de Formação Sindical da CUT Nordeste, Projeto Integração CUT Petrolina, SESI de Camaragibe, SESI de Casa Amarela, SESI de Paulista, Equipe Técnica Estadual, Centro Josué de Castro, Centro Paulo Freire – Estudos e Pesquisas, Faculdade de Timbaúba, Universidade de Pernambuco/Petrolina. (Fênix, 2002, pp. 89-90)

Figura 2 – *Recomendações da Carta de Pernambuco (2002)*

POSICIONAMENTO ASSUMIDO NA CARTA DE PERNAMBUCO NO III ENCONTRO EM 2002

Assumir a educação como fator estratégico de desenvolvimento humano integral e sustentável;

realizar uma ampla revisão dos conteúdos educativos de tal modo que fique bem clara a distinção entre os conteúdos básicos de aprendizagens e os instrumentos essenciais de aprendizagem sem desvinculá-los;

proporcionar uma maior vinculação entre a estrutura gerida pelo Estado, a organizada pelos municípios (UNDIME/PE), pela Sociedade Civil (Programas Integrar e Integração, Igrejas, Clubes de Serviço, entre outros), o Sistema S e a Universidade, Integrando a Articulação Pernambucana pela Educação de Jovens e Adultos;

construir um Sistema Integral de Formação e Desempenho do docente: autoridades educativas, funcionários administrativos que articule a formação inicial com a continuada, a dimensão ética, política e pedagógica nas áreas da educação escolar e social. Valorize o perfil profissional e as condições de trabalho, investindo na melhoria salarial dos docentes pernambucanos e nos equipamentos das escolas e centros educativos não escolares;

elaborar e implantar um Projeto Educativo em Pernambuco que ponha em prática propostas educativas com a intervenção direta da população envolvida, que inclua a todos/as sem discriminação étnica, de gênero, cultural ou de idade;

implementar políticas e estratégias que vinculem a escolarização e a inovação pedagógica com a ciência e a tecnologia, principalmente, no que se refere ao uso, processamento e produção da informação e conhecimento, e ao acesso a esses bens;

reunião ampliada da Coordenação eleita da Articulação Pernambucana pela Educação de Jovens e Adultos para elaboração de um Plano de Ação a partir da convocação das Nações Unidas de uma Década de Alfabetização a ser iniciada em 2003 com término em 2012.

Fonte: Criado pela pesquisadora.

O IV Encontro Estadual da Educação de Jovens e Adultos foi realizado em 2004, portanto, dois anos após o III, com o tema: Perspectivas das Políticas Públicas de EJA: Financiamento, Alfabetização e Continuidade. Nesse Encontro a Carta de Pernambuco foi mais uma vez discutida e as recomendações confirmadas. Foi marcado por expressiva relevância na história porque, a partir daquele ano/Encontro, a Articulação Pernambucana pela EJA passou a assumir a nomenclatura de fórum Pernambucano da Educação de Jovens e Adultos (fórum da EJA de Pernambuco[12]) para acompanhar os outros fóruns da EJA já existentes no país (Fênix, 2003, p. 5).

Como relata Lima (2009), o fórum da EJA de Pernambuco assumiu essa nomenclatura 14 anos após o seu surgimento, tendo utilizado, no período de 1990 a 2004, a nomenclatura de Articulação Pernambucana pela EJA.

Esse Encontro resultou em propostas com pautas de luta para implementar políticas públicas e estratégias que vinculassem a escolarização e a inovação pedagógica à ciência e tecnologia; garantias de políticas públicas de permanência e formação continuada aos alunos/as jovens e adultos/as; a formação de um grupo interinstitucional de acompanhamento das iniciativas de alfabetização; além da reivindicação da garantia de formação inicial e continuada para alfabetizadores /as de EJA no estado.

Registra-se que, nessa ocasião, mesmo com as Regiões Metropolitana do Recife em 2000 e Mata Norte em 2001 tendo assumido a denominação de fóruns da Educação de Jovens e Adultos dessas Regiões, ainda assim, a Articulação Pernambucana pela EJA manteve sua nomenclatura original em âmbito estadual. Percebe-se, então, que em Pernambuco surgem primeiramente os fóruns da Região Metropolitana do Recife e da Mata Norte, e, só em 2004, a Articulação Pernambucana pela EJA assume a nomenclatura de fórum da EJA de Pernambuco. Com essa decisão, devido à demanda do fórum Nacional da EJA, foi sendo cada vez mais estimulada a participação de outros municípios no fórum da EJA de Pernambuco – J. E. O. Lima (2016).

> Em 2004 novos municípios passaram a integrar o coletivo de municípios pernambucanos que passaram a participar das formações ministradas pelo NUPEP/CE/UFPE e, como tal, passaram a integrar o fórum da EJA de Pernambuco. São eles: Paudalho, Lagoa Grande, Santa Maria da Boa Vista, Orocó, Iguaraci, Flores, Carnaubeira da Penha, Granito, Ingazeira, Alagoinha, Araripina, Barreiros, Cachoeirinha, Cedro, Correntes, Floresta, Lajedo, Mirandiba, Moreilândia, Orobó e Sertânia. Além dos que já compunham esse quadro que são: Agrestina, Amaraji, Barra de Guabiraba,

---

[12] Percebe-se que há momentos em que os membros do fórum da EJA de Pernambuco referem-se ao fórum como fórum da EJA PE; fórum da EJA de Pernambuco; fórum de EJA ou ainda fórum EJA PE. Já o fórum Pernambucano da EJA, é a primeira vez que me deparo.

Cortês, Itambé, Itaíba, Jataúba, Primavera, São Joaquim do Monte, Santa Maria do Cambucá, Saloá, Serrita, Iati, Brejo da Madre de Deus. (Fênix, 2006, p. 19)

Como podemos perceber, os Encontros Estaduais da EJA promovidos pela Articulação Pernambucana pela EJA, até 2004, traziam como característica a articulação entre os temas abordados e uma pauta de luta. Num esforço de avaliação permanente nesses Encontros, foi elaborada, (re)visitada e aperfeiçoada a Carta de Pernambuco, oportunizando a diversos sujeitos e segmentos construírem, através do diálogo crítico problematizador, um posicionamento político e, mais ainda, reconhecerem-se como participantes de um processo que os representaria.

1.5 SURGIMENTOS DOS FÓRUNS DA EJA NO BRASIL

1.5.1 Fóruns da EJA: de que objeto estamos falando?

O significado da palavra fórum evolui desde a sua criação, todavia, ficaremos com os campos que se coadunam com o nosso objeto de investigação. No Dicionário Moderno da Língua Portuguesa On-line/Priberam, fórum significa espaço de reuniões, reuniões com tema definido ou para designar um debate público, incluindo seminários e congressos, entre outros. Já no Dicionário Moderno impresso Michaelis da Língua Portuguesa, encontramos o seguinte significado para a palavra: "fo.ro (lat foru) como antiga Roma Praça de mercado, onde também se faziam as reuniões públicas e se julgavam as causas nas Cidades Romanas [...]". A noção de fórum como espaço de intercâmbio e debate público é o sentido mais próximo do conceito que foi assumido pelo movimento dos fóruns da EJA do Brasil.

Instalado no Brasil na década de 1990 em meio aos diversos ataques acometidos à EJA, a sociedade civil, composta, entre outros segmentos, por um grande leque de educadores/as, funda o Movimento dos fóruns da EJA, após a mobilização dos Encontros Preparatórios à V Confintea, como estratégia política enquanto sociedade organizada, a fim de formalizar e demarcar um ponto de vista ou um jeito de pensar a EJA para o Brasil.

Nesse mesmo tempo, o movimento ainda tímido de mobilização de educadores e educandos, gestores e pesquisadores de EJA em torno do chamamento do MEC para os eventos preparatórios à V CONFINTEA deixou um saldo positivo,

> que fermentou a partir da fundação do fórum de EJA do
> Rio de Janeiro, em 1996, gênese de um processo organizado
> de debates e discussões que se espalhou por todo o país ao
> longo desses 12 anos. (Documento nacional preparatório à
> VI conferência internacional de educação de adultos – VI
> confintea, 2009, p. 14)

A postura antidemocrática do governo federal diante da sociedade civil, ao rejeitar o Documento Nacional resultante dos Encontros Preparatórios à V Confintea, fruto de debates nos estados e nos Encontros Regionais com diversas esferas da sociedade civil e do governo, portanto, democrático e legítimo enquanto construção coletiva para atender as orientações da Unesco, ensejou o seguinte texto de contraposição:

> [...] a EJA constitui um dos meios pelos quais a sociedade
> pode satisfazer as necessidades de aprendizagem dos cida-
> dãos, equalizando oportunidades educacionais e resgatando
> a dívida social para com aqueles que foram excluídos ou não
> tiveram acesso ao sistema escolar. Compreendida enquanto
> processo de formação continuada dos cidadãos, a EJA deve,
> pois, configurar-se como dever do Estado e receber o apoio
> dos governos e da sociedade. Fundada nos valores da demo-
> cracia, da participação, da equidade e solidariedade social,
> a EJA deve permitir aos educandos mudar a qualidade de
> sua intervenção na realidade. Seu objetivo primeiro é, pois,
> a construção de novas formas de participação e de exercício
> pleno e consciente dos direitos de cidadania. A formação
> para o trabalho, entendida como uma das dimensões da
> educação continuada de jovens e adultos deve articular-se
> à educação geral e atender aos fins da educação nacional.
> (Relatório final, Natal, 1996, p. 11)

O governo brasileiro reafirmou sua posição autoritária ao ignorar a indicação dos delegados eleitos no Seminário Nacional para participar da V Confintea, indicando ele mesmo sua delegação, rompendo, mais uma vez, com a democracia participativa e com a construção coletiva impressa nos país durante todo o ano de 1996. Di Pierro (2000), com o testemunho de quem esteve presente à V Confintea, tece as considerações a seguir sobre a representação do Brasil na já citada Conferência no que tange à participação da delegação oficial brasileira:

> [...] o governo brasileiro relutou em apoiar a posição domi-
> nante no evento de afirmar o direito de todos à educação

> ao longo da vida, por considerá-la imprópria para os países que ainda não universalizaram o acesso à alfabetização e ao ensino básico. Eunice Duram pronunciou-se neste sentido e os representantes oficiais fizeram menção de redigir uma declaração de voto, mas acabaram por não fazê-lo e subscreveram a Declaração de Hamburgo. (p. 138)

Di Pierro (2000) revela através de sua obra que a V Confintea facultou a participação de grupos não oficiais, de tal forma que ela teve a oportunidade de participar, assim como outros "representantes de instituições de pesquisa, redes e Organizações Não Governamentais", aos quais foi permitido apenas assistirem ao evento sem a possibilidade de se manifestar. Segundo a autora o que houve de mais inusitado nessa participação foram as investidas que esse grupo não oficial fez na construção do documento, através de sugestões de propostas, como confirma o boletim informativo do fórum da EJA do Rio de Janeiro, relatando, inclusive, o reconhecimento de que a delegação oficial do Brasil não foi bem-sucedida.

> [...] à frente de um grupo de pressão [...] foram encaminhadas e organizadas modificações e proposições à declaração de Hamburgo, por intermédio das delegações oficiais dos países. Infelizmente, a delegação oficial do Brasil não foi interlocutor adequado no grupo latino-americano, sendo necessário o encaminhamento destas propostas pelos países irmãos, já que a posição assumida, quando feita, pelos delegados "mequinianos" brasileiros, foi a de que primeiro se deve cuidar das crianças, para que se evite o analfabetismo do futuro jovem e adulto. (Boletim Informativo fórum de EJA, 1997, p. 1)

A partir desse embate entre a sociedade civil e o governo federal diante de sua postura antidemocrática, tendo sido o Rio de Janeiro o primeiro estado a realizar o Encontro Pré-Confintea, e diante de todo o descaso do Estado Brasileiro assumido mundialmente para com a EJA, aquele coletivo oriundo do Encontro no Rio de Janeiro entendeu que se fazia necessário criar estratégias mais consistentes, permanentes e organizadas junto à sociedade como alternativa de enfrentamento à desconsideração governamental. Decidiu-se, portanto, ser necessário criar, junto com as várias esferas da sociedade, um mecanismo de defesa da EJA no Brasil. Instalou-se, assim, o primeiro fórum da EJA do Brasil, em 1996.

Soares (2003) contribui com essa discussão ao dizer que o coletivo de educadores/as que fundou o fórum da EJA do Rio de Janeiro

> [...] buscou incrementar essa mobilização. Para tanto, reco-
> mendava-se realizar em cada estado um encontro para
> diagnosticar as metas e as ações de EJA naquele território.
> Desde então, as instituições que se encontraram no evento
> estadual do Rio de Janeiro decidiram dar prosseguimento a
> esses encontros, criando assim aquele que seria o primeiro
> fórum da EJA no Brasil. (p. 16)

A estratégia de criação do fórum da EJA do Rio de Janeiro contribuiu para a desconstrução de posturas e atitudes centralizadoras, adquiridas ao longo de muitos anos na sociedade, possibilitando o estabelecimento de relações mais igualitárias, fator decisivo para um processo de demo-cratização da educação nas esferas locais, como preconiza a LDBEN, ao mesmo tempo em que representava um grupo de pressão organizado e permanente, em defesa dos interesses da Educação de Jovens e Adultos (Paiva, Machado, & Ireland, 2004, p. 36).

Sendo assim, podemos dizer que, entre outros, o maior legado da V Confintea no Brasil, frente à realidade posta pelo governo no que tangia à falta de prioridade para com a EJA, foi estimular a criação de grupos de pressão organizados, com discussão crítica em torno das questões da EJA, de caráter democrático e plural, cuja nomenclatura assumida foi de fóruns da EJA, paulatinamente criados em todos os estados e no Distrito Federal, com seus desdobramentos entre os fóruns Municipais e Regionais.

Paiva (2007) nos alerta que, desde sua origem, esse movimento foi criado sob a égide de ser autônomo, plural, e, sobretudo, horizontal.

> [...] deve-se entender que os fóruns não têm "dono", não
> são propriedade de nenhuma instituição, mas resultam
> do esforço político de várias pessoas/entidades que acre-
> ditam na ideia e na possibilidade de gestão compartilhada
> e cooperativa para tomar decisões e propor alternativas.
> Significa dizer que o poder circula. Não está centralizado.
> Não é hierárquico. (p. 72)

O movimento dos fóruns da EJA vem historicamente atuando em defesa da efetivação dos direitos adquiridos à EJA. Buscam a consolidação e efetivação desse direito, através de políticas públicas de Estado. Emer-gem marcados por dois princípios básicos: o da educação como direito de todos, assegurado no artigo 205 da Constituição de 1988, e do direito à educação ao longo da vida. Tais princípios foram formulados durante a realização da V Confintea, com apoio na Declaração de Hamburgo a partir da elaboração da Agenda para o Futuro, e reafirmados na VI Confintea, realizada em 2009 no Brasil.

1.5.2 Surgimento do fórum da EJA de Pernambuco

A Articulação Pernambucana pela EJA, criada em 1990, durante a realização de seu IV Encontro Estadual da EJA, realizado no período de 17 a 19 de agosto de 2004, no Centro de Ciências Sociais Aplicadas (CCSA) da UFPE, após alguns anos de resistência – uma vez que Pernambuco já tinha uma Articulação em defesa da EJA atuando no estado há 14 anos –, passou então a assumir a nomenclatura de fórum da EJA de Pernambuco (fórum da EJA PE) para acompanhar os fóruns da EJA já existentes no Brasil. Com essa adesão, demarca-se uma identidade nacional com diálogo entre os estados e o Distrito Federal, uma vez que, juntos, configuram o Movimento Nacional dos fóruns da EJA do Brasil em defesa da EJA. Aceitar a mudança de nomenclatura possibilitou a Pernambuco passar a fazer parte desse movimento, adentrando em novas arenas de debates com novos aprendizados e possibilidades e, naturalmente, tendo a oportunidade de levar um pouco de sua experiência oriunda da Articulação Pernambucana pela EJA, que já se configurava no estado por mais de uma década, o que resultou em ganhos para a Educação de Jovens e Adultos. Reconheceu-se ainda, de certa forma, que a soma das experiências que Pernambuco acumulou através da Articulação Pernambucana pela EJA, durante toda a sua existência por quase 15 anos, poderia contribuir com as ações do Movimento dos fóruns da EJA do Brasil.

Um dos frutos para Pernambuco, ao assumir ao Movimento Nacional dos fóruns da EJA, foi perceber que era importante para o estado estar em constante interlocução com os diversos fóruns já existentes, pela pauta que eles tencionavam nacionalmente e pela necessidade de que as ações no campo da EJA não se desenhassem de maneira isolada independentemente do estado que as estivesse elaborando.

Vale salientar que, tendo surgido o fórum do Rio de Janeiro em 1996, seguido por sucessivos outros estados, em 1999 já havia mobilização/articulação suficiente para que o Movimento pudesse realizar no país o seu I Encontro Nacional da EJA (I Eneja). Portanto, registra-se na história que, quando Pernambuco assumiu-se fórum da EJA em agosto de 2004, nesse mesmo ano, o país já contava com a realização da VI edição do Encontro

Nacional da Educação de Jovens e Adultos (Eneja), realizada em setembro no Rio Grande do Sul.

De acordo com Lima (2016), em comunicação feita à pesquisadora, para que Pernambuco aderisse ao movimento dos fóruns já existentes no país desde 1996, entre outros, alguns membros, como estratégia de pressão, assumiram nas Regiões Metropolitana, em Olinda no ano de 2000, e da Mata Norte, em Vicência no ano de 2001, a nomenclatura de fóruns Regionais da EJA, antes mesmo de Pernambuco ter assumido esse mesmo coletivo. Outro fator importante para impulsionar o estado a essa adesão foi o fato de alguns atores membros da Articulação Pernambucana pela EJA terem participado das edições dos Enejas por seis edições consecutivas até o ano de 2004, como representantes de suas instituições, tais como a Secretaria Estadual de Educação algumas Secretarias Municipais de Educação, e algumas instituições da sociedade civil, de forma independente, do estado. O fruto dessas participações independentes foi importante para estimular o estado de Pernambuco a mudar a nomenclatura de seu movimento, de Articulação Pernambucana pela EJA, para aderir ao movimento dos fóruns da EJA do Brasil, passando, então, oficialmente, a se denominar de fórum da Educação de Jovens e Adultos de Pernambuco (fórum da EJA PE), em 2004.

Intensifica-se, então, o período de mobilização para as instalações dos fóruns Regionais da EJA. Orientava-se para que a ações ultrapassassem as Conferências Municipais sobre a EJA já realizadas desde a época da Articulação Pernambucana pela EJA, agora também como uma ação permanente do fórum da EJA PE. Nesse caso, foi sugerido que as Regionais de Educação assumissem a mesma proposta e metodologia do fórum da EJA PE sob a recomendação de não deixar tutelar os fóruns Regionais da EJA. De acordo com Lima (2009), entre 2004 e 2006, todos os fóruns das Regionais de EJA de Pernambuco já haviam sido instalados.

Como consta do registro histórico (Lima, 2009), a última região a constituir-se fórum foi a da Mata Centro, em 2006, no município de Vitória de Santo Antão (pp. 38-41). E assim, surgem os fóruns da EJA, nas 14 Regionais da Educação. Atualmente Pernambuco conta com 16 fóruns Regionais, constituídos pelas Regionais de Educação de Pernambuco.

Destaca-se que uma das coisas que ficou muito evidente nesse processo foi o fato de que as instituições precisavam se apoiar mutuamente para tentar qualificar o trabalho, todavia, garantindo a autonomia do fórum. Ressalta-se que à época uma estudante bolsista do Nupep foi responsável pelo levantamento de dados solicitados pelo MEC, objetivando mapear em todo o estado de Pernambuco quais instituições atuavam e como atuavam no campo da EJA, para além das Secretarias de Educação – J.E.O. Lima (2016).

No fórum da EJA PE, foi estimulada a ideia de que as instituições e pessoas que participavam deste fórum teriam sempre o mesmo direito a voto e vez, independentemente do tipo de apoio que pudessem dar ao movimento – M. N. S. Lima (2017), embora houvesse quem questionasse a autonomia do fórum da EJA frente às ações dos governos, uma vez que o fórum é composto por diversos representantes dos governos municipais e estadual e estes exercem da mesma forma o direito ao voto[13].

Tendo o fórum da EJA PE, desde sua fase da Articulação Pernambucana pela EJA, atuado sob o regime de colaboração entre os seus membros, registra-se na história a relevância da contribuição à época, além de seu criador e primeiro coordenador, o professor João Francisco de Souza, do seu sucessor, o professor José Edson de Oliveira Lima[14], através das instituições que ele, Edson, representava no fórum da EJA PE: o Centro Paulo Freire – Estudos e Pesquisa, a Secretaria Estadual de Educação e a Secretaria Municipal de Educação de Vicência, tendo sido valiosa sua contribuição para a EJA em Pernambuco, por assumir a coordenação do processo de mobilização e instalação dos fóruns Regionais de Pernambuco – M. N. S. Lima (2017). Essa ação de mobilização presencial se deu mais intensamente em todas as Regionais da Educação no período de 2004 a 2006. Ou seja, o período logo após Pernambuco ter assumido a nomenclatura de fórum da EJA PE.

Outro dado relevante se dá ao fato de "o Centro Paulo Freire – Estudos e Pesquisas e a Undime-PE, terem sido escolhidos pelos membros do fórum da EJA PE, para atuarem como instituições âncora, do movimento do fórum da EJA PE, a partir do ano de 2006" (Lima, 2009, p. 54).

O papel de mobilização nas Regionais de Educação rendeu tão bons frutos que, quando o fórum da EJA de Pernambuco participou pela primeira

---

[13] Sem querer adentrar pelo mérito da autonomia do fórum da EJA PE, neste momento, vale salientar que o fórum da EJA PE traz junto ao seu coletivo um número bem expressivo de instituições representantes dos diversos Governos e, um número bem menor de movimentos sociais, associações de bairros, igrejas, empresas, sindicatos, estudantes, professores/as e ONGs.

[14] Esse mesmo professor assumiu a socialização/disseminação/distribuição entre as diversas instituições e instâncias da Carta de Posicionamento de Pernambuco.

vez do Eneja em 2005, a adesão de nosso estado foi tamanha a ponto de resultar na conquista de o estado vir a sediar o VIII Eneja, realizado nos campus da UFPE no ano seguinte – M. N. S. Lima (2017).

Após enfrentar todos os obstáculos para a realização do VIII Eneja em Pernambuco, esse evento resultou em ganhos para o estado, sobretudo no que se refere à mobilização de instituições e pessoas em defesa da EJA. Para realizar essa ação, o fórum da EJA PE pôde contar com a relevante colaboração de vários membros/instituições que, com expressiva dedicação, colaboraram com esse Evento compondo sua comissão organizadora, entre outras iniciativas, traduzidas em palavras do entrevistado como de valiosa contribuição – J. M. Silva (2016).

Até 2006, a coordenação do fórum da EJA PE era composta por um coordenador e um vice[15]. A partir desse ano, o movimento passou a ter uma coordenação colegiada composta por três coordenadores/a, sendo um representante do Município de Amaraji, uma representante do Centro Paulo Freire – Estudos e Pesquisas e um da Prefeitura Municipal do Recife. A criação da coordenação colegiada se deu, sobretudo, devido à intenção de fortalecer o Movimento através da descentralização de suas ações. Nesse sentido, a gestão era feita de forma horizontal e todos/as os/as coordenadores/as dispunham da mesma autonomia que os/as respaldavam para levar a posição do coletivo para qualquer ação que fosse feita. Então, esse foi o caminho trilhado. O caminho da formação de quadros – J.M. Silva (2016).

Na sequência, esse coletivo de coordenadores/as foi aumentando em número com a inclusão de suplentes, sobretudo, a partir da interiorização do fórum da EJA PE. Isso revelava o entendimento por aquele coletivo de que uma gestão ampla e colegiada daria ao fórum da EJA PE mais visibilidade, democratizaria o acesso, além de se esperar que os/as coordenadores/as e suplentes, em seus locais/territórios, pudessem mobilizar mais parceiros/as para participarem do movimento em suas várias instâncias. Vale ressaltar que o fato de os fóruns Municipais e Regionais da EJA receberem orientações do fórum Estadual da EJA PE, não lhes retirava a autonomia de suas organizações e pautas – W. Leão (2016).

1.5.3 Alguns marcos históricos

De acordo com o levantamento de dados em pesquisas documentais, pudemos perceber que, como estratégia de fortalecimento, o fórum da

---

[15] Embora no decorrer desta pesquisa não tenhamos conseguido identificar os vices nominalmente.

EJA PE passou a descentralizar as suas reuniões, assim como as realizações dos Encontros Estaduais, buscando, sobretudo, possibilitar a outros sujeitos atuantes na EJA, nas diversas regiões do estado, terem a mesma possibilidade de participar e construir o debate sobre a EJA em Pernambuco, também a partir das suas especificidades locais – W. Leão (2016).

1.5.4 Marco histórico de algumas ações e encontros promovidos pelo fórum da EJA PE, no estado, entre os anos de 2008 e 2015

Ano de 2008

O I Encontro Estadual da EJA PE descentralizado para o interior do estado aconteceu durante a realização do VIII Encontro Estadual da EJA no período de 7 a 9 de agosto, realizado no Agreste Meridional, na cidade de Garanhuns a 231 quilômetros de distância da capital de Pernambuco.

Ano de 2009

IX Encontro Estadual da EJA, realizado no Sertão do Médio São Francisco, no município de Petrolina, distando 713 quilômetros do Recife, durante o período de 05 a 07 de agosto, com o tema: identidade dos fóruns da EJA: conquistas, desafios e estratégias de lutas;

Realização do I Seminário de Formação de Educadores da EJA, promovido pelo fórum da EJA PE, no Instituto Federal de Educação, Ciência e Tecnologia de Pernambuco (IFPE), Campus Recife, em 15 de junho, com o tema: Discussão da Políticas Pública de Formação da EJA.

Ano de 2010

Realização do Encontro Comemorativo dos 20 Anos do fórum da EJA PE e os 50 Anos do Movimento de Cultura Popular do Recife (MCP), realizado no Agreste Meridional, em Garanhuns, no dia 28 de junho.

X Encontro Estadual da EJA, de 27 a 28 de outubro, em Jaboatão dos Guararapes com o tema: Ler a Vida e Escrever a História: o papel do Estado e da Sociedade na EJA. Neste Encontro o fórum contou com um palestrante internacional – Luís Eduardo Maldonado Espítia – Universidad del Valle, Calli/Colômbia/Bogotá, pode contar, também pela primeira vez, com uma tradutora do idioma espanhol para o português, em tempo real.

Ano de 2011

I Encontro Estadual do Grupo de Estudos do fórum da EJA PE – Encontro Inaugural do Grupo de Estudos sobre a EJA, realizado em 01 de abril de, no Centro de Educação da UFPE, com o tema: Educação de Jovens e Adultos e seus Desafios. Mediação: Professor Sérgio Abranches (CE/UFPE) e a Professora Mirian Burgos representante do Centro Paulo Freire – Estudos e Pesquisas). (CPFreire) e do fórum da EJA PE.

XI Encontro Estadual da EJA PE, realizado no período de 24 a 26 de agosto, em Caruaru, Mesorregião do Agreste, com o tema: A qualidade Social da Educação de Jovens e Adultos: de que estamos falando? Palestrante: Professor Alder Júlio Calado – Universidade da Paraíba (UFPE).

Criação do primeiro Regimento do fórum da EJA PE, que orienta o seu fim, objetivos e composição.

Ano de 2012

A partir desse ano o Regimento foi sofrendo alterações, sendo levado a atender, excepcionalmente e principalmente, as regras de participação de seus membros, nos Encontros Estaduais do fórum da EJA PE, que resulta, automaticamente, na possibilidade de participação nos Encontros Nacionais dos fóruns da EJA do Brasil (Enejas), nas candidaturas de seus pretensos coordenadores/as, juntamente com a composição dos Grupos Gestores.

Ano de 2013

XII Encontro Estadual do fórum da EJA PE, realizado entre os dias 29 a 31 de agosto, em Belo Jardim, com o tema: Mobilização Social Como Construção Compartilhada dos Desejos e Ações da Educação de Jovens e Adultos e Idosos: este é o desafio! Palestrantes: Professora Eliete Santiago – UFPE/CE/Cátedra Paulo Freire, Professora Conceição Valença – ASCS, Ana Patrícia de Oliveira Gomes – Vice Superintendente do Centro de Integração Empresa Escola de Pernambuco (CIEE-PE) e a Professora Fernanda Alencar – Secretaria de Educação de Pernambuco (SEE-PE).

Mesa de diálogo provocativa: As Histórias Exitosas Associadas à Esperança de Uma Vida Melhor, através da EJA. Palestrantes: Estudantes da EJA do (IFPE) e do Serviço Social da Indústria (Sesi), dos municípios de Cortês e de Belo Jardim.

Ano de 2014

XIV Encontro Estadual da EJA, realizado no período de 13 a 14 de agosto, no Sertão Central, em Salgueiro. Tema: Educação Popular e EJA: possibilidades, desafios e perspectivas. Palestrante: Professor Agostinho da Silva Rosas (CPFreire) e a Professora Salete Van Der Poel da Universidade Federal da Paraíba (UFPB).

O Regimento do fórum da EJA PE passou a ter vigência para dois Encontros do fórum da EJA PE consecutivos, o XIV e XV. O Regimento foi sofrendo alterações sucessivas ao longo dos anos, contudo, não alcançou alterações que demandassem, em nenhum de seus artigos ou incisos, orientações sobre o que fazer com os encaminhamentos advindos das proposições, relatórios, ou outros meios, resultantes dos Encontros Estaduais realizados pelo fórum da EJA PE.

Ano de 2015

O XV Encontro Estadual da EJA PE, realizado no período de 12 a 14 de agosto, na Capital de Pernambuco. Tema: 25 Anos do fórum da EJA PE: o que a história nos ensina? Homenagem ao professor João Francisco de Souza, fundador da Articulação Pernambucana pela EJA PE, em 1990, que teve a sua nomenclatura mudada em 2004, para fórum da EJA PE. Palestrantes: professor Agostinho da Silva Rosas (CPFreire), professora Eliete Santiago (UFPE/CE/Cátedra Paulo Freire), professora Maria Nayde dos Santos Lima (CPFreire), professora Karla Fornari de Souza, e a coordenação da Mesa ficou a cargo da professora Mirian Burgos (CPFreire). Esse evento foi realizado no Centro de Formação Professor Paulo Freire da Prefeitura do Recife.

1.6 ESTRATÉGIAS PEDAGÓGICAS UTILIZADAS PELOS FÓRUNS DA EJA

Em Paulo Freire, os fóruns se inspiram como força motriz, ancorados nas categorias participação social e política, autonomia, democracia, justiça social, diálogo, conscientização utopia, entre outras – juntas apontam desvelamento das intencionalidades políticas no campo da EJA

> [...] como uma possibilidade de concretização de uma educação na perspectiva intercultural, ou seja, uma educação como um espaço-tempo liminar de possibilidades de um hibridismo cultural, em que o mais importante seria construir estratégias de desvelamento de formas de produção de sujeitos e das próprias formas de os sujeitos se produzirem. (Carvalho citado por Lima, 2009, pp. 14-15)

Freire (1988) entende que o diálogo é próprio da existência humana, sendo uma das formas de cultivar e estabelecer encontros, está excluído de toda a relação de dominação da outra pessoa. É um encontro amoroso de homens e mulheres que pronunciam a sua palavra e problematizam o seu mundo para melhor entendê-lo, explicá-lo e/ou transformá-lo. "Enquanto relação democrática, o diálogo é possibilidade de que disponho de, abrindo-me ao pensar dos outros, não fenecer no isolamento".

Os sujeitos sociais que não comungam com os modelos padronizados, estabelecidos ao logo dos séculos, lutam pela conquista de espaços democráticos na sociedade civil e política, e cada vez mais defendem a interculturalidade. Saem às ruas, tomam as redes sociais digitais, as mídias eletrônicas, as assembleias, e expõem à sociedade os seus anseios, ou seja, lutam contra as injustiças sociais, pelo seu espaço no mundo. Desse modo, de acordo com Freire, vão criando um novo mundo possível. Como já nos alertava o autor, o mundo não é algo inexorável.

> Partindo do facto de que a desigualdade não é um processo natural, Paulo Freire enfatiza que é preciso aguçar a nossa capacidade de estranhamento, não nos calarmos face às injustiças, desenvolvermos uma nova ética e uma nova racionalidade quanto aos valores a serem cultivados/preservados. (Gohn, 2013, p. 37)

Neste contexto podemos afirmar que Freire almejava uma sociedade multicultural que fosse política, não racista, não elitista, não machista, não etnocêntrica. Uma sociedade que se propusesse a formar gente pensante, ativa, política, crítica, e ética, e, portanto, desprovida de qualquer forma de preconceito. Que fosse capaz de ouvir o outro, numa escuta atenta, generosa, respeitando-o em suas especificidades e diferenças. De acordo com Freire (1987, 1993, 2005b, 2005c), o exercício desafiador de pensar certo não admite nenhuma forma de discriminação, seja ela de raça, de classe ou de gênero, porque nega a dignidade humana.

Logo, a multiculturalidade provoca convivência, em um mesmo espaço, de diferentes culturas, algo não muito espontâneo. "É uma criação histórica que implica decisão, vontade política, mobilização, organização de cada grupo cultural com vistas a fins comuns" (Freire, 1993, p. 157).

A partir da contextualização, podemos afirmar que há uma estreita relação entre Paulo Freire, a educação popular e os movimentos sociais, com especial destaque para o Movimento dos Trabalhadores Sem Terra (MST), o maior movimento camponês da América Latina, cuja metodologia de ensino está ancorada, principalmente, no aporte teórico de Paulo Freire, com ênfase na formação política e alicerçada no conceito antropológico de cultura. A esse respeito, ilustramos com as palavras do educador, em seu depoimento durante uma entrevista poucos dias antes de sua morte. "Eu estou absolutamente feliz por estar vivo ainda e ter acompanhado essa marcha, como outras marchas históricas, elas revelam o ímpeto da vontade amorosa de mudar o mundo, essa marcha dos chamados Sem Terra [...]" (Arte Risco, 1997).

Com relação aos fóruns da EJA do Brasil, Fávero (2013) assinala que há uma afinidade de pensamento e de posicionamento políticos entre os fóruns, o pensamento de Paulo Freire e, consequentemente, com a educação popular, ao afirmar que há um diálogo estreito entre a EJA, a educação popular, os fóruns da EJA e a pedagogia freiriana.

> Os educadores que trabalham nesta modalidade de ensino, desde os anos 1990 e principalmente nos anos 2000, têm-se mobilizado na defesa deste direito para os jovens e adultos. A expressão mais visível dessa mobilização ocorre nos fóruns de EJA, existentes em praticamente todos os estados da federação e em muitos municípios[16]. Sob certos aspectos, sobretudo pela realização anual dos encontros nacionais e pela articulação em rede, esses fóruns podem ser enten-

---

[16] Os fóruns da EJA existem, e estão atuando, em todos os 26 estados do Brasil, no Distrito Federal e em diversos municípios brasileiros.

> didos como uma forma especial de movimento social, que se articula criticamente com as instâncias governamentais na discussão e implementação das políticas de EJA. No bojo desse movimento, no qual muitos participantes provêm das atividades e experiências da educação popular, é relativamente forte a defesa dos princípios constantes da pedagogia de Paulo Freire. Defendem-se a ampliação do atendimento e a melhoria da qualidade dos cursos oferecidos aos jovens e adultos, com base no princípio de superação das desigualdades e como compromisso de uma dívida social histórica. (2013, p. 54)

Vale ressaltar que a horizontalidade nas relações sociais é um imperativo no referencial freiriano e que, nos fóruns da EJA, sua conformação se coaduna com esse princípio, uma vez que, nesses espaços prima-se pela horizontalidade nas relações. Orienta-se a primazia pela horizontalidade, independentemente de que o coletivo tenha níveis de conhecimento diferenciados, acesso a informações diferenciadas, ou até poderes, no sentido de Foucault (1977), micropoderes diferenciados. Ainda assim, são espaços em que as pessoas buscam a horizontalidade e a partir disso dialogam juntas em busca de construir respostas para o seu mundo, para as suas necessidades. Quer seja para transformar culturalmente os locais onde vivem, quer seja para mudar o mundo (Teles, 2016).

Nesse sentido, Fávero (2013) afirma que:

> Os movimentos sociais populares são considerados por Paulo Freire como a grande escola da vida: a ação por melhorias concretas em seu bairro ou das condições de vida anda de mãos dadas com a reflexão sobre o entorno e sobre estratégias de luta. Em síntese: não só a educação tem um caráter político e como tal pode e deve "engravidar" os movimentos sociais, como os movimentos populares são educativos e inovam a educação; são a força instituinte da prática educativa. (pp. 52-53)

Daí por que a educação é fundamentalmente política, pois educando-se mutuamente é que as pessoas se politizam mutuamente. Não há como politizar sem educar. Essas coisas estão intimamente imbricadas. Portanto, de acordo com Freire, "ninguém nasce feito" (Freire, 1993). A participação nos fóruns da EJA possibilita aos sujeitos envolvidos que paulatinamente vão se modificando as concepções e percepções de mundo, de direito e de deveres.

Barreiro (1980) chama a atenção para o processo de conscientização ao qual se espera que os indivíduos cheguem:

> Conscientizar-se poderia ser, então, pensar as relações entre o significado próprio da existência humana e a circunstância histórica que determina pelo menos alguns dos aspectos mais importantes desta existência. Assim concluímos que a consciência conscientizada é aquela capaz de pensar sua época histórica ao mesmo tempo em que se pensa e se determina nesta época. O homem conscientizador não pode deixar de ser, então, o homem comprometido com a história de sua época. (pp. 59-60)

Freire sugere em suas obras que precisamos romper com o que está posto como "normal" em nossa sociedade. Sugere nos lançarmos criticamente, rompendo as barreiras do medo, para criarmos outro mundo possível, pois, segundo o autor, "o mundo não é algo inflexível" (1996). Desse modo, cabe a nós mudarmos o nosso destino e a realidade perversa imposta historicamente à nossa sociedade. É em favor disso que os fóruns da EJA do Brasil lutam incessantemente. Lutam por uma sociedade mais justa, menos desigual, que garanta aos sujeitos da EJA o direito ao acesso, elevação de escolaridade e, principalmente, a qualidade social da educação para todos/as e ao longo da vida. De acordo com Licínio Lima (2007), a Educação ao longo da vida: "[...] assumiu objetivos que visavam o esclarecimento e a autonomia dos indivíduos, bem como a transformação social através do exercício de uma cidadania activa e crítica" (p. 14).

O resultado desse embate poderá ser uma sociedade com seres humanos sensíveis e fundamentalmente ricos de capacidade interpretativa, de observação, e produtores de saber. O que resultaria em que esses sujeitos viessem a ser incluídos em sua plenitude na sociedade, e não simplesmente, de acordo com as palavras do professor João Francisco de Souza, adaptados ou incluídos perversamente, que é uma forma de estar no mundo, mas não com o mundo. É estar incluído na sociedade, mas não estar incluído como cidadão/ã ativo/a pleno/a no gozo de seus direitos essenciais à vida. Por essas razões, Freire (1991) nos alerta que não devemos:

> [...] alimentar a ilusão de que o fato de saber ler e escrever, por si só, vá contribuir para alterar as condições de moradia, comida e mesmo de trabalho [...] essas condições só vão ser alteradas pelas lutas coletivas dos trabalhadores por mudanças estruturais da sociedade. (p. 70)

Sem a pretensão de querer afirmar que há uma linearidade na prática pedagógica do fórum da EJA do Brasil, apoiado no referencial freiriano, consta na história desse fórum um esforço permanente para manter a presença de Paulo Freire em suas mesas temáticas, em diferentes publicações que versam sobre o movimento, sua metodologia formativa, entre outros, também, revelados no XI Eneja, como registrado na mesa temática *A EJA pensada pela via das identidades dos fóruns de EJA: conquistas, desafios e estratégias de luta.* O empenho de sua aproximação ao pensamento de Paulo Freire revela a relação intrínseca entre a EJA, os fóruns da EJA e o pensamento de Paulo Freire, ao considerarem

> [...] que os fóruns se constituem numa representação da relação da sociedade civil e Estado, uma combinação interessante: municípios, estado, e diversas organizações, com visões de EJA, que convivem em espaços escolares e não escolares, congregando sujeitos com olhares e concepções diferenciados dessa modalidade da educação básica, ao mesmo tempo em que permite a recriação na tentativa de fazer o diferente a cada ano, de não abrir mão da utopia de acreditar em um país mais justo e solidário, de subsidiar os diferentes sujeitos da EJA. Nessa compreensão teórica, esse movimento de criação e recriação dos próprios fóruns é marcado pela concepção de transformação social de Paulo Freire. (Relatório XI Eneja, 2009, p. 3)

As semelhanças entre a atuação dos fóruns e o referencial freiriano são fundamentalmente marcadas pelo modo de olhar o mundo à sua volta, entendendo que essa forma de olhar o mundo aliada à práxis freiriana poderá alterar a sua visão de mundo, reconhecendo que se trata de um movimento permanente em defesa da EJA no Brasil que se utiliza, essencialmente, do processo de formação aliado ao diálogo crítico e horizontal, e buscando contribuir com a qualidade dos argumentos de seus integrantes, atuantes numa mesma causa social, em defesa da EJA. Um coletivo plural marcado por diferentes sujeitos e anseios que concordaram em buscar conjuntamente mecanismos para transformar a sua realidade, entretanto, e sobretudo, a favor de outrem. Toda resposta que Paulo Freire forjou para a sua época foi marcada pela sua época e por uma característica que, assim como nos fóruns da EJA, se dá através da pluralidade de vozes (Teles, 2016). Almejando que a educação esteja:

> [...] em seu conteúdo, em seus programas e em seus métodos – adaptada ao fim que se persegue: permitir ao homem chegar a ser sujeito, construir-se como pessoa, transformar o mundo, estabelecer com os outros homens relações de reciprocidade, fazer a cultura e a história [...] uma educação que liberte, que não adapte, domestique ou subjugue. (Freire, 2006, p. 45)

Nessa direção, de acordo com Freire (2005a), não é possível pensar em formação para a cidadania se não nos percebermos como seres históricos, determinantes e determinados pelas condições políticas, sociais e econômicas da realidade em que vivemos. Significa o reconhecimento do tempo histórico feito por nós enquanto fazedores dele.

CAPÍTULO 2

CONTEXTO E INFLUÊNCIA DOS FÓRUNS DA EJA DO BRASIL: UM OLHAR SOBRE A ATUAÇÃO DOS FÓRUNS COMO EXERCÍCIO DE *ADVOCACY* E CONTROLE SOCIAL

2.1 CONTROLE SOCIAL DAS POLÍTICAS PÚBLICAS PARA A EDUCAÇÃO DE JOVENS E ADULTOS ATRAVÉS DAS AÇÕES DOS FÓRUNS DA EJA PE

Neste texto, não se intenciona esgotar a discussão em torno do conceito de controle social e *Advocacy*, mas fundamentar as bases nas quais estão ancorados o Movimento dos fóruns da EJA do Brasil, mais especificamente no que se refere às suas ações em defesa da EJA.

A trajetória no campo da defesa de direitos da EJA é, sobretudo, marcada pela compreensão e leitura de que seu objeto e seu escopo de intervenção foram se aprimorando ao longo desses mais de 20 anos de existência dos fóruns da EJA. Aos poucos, os fóruns da EJA foram tomando assento nos diversos campos em defesa da educação para pessoas jovens e adultas: comissões como a Cnaeja-PE, conselhos, comissões nacionais, conferências nacionais e internacionais, entre outros, tendo sempre como objetivo fomentar o debate em defesa de políticas públicas para a EJA.

Jacobi (1989) revela que a implementação de políticas públicas influenciada por ações coletivas representa, no plano institucional, uma busca por legitimidade do poder constituído e dos entes estatais em relação aos grupos envolvidos por suas decisões políticas, obrigando a mudanças de postura do Estado e de seus gestores quanto às negociações com a sociedade civil ao assumir compromissos sobre soluções concretas para reivindicações dos grupos interessados. Nessas negociações entre Estado e sociedade civil, entende-se que as reivindicações desta devem ser realizadas a fim de que sejam construídas propostas que englobem a relação entre as demandas sociais frente às ações do Estado. Supera-

-se, assim, a relação de antagonismo entre os interesses do Estado e da sociedade civil. Nessa interação, prevalece a razão dialógica-crítica, entre as proposições dos sujeitos inseridos no debate, legitimando o processo dialógico através do *Advocacy* como exercício de controle social.

O conceito sobre o *Advocacy* ainda é tema embrionário, sem vasta publicação aprofundada, não sendo, portanto, pacífico entre os teóricos que se debruçam sobre esse tema.

Para Azevedo (2003), o *Advocacy* tem por objetivo o apoio para a promoção e defesa de direitos individuais, ou a atuação em uma causa específica. Seithel (2004) compreende o *Advocacy* como o pedido feito em nome de outrem, em que um advogado (no sentido mais amplo da palavra) representa os interesses, direitos e objetivos de outra pessoa ou grupo de pessoas, dentro dos limites políticos e legais. Entretanto, o próprio autor critica essa definição por trazer a ideia de incapacidade política do indivíduo, cuja dependência do advogado se propagará.

Na história recente do Brasil, o conceito de controle social tem sido alvo de um processo evolutivo caracterizado por muitas discussões e mudanças. Portanto, serão abordadas aqui duas concepções distintas de controle social: a do "Brasil do passado", que entendia o controle social como ação do Estado sobre os indivíduos como estratégia para manter a ordem social, ou seja, a sociedade "controlada" pelo Estado em nome de uma harmonia social; e a "recente", que está intrinsecamente articulada aos conceitos de espaço público e de democracia participativa, cujos princípios foram firmados e alguns instrumentos assegurados na Constituição Federal Brasileira de 1988.

A expressão "controle social" tem origem na sociologia, nomeadamente nos trabalhos de Durkheim (1989) na forma como, a partir das suas preocupações com a coesão e integração sociais, refere-se aos mecanismos sociais de reforço das normas sociais e de controle das ameaças à ordem. O significado dessa expressão não é, no entanto, unívoco e tem sofrido diversas alterações relevantes (Alves-Mazzotti; Gewandsznajder, 2004). Nas compreensões que emergem já no pós-Segunda Guerra Mundial, sobressai-se a ideia do controle social enquanto algo que está associado à estratégia empregada pelo Estado e pelas classes dominantes para estabelecer certa ordem social e produzir uma sociedade na qual os indivíduos se afinassem a certos padrões sociais, morais e políticos. Essa compreensão disciplinar do controle social é importante, por exemplo, para Foucault

(1977), ao ligar o controle social a um conjunto de posições e imposições do Estado, e ao poder exercido sobre os diferentes corpos sociais.

No Brasil, a expressão "controle social" tem sido utilizada desde a década de 1980 com um significado particular, em parte devido à forma como foi introduzida no próprio texto constitucional. Aparece aí como sinônimo de controle (no sentido de fiscalização, verificação) dos/as cidadãos/ãs e da sociedade civil sobre as ações do Estado, especificamente, na forma como podem fiscalizar o cumprimento das obrigações que o Estado se impõe (Britto, 1992). Essa apropriação tem consequências no campo das políticas sociais e desafia o conceito tradicional de democracia representativa, valorizando elementos que a ampliam no sentido de uma democracia mais participativa (Britto, 1992).

Ainda nessa direção, Pontual (2008) destaca na Constituição Federal Brasileira de 1988 o seu artigo quinto, que garante que "a participação contínua da sociedade na gestão pública é um direito assegurado, permitindo que os/as cidadãos/ãs não só participem da formulação das políticas públicas, mas, também, fiscalizem de forma permanente a aplicação dos recursos públicos". A utilização da expressão com esse sentido foi propiciada pela conjuntura de lutas políticas e pela democratização do país frente ao Estado autoritário implantado a partir da ditadura militar.

Coutinho (2006) elucida a conjuntura em que a expressão "controle social" passa a ser designada como controle da sociedade civil sobre as ações do Estado, no contexto das lutas sociais em torno da redemocratização do país. O teórico afirma que a "sociedade civil" se tornou sinônimo de tudo aquilo que se contrapunha ao Estado ditatorial:

> [...] essa identificação foi facilitada não só porque, na linguagem corrente, "civil" significa o contrário de militar, mas, sobretudo, porque, no período final da ditadura, até mesmo os organismos ligados à grande burguesia começaram progressivamente [...] a se desligarem do regime militar, adotando uma postura de oposição moderada. (p. 46)

O resultado desse processo, segundo Coutinho (2006), foi uma interpretação problemática do conceito de sociedade civil: os polos do par sociedade civil – Estado foram sendo interpretados como opostos, como havendo entre eles uma cisão. O autor reitera sua posição quando, sobre essa relação, diz:

> [...] assumiu os traços de uma dicotomia marcada por uma ênfase maniqueísta [...] tudo o que provinha da "sociedade civil" era visto de modo positivo, enquanto tudo o que dizia respeito ao Estado aparecia marcado por um sinal forte-mente negativo; afinal, a sociedade civil era identificada em bloco com a oposição, enquanto o Estado era a expressão da ditadura já então moribunda. (p. 47)

À medida que foram surgindo os movimentos sociais que se posicionavam em desacordo com os governos autoritários e levando em conta a ebulição política que acendeu a redemocratização do país, anunciou-se decisivamente uma definição política muito clara e acirrada entre um Estado autoritário e a uma sociedade civil organizada que almejava mudanças significativas.

Os movimentos sociais no Brasil surgem a partir de uma demanda social de base e, portanto, em sua grande maioria, com um perfil ancorado em lutas sociopolíticas. Utilizamos como exemplo o Movimento dos Trabalhadores Rurais Sem Terra (MST) através de algo em torno de 1500 assentamentos. Apoiamo-nos em Arroyo, Caldart e Molina (2011), ao definir da seguinte forma esse movimento:

> [...] os sem-terra do MST estão sendo sujeitos de um movimento que acaba pondo em questão o *modo de ser* da sociedade capitalista atual e a cultura reproduzida e consolidada por ela. Fazem isto não porque professem ideias revolucionárias, nem porque este seja o conteúdo de cada uma de suas ações tomadas em si mesmas. Contestam a ordem social pelo conjunto (contraditório) do que fazem nas ocupações, nos acampamentos, nos assentamentos, nas marchas, na educação de suas crianças, jovens e adultos; pelo jeito de ser de sua coletividade, que projeta valores que não são os mesmos cultivados pelo formato da sociedade atual; fazem isto, sobretudo, pelo processo de humanização que representam, e pelos novos sujeitos que põem em cena na história do país. (p. 4)

Esse movimento social não só propõe como põe em prática uma nova proposta de sociedade, anunciando ao país, mesmo com pequenos passos e longas marchas, uma nova forma de convivência social.

A configuração da EJA no Brasil vem se constituindo pelas ações de governo e pela participação da sociedade civil, notadamente, na área da educação popular. A instituição da EJA como direito e campo de responsabilidade pública tem sido abraçada pelos movimentos dos fóruns da

EJA do Brasil em meio a avanços e retrocessos. Os fóruns da EJA do Brasil têm a sua origem em confluência com a atuação da sociedade civil na luta pelo "direito à educação para todos, que resulta do fortalecimento da relação entre os protagonistas, objetivando a intervenção na proposição de políticas educacionais de jovens e adultos" (Soares, 2004, p. 28).

Os fóruns da EJA "iniciaram a organização de um movimento que pretendia estabelecer resistências ao desmonte do direito à educação, que havia sido conquistado no processo de transição democrática expresso pela Constituição de 1988" (Di Pierro, 2005). Aos poucos, todos os estados e o Distrito Federal foram aderindo ao movimento. Atualmente o Brasil conta com vinte e seis fóruns Estaduais e um Distrital da Educação de Jovens e Adultos que compõem o fórum da EJA do Brasil[17].

Os fóruns criaram um diferencial no tocante às práticas educacionais do país. A princípio, havia um embate muito acirrado entre os segmentos e os poderes constituídos do Governo de FHC. De acordo com Di Pierro, o acirramento dessas divergências é oriundo dos Encontros Estaduais e Regionais, entre os diversos segmentos presentes nos Encontros, "no momento em que o governo assume uma postura autoritária e intransigente na coordenação das políticas para a Educação de Jovens e Adultos, inclusive com o fechamento do diálogo com a sociedade" (2005, p. 1.130).

Também se registra na história

> [...] a perda da capacidade de coordenação do MEC nesse campo educativo [a EJA], de que são sinais a desativação do Conselho Consultivo até então existente e a dispersão de programas de educação de pessoas adultas em outros órgãos públicos federais. A Comissão Nacional de Educação de Jovens e Adultos (CNAEJA), na qual tinham assento representantes dos governos subnacionais, das instituições de ensino superior, igrejas, confederações empresariais e de trabalhadores, dentre outras organizações da sociedade civil. Divergências acirradas no processo de consulta preparatório à V Confintea foram a provável razão pela qual o MEC desativou a CNAEJA, sem, contudo, anular a Portaria pela qual a Comissão fora designada. (Di Pierro & Graciano, 2003, pp. 15-16)

---

[17] Os fóruns estão localizados nos seguintes Regiões e Estados: Sudeste (Rio de Janeiro, Minas Gerais, Espírito Santo, São Paulo); Sul (Rio Grande do Sul, Santa Catarina, Paraná); Nordeste (Paraíba, Rio Grande do Norte, Ceará, Alagoas, Bahia, Sergipe, Pernambuco, Piauí e Maranhão); Centro-Oeste (Tocantins, Goiás, Mato Grosso, Mato Grosso do Sul, Distrito Federal); Norte (Acre, Amapá, Amazonas, Pará, Rondônia, Roraima) e em mais de 60 fóruns Regionais espalhados pelo país.

No entanto, com o decorrer do tempo, o governo federal, sobretudo a partir de 2003, quando a Presidência da República do Brasil passou a ter características de um governo democrático e popular, passou a reconhecer os fóruns da EJA do Brasil como um importante interlocutor na construção das políticas públicas para a Educação de Jovens e Adultos. Começou, então, a haver um diálogo sistemático com o movimento dos fóruns da EJA Estaduais e Distrital com Encontros/Reuniões Técnicas regulares até 2009, mantendo um encontro a cada semestre. Em 2010, houve uma lacuna nessa articulação no que se refere à realização das Reuniões Técnicas, talvez pela não realização do Eneja naquele ano e pela própria reestruturação dos fóruns da EJA, que passaram a ter Encontros Regionais intercalados com os Encontros Nacionais. A partir de 2011, aconteceu em média uma Reunião Técnica anual. Os diálogos foram e continuam sendo, muitas vezes, tensos, no entanto necessários à construção de uma democracia participativa no Brasil.

Os fóruns da EJA do Brasil conquistaram lugar privilegiado para interferir nas políticas governamentais do Ministério de Educação através da Secadi/MEC tendo assumido um lugar de interlocutor na linha do embate, da tensão, com a representação do segmento organizado da sociedade civil. Buscam contribuir para a construção de políticas públicas para o segmento da EJA, como pauta do movimento e dos profissionais da EJA, num exercício claro da democracia que, de acordo com o pensamento de Paulo Freire, só se faz quando se exerce. É no exercício cotidiano que se faz a formação do cidadão. Não se faz/vive democracia falando sobre ela. Faz-se e se fez necessária a vivência como exercício do controle social das políticas públicas pelos fóruns da EJA do Brasil ao longo da sua existência.

Os fóruns da EJA do Brasil congregam diversos atores: estudantes, gestores/as, técnicos/as, professores/as, pesquisadores/as, entre outros, que pressionam por política pública para a EJA. Os fóruns da EJA do Brasil consistem e constituem-se em uma demanda coletiva; representam, enquanto movimento da sociedade civil organizada, uma instância de mobilização em rede e discussão de políticas públicas; e constituem-se com tempos, formas de surgimento e existências diferentes e com natureza, processos de composição também diferentes numa instância coletiva para discussão e construção dos rumos da política. O que não muda é o seu compromisso em defesa da EJA pública, gratuita e com qualidade social.

De acordo com Ferreira (2008) existem, portanto, alguns parâmetros norteadores que regem o trabalho colaborativo em rede. São eles: Pactos e padrões de rede (a intencionalidade); Valores e objetivos compartilhados; Participação; Colaboração; Multiliderança e horizontalidade; Conectividade; Realimentação e informação; Descentralização e capilarização; Dinamismo.

No Coletivo dos fóruns da EJA do Brasil, estão assentados, além da sociedade civil organizada, representantes de diferentes esferas dos governos, como as Secretarias Distrital, Estaduais e Municipais de Educação. Isso permite a esses sujeitos, a partir dos modos organizados de se "associarem" institucionalmente, ao exercício de *Advocacy e controle social*, através de mesa permanente de diálogo e embate, também com os representantes dos governos, para a construção de planos de ação política que articulem mudanças reais e eficazes para a EJA.

Essa possibilidade de diálogo entre Estado e sociedade civil na proposição de políticas públicas para a EJA é uma parte importante do que os fóruns do Brasil fazem. Um diálogo difícil, tenso, plural, que guarda as especificidades e autonomia de cada estado e do Distrito Federal, seja no que se refere à composição de seus membros e segmentos, que não se dá exatamente com os mesmos autores, pois cada local mobiliza seus segmentos a partir de uma orientação nacional, no entanto, resguardam-se suas autonomias e especificidades locais. Assim, os fóruns da EJA têm como base a articulação entre os diversos segmentos envolvidos – governos estaduais e municipais, universidades públicas e privadas, Sistema S[18], ONGs, movimentos sociais, sindicais, professores/as e estudantes da EJA. Contudo, a presença do segmento dos/as educando/as e professores/as nesse processo é ainda um desafio para todos os fóruns da EJA do Brasil.

Nesse sentido, os fóruns da EJA do Brasil interligam e evocam as culturas a tecerem outra globalização, mais justa e humana. Conotam a participação da sociedade civil organizada na busca incessante por justiça social, composta por diversos segmentos da sociedade.

A tecelagem, prática ancestral de fiar, conectar e entrelaçar fios em tecidos, simboliza a ação coletiva dos fóruns da

---

[18] O sistema S é constituído por organizações e instituições referentes ao setor produtivo, ligadas à indústria, agricultura, transportes e cooperativas. Ao longo dos anos, o fórum contou com a participação de instituições como: Serviço Nacional de Aprendizagem Comercial (Senac); Serviço Social do Comércio (Sesc); Serviço Social da Indústria (Sesi) e Serviço Nacional de Aprendizagem da Indústria (Senai), que têm como objetivo, entre outros, melhorar e promover o bem-estar de seus funcionários, disponibilizando uma boa educação, saúde e lazer.

> EJA do Brasil, dos movimentos sociais em rede e do multiculturalismo. De acordo com Paulo Freire, este último se alicerça no respeito à diversidade cultural, permitindo que as culturas coexistam livremente e preservem suas identidades. Situa-se no respeito em que as culturas têm de correr livremente o risco de serem diferentes umas das outras. (Burgos, Coimbra, & Ferreira, 2017, p. 670)

Portanto, fundamenta-se na liberdade da conquista, no direito de mover-se livremente na busca por um futuro construído por todos livremente. Lima (2009) define os fóruns da EJA do Brasil como "organismos de participação social em rede, com a finalidade de criar um espaço democrático e plural de discussão, formação, informação intercâmbio de experiências [...]", um movimento apoiado em uma articulação entre sujeitos da sociedade civil organizada, que pretende de modo geral tensionar o governo com o objetivo de influenciar na efetivação do direito à EJA, de tal forma que se ultrapasse a vertente apenas da configuração, na maioria das vezes, do papel. Soares (2002) definiu os fóruns da EJA do Brasil como um movimento nacional de continuidade da V Confintea, que se materializou na criação de fóruns Estaduais da EJA. A partir de seus desdobramentos em defesa da EJA no país, Urpia (2009) compreende que os fóruns da EJA do Brasil representam espaços de "luta pela efetivação do direito à educação para os jovens e adultos pela emancipação política" (p. 77). Já Dantas (2005) define os fóruns da EJA do Brasil como uma

> [...] articulação informal de diversos segmentos da sociedade civil na luta pelo direito à educação. [...] uma nova institucionalidade, pois é palco de uma forma particular de ação política. Sua pretensão não é somente cobrar, exigir, mas é construir coletivamente, junto aos que atuam na EJA e, principalmente, com os que formulam as políticas para esse segmento. (p. 7)

No entanto, essa mesma autora o define como um movimento social:

> A trajetória dos fóruns da EJA evidencia elementos que os configuram como um expressivo movimento social, que busca garantir ampla e democrática participação da sociedade civil na formulação de políticas públicas, em defesa da melhoria da situação educacional de extensa parcela da população. (p. 16)

De acordo com Ireland (2000), esses fóruns da EJA do Brasil:

> [...] formam um espaço democrático, crítico e plural para a articulação, onde as principais discussões se centram na construção de políticas nacionais e locais para a EJA, também propiciando oportunidades importantes para o intercâmbio de experiências nos campos da formação e metodologias. (p. 15)

O Portal dos fóruns da EJA Nacional[19], ao discorrer sobre o histórico dos fóruns da EJA do Brasil, define-o como [...] "uma nova versão de movimento social [...]" (Portal fóruns da EJA do Brasil, 2016). Silva (2003) define os fóruns de EJA, de acordo com as características dos Novos Movimentos Sociais (NMS):

> [...] na perspectiva dos Novos Movimentos Sociais, os fóruns de EJA podem ser considerados como um espaço de diálogo, discussão e de busca de soluções consensuais. É o lugar que pode garantir, no âmbito da EJA, a aproximação das forças plurais, em prol da educação, enquanto direito de todos e espaço não-partidário e não-institucional. (p. 71)

O autor nos adverte que o novo dos novos movimentos sociais se encontra "fundamentalmente associado à sua estreita rejeição às práticas políticas sociais tradicionais, vinculadas à luta pela tomada do poder do Estado-nação, tão propaladas pelos teóricos e militantes liberais e socialistas clássicos" (p. 230).

Concordamos com Touraine (2006) quando nos alerta que é importante não aplicar a noção de movimentos sociais a qualquer tipo de ação coletiva: "[...]. É mais aceitável que as ações coletivas consideradas possam ser analisadas mais em termos de busca de participação no sistema político".

> [...] a sabedoria residiria em reservar o emprego da categoria "movimentos sociais" ao conjunto dos fenômenos que, de fato, receberam esse nome no decorrer de uma longa tradição histórica. O essencial aqui é reservar a ideia de movimento social a uma ação coletiva que coloca em causa um modo de dominação social generalizada. (p. 18)

O autor define um movimento social como sendo uma combinação

> [...] de um conflito com um adversário social organizado e da referência comum dos dois adversários a um mecanismo

---

[19] http://www.forumeja.org.br/.

> cultural sem o qual os adversários não se enfrentariam, pois poderiam se situar em campos de batalha ou em domínios de discussão completamente separados – o que impediria, por definição, tanto o conflito e enfrentamento quanto o compromisso ou a resolução de conflito. (p. 19)

Como vemos, a identidade dos fóruns da EJA do Brasil ainda apresenta diversas definições, não sendo consenso, portanto, a sua identificação como um Movimento Social. Nesse caso, a concepção abraçada por A. S. Rosas (2017) revela a nossa escolha, diante da falta de um consenso do próprio coletivo com relação à sua identidade.

A. S. Rosas (2017) define os fóruns da EJA

> Como uma instituição democrática, complexa, contraditória e, profundamente marcada por um propósito de refletir, e de disponibilizar elementos argumentados, dentro da filosofia da educação, enquanto sociedade civil organizada em defesa da EJA, objetivando influenciar nas políticas públicas para este segmento da educação. (A. S. Rosas, depoimento cedido à pesquisadora, 2017)

Os fóruns estão em todos os lugares e situam-se onde há pessoas que se vinculam com o ideal e com o movimento de querer pensar a EJA no sentido de uma formação crítica para as políticas, movidos por um anseio coletivo de ser úteis à sociedade ao ocupar um espaço de direção para as políticas públicas.

Reforçando o crescimento na base do movimento dos fóruns da EJA, percebeu-se que o processo de interiorização de suas ações era um caminho a ser traçado, surgindo a partir dessa percepção as Instâncias Regionais. Outro fato que colaborou com a tendência em se criar regiões menores para as discussões no âmbito político foi o surgimento de uma corrente denominada "democracia participativa", do campo da Teoria Política. "Essa corrente defendia e anunciava o caráter essencial da deliberação pública no sentido de que se pudesse conceder legitimidade às decisões democráticas" (Bandeira, 2006), colaborando para impactar áreas da administração pública, principalmente no planejamento urbano. O que se pregava é que deveria haver consensos e interações entre aqueles/as que formulavam as políticas públicas e a comunidade.

A orientação dos fóruns da EJA do Brasil para que se criassem os fóruns Regionais se deu objetivando fortalecer as discussões em torno da EJA, nos locais, territórios, como uma teia ou uma rede, a fim de dar unidade às pautas de tensionamentos dos diversos governos a partir da orientação do fórum da EJA Nacional, com o propósito de mobilizar os diversos segmentos que atuam no campo da Educação de Jovens e Adultos. Objetivava-se ainda a descentralização da discussão, possibilitar novas adesões da sociedade civil em torno da EJA, e facultar o diálogo democrático crítico-problematizador, que se fazia impositivo entre as diversas regiões dos estados e do Distrito Federal, a fim de não se perder a unidade do discurso e dos objetivos. Todavia, a orientação e cuidado é para que se preserve a autonomia dos fóruns Regionais e Estaduais e Municipais e, que estes sejam percebidos, simultaneamente,

> [...] como instâncias de representação, debate e deliberação e como organizações que promovem processos de articulação dos atores locais. São importantes para a construção social e política das regiões, fortalecendo redes e práticas de alcance "regional" e ajudando a transformar os territórios em "entes coletivos". [...] Além disso, proporcionaram ao poder público um interlocutor para a formulação e implementação de ações de promoção do desenvolvimento, cuja legitimidade e representatividade sejam reconhecidas pelo conjunto de atores regionais. (Bandeira, 2006, p. 36)

Com base no pensamento de Brown, citado por Bandeira (2006), essas instâncias podem ser caracterizadas como *bridgins organizations*, cuja principal função é "possibilitar que atores com perfis e interesses diversos cooperem no sentido de formular e implementar soluções conjuntas para problemas complexos" (p. 36). As *bridgins organizations* podem desempenhar importantes papéis no sentido de formar coalizões para ações de *Advocacy* objetivando influenciar nas políticas públicas. Isso significa que podem ter como objetivo a inclusão de novos temas e a mudança de propriedade nas ações a serem empreendidas na agenda governamental, além de procurarem influenciar as características de determinadas políticas ou desejarem garantir a sua efetiva implementação. Ainda à luz do pensamento de Bandeira sobre a importância do papel dos fóruns Regionais da EJA, o autor entende que seu papel se ampara em:

> [...] formular propostas e demandas para serem discutidas com as instâncias do poder público ou para serem diretamente implementadas pelos próprios atores regionais ou por agências por eles criadas. Para que suas decisões

> possam ser consideradas legítimas, sua composição deve ser abrangente e plural, e suas decisões dever ser dotadas, preferencialmente, por consenso ou, no mínimo, por ampla maioria. (p. 36)

Assim o fórum da EJA do Brasil, composto por mais de 60 fóruns Regionais[20], justifica-se pelo objetivo principal, de fortalecimento da construção dos espaços coletivos e que se possa jogar luz e legitimidade as especificidades das regiões dando sentido à mobilização e articulação entre os atores dos fóruns da EJA; além de poder possibilitar a descentralização das ações dos fóruns da EJA das capitais, democratizar o acesso e, consequentemente, garantir a legitimidade do mesmo direito de interlocução entre as regiões, sejam elas Metropolitana, Agreste e/ou sertões.

Entendemos que, para a construção de uma política pública de Estado, a participação ativa e o reconhecimento das regiões como politicamente importante é, no mínimo, impositivo. A capilaridade se distribui em fóruns da EJA Municipais e Regionais que juntos compõem seus 26 fóruns Estaduais e um Distrital que compõem o fórum da EJA do Brasil. Destacamos, também, de acordo com Bandeira (2006), que

> [...] a formação de uma imagem conceitual e simbólica da região serve para distingui-la de outros territórios, compondo a base para a formação de uma identidade regional. Ela pode apoiar-se em elementos históricos, culturais, econômicos ou ambientais que diferenciem a região. Especialmente importante é o fato de a região receber um nome, que sintetize a ideia de uma identidade própria. (p. 35)

2.2 CARACTERÍSTICAS DOS FÓRUNS DA EJA DO BRASIL

Sobre características dos fóruns da EJA, Bandeira (2006) entende que estes devem ser autônomos em relação ao poder público e que a participação de entidades ligadas aos governos pode ser ampliada, no entanto:

> [...] sua representação deve ser minoritária e restringir-se a órgão cuja atuação esteja diretamente ligada à região, como é o caso de universidades ou outras instituições públicas de ensino superior. Representantes de outros órgãos públicos devem colaborar com o trabalho dos fóruns ou conselhos, sem deles fazerem parte com direito a voto. Sua atuação não

---

[20] Ainda não há esses dados precisos.

> deve interferir com a autonomia dos fóruns ou conselhos, especialmente de forma que possam caracterizar tentativas no sentido de direcionar suas deliberações. (p. 37)

Com relação ao que o autor manifesta no que se refere à representação e ao direito ao voto por parte do poder público, nos fóruns da EJA do Brasil, esse desenho apresentado não é adotado. O segmento composto pelos governos tem os mesmos direitos à representação e ao voto que os demais parceiros, o que gera, em certa medida, conflito no seio do próprio movimento. Sem considerar, inclusive, que, a depender dos Encontros – em Pernambuco – haverá presente um número bem mais expressivo de representantes dos diversos governos/poder público, quando comparado aos segmentos representantes, por exemplo, de membros dos movimentos sociais, empresas privadas, ONGs e estudantes[21].

Os segmentos que participam dos fóruns da EJA não são determinados pelos seus membros, e, sim, atendem uma demanda que os procura, além de o fórum os fóruns da EJA acolher os que se dispõem a compor o coletivo, seja através da mobilização do próprio fórum da EJA, ou por outras formas de adesão. O fórum da EJA também não delimita o número de representantes/participantes por segmento. Bandeira (2006) nos chama a atenção para o fato de que "[...] o número de membros deve ser suficiente para acolher os segmentos mais relevantes da sociedade da região – não excluindo nenhum que manifeste interesse em dele participar – além de compor uma representação que inclua elementos ligados às porções do território" (p. 36).

Com relação ao fator comunicacional dentro do espaço dos fóruns da EJA, Bandeira faz menção aos fóruns como espaços relativos ao conceito de "situação ideal de fala", da teoria da ação comunicativa de Habermas, ao definir que

> [...] um contexto ótimo de comunicação, pressupondo que todos aqueles que tenham um interesse legítimo em participar da discussão de um tema tenham o direito de expressar livremente suas opiniões, que a influência das desigualdades de poder seja eliminada, que haja busca sincera do entendimento que não ocorra comportamento manipulativo, e que todos sejam obrigados a argumentar

---

[21] É importante reiterar o que o fórum da EJA de Pernambuco nasceu no seio da Universidade Federal de Pernambuco e conta, desde o seu surgimento, com a marcante presença, como membros do movimento, das diversas esferas do poder público, entre outros, já citados no decorrer dos textos.

> racionalmente em defesa de suas posições para que os resultados da discussão e da deliberação decorram apenas da força dos melhores argumentos. (1980, p. 37)

Esses fóruns da EJA iniciaram a organização de um movimento que pretendia estabelecer resistências ao desmonte do direito à educação conquistado no processo de transição democrática expresso pela Constituição de 1988 (Di Pierro, 2005).

O que aproxima o coletivo dos fóruns Estaduais e o Distrital enquanto coletivo é o desejo de trilhar um caminho diferente na construção da política pública para a EJA. Isso faz com que o diálogo crítico, reflexivo, problematizador, democrático, autônomo e inclusivo, seja a marca dominante desse contínuo processo de negociação e implica coragem e disponibilidade para enfrentar os conflitos que são oriundos de cada um dos segmentos que compõem os fóruns da EJA.

O fórum da EJA do Brasil é uma instância que teve sua importância reconhecida pelo governo brasileiro na construção das políticas da Educação de Jovens e Adultos a partir, notadamente, do ano 2003, pelo que está conseguindo construir em cada estado, pela sua intervenção direta na construção dessa modalidade da educação., embora seja importante registrar que houve um hiato, entre os anos de 2016 a 2022, devido a troca do governo federal. Nesse intento, constituiu-se um grupo de representantes por estados e no Distrito Federal com organização definida, a fim de, coletivamente, gerar mobilizações e ações necessárias para pressionar os governos e provocar as transformações indispensáveis nas esferas públicas da EJA no país, reiteramos que os fóruns da EJA do Brasil, surgiram ainda na década de 1990.

A relevância desse movimento tem sido reafirmada quando se observa a sua capacidade de articulação entre estados e Distrito Federal, através de uma comunicação em rede, cuja organização é mantida pelos fóruns, mais especificamente, desde 1996, incluindo: Reuniões Ordinárias mensais; Encontros Municipais, Estaduais, Regionais, Nacionais e Seminários, em interlocução com a Secad/MEC, Secadi/MEC além das Secretarias Estaduais, Distrital e Municipais de Educação. Os desdobramentos dos Encontros dos fóruns Estaduais e Distrital da EJA ocorrem com os Encontros Regionais (Erejas) e com os Encontros Nacionais (Enejas).

O primeiro estado a constituir o fórum Estadual de EJA, ainda em meio ao clima após os Encontros Preparatórios à V Confintea, foi o Rio de Janeiro, em 1996. O relatório do I Eneja destaca um ponto que foi importante para impulsionar a instalação de fóruns da EJA nos demais estados:

> Implantação e fortalecimento dos fóruns Estaduais e Municipais de Educação de Jovens e Adultos, que devem ter a participação de representantes de secretarias de educação e trabalho, de trabalhadores, de empregadores e de demais segmentos organizados da sociedade civil. Estes fóruns atuarão como instâncias representativas, legítimas da EJA, sendo interlocutores dos governos estaduais e municipais na proposição e no encaminhamento de políticas públicas na área. (Relatório Síntese do I ENEJA, 1999)

Durante a realização do I Eneja, em setembro de 1999, no Rio de Janeiro, já haviam mais quatro fóruns Estaduais constituídos: Espírito Santo, Minas Gerais, Rio Grande do Sul e São Paulo[22].

Como contribuição a esta reflexão, Di Pierro aponta que os fóruns da EJA

> [...] tomaram para si os compromissos firmados pelo país na V CONFINTEA e, nos anos que a ela se seguiram, utilizaram uma estratégia de articulação em rede para organizar anualmente em colaboração com instâncias dos três níveis de governo, Encontros Nacionais de Educação de Jovens e Adultos (ENEJAs), quando o movimento tenta influir nas políticas em âmbito nacional. (Di Pierro, 2005, p. 1131)

Os fóruns da EJA apresentam algumas características que vale a pena ressaltar (Figura 3).

---

[22] Apesar de em Pernambuco já ter sido instalada no ano de 1990 a Articulação Pernambucana pela EJA, o movimento não aderiu à nomenclatura de fórum a princípio, embora sua metodologia e organização se coadunem com as de um fórum. Pernambuco assumiu-se como fórum em 2004, aproximadamente 14 anos após o seu surgimento, e no mesmo ano em que os fóruns da EJA do Brasil realizavam a VI edição dos Encontros Nacionais dos fóruns da EJA em Porto Alegre, no período de 8 a 11 de setembro.

Figura 3 – *Características dos fóruns da EJA*

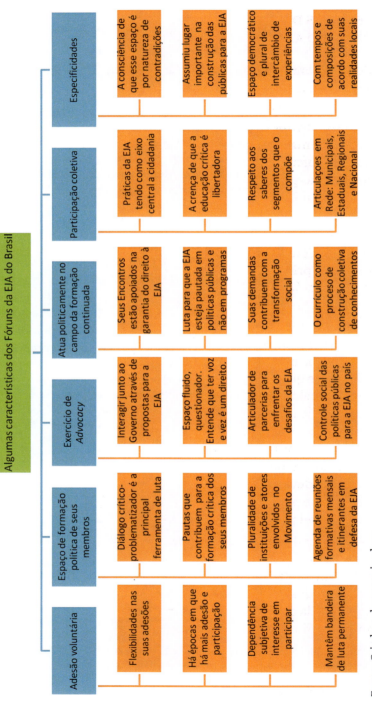

Fonte: Criado pela pesquisadora.

2.3 OS FÓRUNS DA EJA: DEMOCRACIA PARTICIPATIVA E O EXERCÍCIO DO *ADVOCACY*

Com a promulgação da Constituição de 1988, marco jurídico do princípio democrático brasileiro em vigência, assegurou-se formalmente à sociedade civil o direito de participação nos processos de decisão política.

Nesse modelo de democracia participativa, o controle social das políticas públicas se materializa por meio de órgão institucionais responsáveis por fiscalizar a oferta de bens e serviços públicos. As formulações dessas políticas públicas permanecem orientadas por um conjunto de diretrizes legislativas e administrativas que envolvem processos burocráticos, nos quais a participação da sociedade civil é limitada aos mecanismos de planejamento e gerenciamento do orçamento público.

Segundo Touraine (1996), o pensamento democrático deve reconhecer que o papel principal na construção da democracia deve ser desempenhado pelos próprios atores sociais e não por vanguardas ou por *sanior pars*[23], o que o fez definir a democracia como uma cultura, contrapondo-se à ideia de um conjunto de instituições ou procedimentos.

Diante dessa conjuntura, os movimentos sociais e os fóruns da EJA do Brasil buscam, incessantemente, por ampliação do espaço de atuação da sociedade civil, o que envolve a revisão do exercício da cidadania. As ações desenvolvidas pelos fóruns da EJA do Brasil compreendem a mobilização social para a discussão em diversos campos a fim de serem elaboradas coletivamente propostas de enfrentamento à realidade imposta à EJA no Brasil, com sugestões para construção de políticas públicas. Ilustramos essa ação dos fóruns da EJA do Brasil apoiados no pensamento de Touraine (1996) de que "devemos voltar a encontrar uma consciência política, a convicção de que podemos ser os atores de nossa história e não somente os ganhadores ou perdedores das batalhas travadas".

Busca-se a participação direta de outros sujeitos como estratégia de ação e com o objetivo de influenciar as políticas públicas para a EJA, através das atividades formativas que desenvolvem e fomentam a mobilização da sociedade civil sob o enfoque do direito à Educação enquanto um dos pilares da cidadania, com pautas permanentes em torno da EJA, em reuniões ordinárias mensais, além de Encontros Municipais, Regionais, Estaduais, Nacionais e Seminários com agenda itinerante, a fim de democratizar o acesso nos processos decisórios.

---

[23] Senhores sãs – a parte mais sã.

Para Aires (2014, p. 20), de acordo com Toiraine (1996), "a democracia não passaria de uma fórmula vazia se não se traduzisse em programas de educação que atribuem a maior importância ao conhecimento do outro". Nas ações dos fóruns da EJA do Brasil, há um contínuo elemento educativo que propicia o pensamento crítico entre os membros participantes, o que lhes permite exigir soluções com reivindicações baseadas em suas pautas, experiências e conhecimentos. Dessa forma, contribui-se para o aumento da consciência crítica e do senso de direitos, objetivando a emancipação social (Libardoni, 2000).

Os fóruns da EJA têm como principal característica a prática do *Advocacy*, que, "na literatura dos movimentos sociais, refere-se às ações de defesa e argumentação em favor de uma causa social ou de uma demanda para a efetivação ou criação de direitos humanos" (Warren, 2011, p. 69).

Nesse sentido, os fóruns da EJA do Brasil têm se utilizado do recurso dialógico para atuar coletivamente na defesa de um dos direitos essenciais à vida, o direito à educação para pessoas jovens, adultas e idosas, das classes populares. Para tal ação, os fóruns da EJA se utilizam de diversas estratégias para ampliar o debate político para além das instituições governamentais, mobilizando diversos segmentos da sociedade civil, ligados a essa esfera da educação e estimulando estratégias de *Advocacy* por entenderem ser um dos elementos legitimadores da democracia brasileira.

Esse caminho legitimador de uma ação coletiva em busca de assegurar a igualdade de direito para a EJA exige da parte de quem o promove a disponibilidade para o diálogo crítico e, sobretudo, para reconhecer os sujeitos como "pares" nesse processo, almejando influenciar na construção de políticas públicas que atendam às demandas e às necessidades educacionais presentes. Este é um exercício que os fóruns têm feito: democratizar a democracia. Portanto, facultar o protagonismo de cidadãs e cidadãos brasileiros e brasileiras, que se comprometem em lutar pela efetivação do direito à educação, para além das letras frias dos documentos oficiais, para pessoas jovens adultas e idosas que tiveram o seu direito à educação negligenciado.

Como afirma Urbinati (2010),

> [...] assim como o exercício da democracia, o *Advocacy* atesta a tensão estrutural da deliberação democrática: interesses diversos (e muitas vezes rivais), diferentes visões subjetivas

FÓRUM DA EJA DE PERNAMBUCO

> e aspirações competem em um espaço político aberto no intuito de chegar a uma decisão que não deve estar a serviço de interesses partidários nem encerrar a deliberação. (p. 51)

Assim, os fóruns da EJA do Brasil, por sua característica de denunciar, propor, avaliar e, sobretudo, intervir nas políticas públicas para esse segmento da educação, interagindo junto ao governo – em todas as suas instâncias, municipais, estaduais, distrital e federal –, são considerados como um mecanismo de controle social, aqui entendido como uma conquista da sociedade civil, enquanto instrumento e expressão de uma democracia participativa que utiliza o diálogo crítico, reflexivo, problematizador, como forma de pressão sobre os governos visando à transformação social.

Vale a pena salientar que as expressões "controle social" e *"Advocacy"* já foram marcadamente conflituosas no seio do próprio fórum da EJA do Brasil, sobretudo, entre os anos de 2010 e 2011, época em que os fóruns da EJA tiveram a oportunidade de se debruçar com mais dedicação sobre essa temática através da participação no curso de Gestão Social de Políticas Educacionais em EJA, oferecido pela Unesco, pelo Conselho Internacional de Educação de Adultos (Icae), pela Secadi/MEC e pela Universidade de Brasília (UNB), do qual a escritora teve a relevante oportunidade de participar, enquanto representação do fórum da EJA PE. O principal objetivo era formar sujeitos sociais da EJA para que atuassem como multiplicadores de ações de gestão social de políticas públicas, com vistas a fortalecer a Agenda Territorial[24], na perspectiva da formação de uma Comunidade de Trabalho/Aprendizagem em Rede de Gestão da EJA para aprimoramento de conhecimentos e práticas de gestão social de políticas educacionais que favorecessem a análise de experiências de gestão social de políticas educacionais da EJA[25].

A participação nesse curso facultou aos representantes dos fóruns Estaduais e Distrital da EJA e demais participantes a possibilidade de uma apropriação mais alargada da temática a fim de empoderar os sujeitos para que melhor pudessem desenvolver seus argumentos em defesa da EJA frente às ações do governo. Como contrapartida, os selecionados para

---

[24] Esse assunto será detalhado no tópico adiante.

[25] A pesquisadora deste livro teve o privilégio de participar da primeira edição do curso em 2010 e, de acordo com o compromisso assumido em tornar-se multiplicadora do curso, apesar dos esforços e colaboração de alguns parceiros, não foi possível dar concretude a essa ação. Vale ressaltar que ainda guardamos conosco a proposta pedagógica preparada para a tal realização em Pernambuco.

participarem do curso deveriam tornar-se multiplicadores dos conhecimentos adquiridos junto aos seus pares – o que não aconteceu em nenhum estado de forma sistemática, ou pelo menos não consta registrado em nenhum documento no qual tenhamos nos debruçado, nesta pesquisa, mesmo os eletrônicos, como é o caso do Portal dos fóruns da EJA do Brasil. Entretanto, Pernambuco, tentou estabelecer e efetuar a realização do curo, na modalidade extensão, junto a Project/UFPE, contudo, não contou com o apoio expressivo e necessário da maioria dos membros do já citado fórum, e, inevitavelmente, não conseguiu dar sequência a multiplicação sistematizada do curso, de acordo com documentos da época.

Diante de um Estado ineficaz e ineficiente no campo da EJA, o trabalho que é realizado pelos fóruns da EJA do Brasil é importante, sobretudo, pelo acompanhamento das ações do Estado, pelo modo como se organizam, para que essa luta resulte em benefícios para a população, que demanda a modalidade da educação de pessoas jovens e adultas, e da forma como se organizam para contribuir para a efetivação do direito explicitado na Constituição Federal de 1988, na LDben n.º 9.394/1996 e na lei que regula o Fundef.

O fórum da EJA do Brasil vem, assim, imprimindo esforços para que, através de sua intervenção, a efetivação desse direito seja proporcionada aos indivíduos como uma forma de inclusão que é essencial ao exercício da cidadania e, que de acordo Hannah Arendt (2004), "dará acesso a outros direitos". Ou seja, o acesso à educação possibilita dar conhecimento ao/à cidadão/ã do direito a ter vários outros direitos essenciais à vida e à participação social, cívica e política.

Nesse sentido, de acordo com Pontual[26] (2008),

> A ideia de participação e controle social está intimamente relacionada: por meio da participação na gestão pública, os cidadãos poderem intervir na tomada da decisão administrativa, orientando a Administração para que adote medidas que realmente atendam ao interesse público e, ao mesmo tempo, permitir exercer controle sobre a ação do Estado, exigindo que o gestor público preste contas de sua atuação. (Portal da Transparência – Governo Federal, 2016)

---

[26] Ex-diretor de Participação Social, da Secretaria Geral da Presidência da República, entre os anos de 2003 a 2011. Em depoimento cedido à pesquisadora deste livro, durante o Encontro da VI Confitea Brasil + 6, realizada em Brasília – DF, entre os dias 25 a 27 de abril de 2016.

Por excelência, o fórum da EJA do Brasil se constitui em um espaço de controle social sobre os desdobramentos concretos no que tange à Educação de Jovens e Adultos no Brasil. Suas ações estão vinculadas a diversos setores da sociedade civil organizada para a efetivação do direito à educação para os coletivos sociais formados por pessoas jovens, adultos/as e idosos/as das classes menos favorecidas. Nesse sentido, a trajetória do fórum da EJA, representada pela ação coletiva, assume como propósito central provocar a definição de políticas públicas voltadas para esse segmento da Educação de Jovens e Adultos.

Outra forma de diálogo/*Advocacy* e controle social frente às estruturas dos governos se dá também com a participação que os fóruns da EJA do Brasil têm de maneira muito articulada na proposição, elaboração, acompanhamento e avaliação de vários documentos que são referências no campo da EJA, tais como[27]: Leis de Diretrizes e Bases Nacionais, Diretrizes Curriculares Nacionais; Diretrizes operacionais para a Educação Básica; Documento preparatório para a V e VI Confintea, esta última realizada no Brasil, em 2009, em Belém do Pará; Marco da Ação de Belém – Documento Síntese que aponta o resultado dessa Conferência; Plano de Desenvolvimento da Educação; Documento final da Conferência Nacional de Educação (Conae); e Plano de Ações Articuladas (PAR) – Instrumento de Financiamento das Ações Educacionais que atualmente contempla a EJA via municípios. Além desses, há as participações em audiências públicas sobre a Reformulação da Resolução CNE/CEB 1/00, promovidas pelo Conselho Nacional de Educação (CNE), em 2007, com o objetivo de discutir três temas polêmicos da EJA, a partir de três textos provocativos: Idade para EJA, Exames Supletivos/Certificação na EJA, e Educação Básica da EJA mediada e não mediada pelas Tecnologias de Informação e Comunicação. Estes exemplo citados representam algumas expressões da atuação dos fóruns da EJA do Brasil, nas diversas instâncias promotoras de políticas e, em alguns casos, de projetos para a EJA – o que revela que os fóruns da EJA do Brasil imprimem esforços, permanentemente, para fomentar as pautas em torno da Educação de Jovens e Adultos, provocando os governos, insistentemente, a reconhecer e instituir a EJA como prioridades em suas ações, como consta em exemplos registrados no Portal dos fóruns da EJA do Brasil.

---

[27] Ver portal dos fóruns da EJA do Brasil, disponível em: www.forumeja.org.br.

Pode-se afirmar que existem avanços e conquistas no campo da EJA no Brasil, entretanto, isso não tem sido o suficiente para que o direito à Educação de Jovens e Adultos seja posto em prática em sua magnitude.

Admitindo os limites do fórum da EJA do Brasil, reconhecemos na mesma medida suas possibilidades e potencialidades de mobilizador da sociedade em defesa da EJA. Logo, essa forma de atuação política nem sempre resulta em êxitos da sociedade civil que representem a efetivação de direitos e a implementação de políticas públicas para a EJA. Contudo, resulta numa permanente auto formação, crítica, democrática e cidadã, das instituições e pessoas que reconhecem os seus avanços e retrocessos, e se ocupam em fazer suas autocríticas para melhor desempenharem as suas funções de militantes em defesa da educação pública, laica, democrática, gratuita e com qualidade social para todas as pessoas que dela necessitem, com a garantia do acesso, permanência e elevação de escolaridade.

Os êxitos estão diretamente relacionados ao potencial de mobilização social para influenciar nos processos decisórios. A visibilidade e a legitimidade social desses grupos, a partir de suas ações políticas, são imprescindíveis para a obtenção de resultados imediatos. Dentro dessa perspectiva, a formação e o fortalecimento de sujeitos para incidir politicamente constituem-se em importantes eixos. Isso não significa dizer que os resultados de todas essas ações se traduzam em vitórias para o segmento da EJA, o tempo todo. Ao contrário: é incontestável que, em proporção similar, aconteçam retrocessos políticos e sociais, a exemplo do congelamento dos "gastos" na educação por 20 anos com a PEC 241/16, feita recentemente no Brasil. Contudo, significa dizer que são ações em movimento, realizadas pelos fóruns da EJA do Brasil, de maneira articulada e em rede, que demarcam o lugar no qual a Educação de Jovens e Adultos precisa estar enquanto política pública. Para tanto, faz-se impositiva uma vigilância permanente com participação ativa e crítica, inclusive, voltada às próprias bases do movimento.

2.4 INTERLOCUÇÃO ENTRE OS FÓRUNS DA EJA DO BRASIL E A SECADI/MEC

Uma das bases de construção das políticas públicas de acordo com a constituição de 1988 no Brasil passou a ser o direito do/a cidadão/ã acompanhar a construção das políticas públicas. "As demandas e reivindicações societais apontavam para uma expansão do processo de "socialização" do Estado, que se traduzia em maior disposição "cívica" de entrar no aparelho estatal e de direcioná-lo" (Nogueira, 2005, p. 54).

Vislumbrava-se, portanto, uma gestão mais participativa entre as esferas do governo e entre os diferentes segmentos sociais, objetivando impulsionar de "maneira solidária e não predatória o que seria posto em marcha" (Nogueira, 2005). Ainda de acordo com Nogueira (2005):

> [...] participação e sociedade civil não mais serão vistas como expressão e veículo da predisposição coletiva para organizar novas formas de Estado e de comunidade política, de hegemonia e de distribuição do poder, mas sim como a tradução concreta da consciência benemérita dos cidadãos, dos grupos organizados, das empresas e das associações. (p. 57)

A ideia de descentralização possibilitou à sociedade civil, a partir da recuperação da compreensão do processo de participação, tentar entender e discutir os fins e interesses que orientam o Estado e, em contrapartida, poder, se necessário, contrapor-se naquilo que entender que o Estado está falhando e se posicionar em defesa do direito do/a cidadão/ã brasileiro/a, assumindo, assim, a sociedade civil a função de corresponsável pelo processo de construção como controle social, traduzido na expressão da conscientização dos/as cidadão/ãs.

Nesses termos, não somente os movimentos sociais, mas também a própria literatura, que de um modo geral os acompanhavam, trocaram um posicionamento mais combativo e emancipatório, bem como um conceito mais normativo de sociedade civil, por uma postura pragmática, menos sobrecarregada de expectativas e solidamente direcionada para a busca de espaços alternativos nos quais fosse possível modificar os termos de regulação estatal e promover um encontro (uma parceria) entre Estado e sociedade civil (Dagnino, 2002; Lavalle, 2003; Nogueira, 2005).

De acordo com Bobbio (1987), a digressão histórica mostrou a variedade de significados para a sociedade civil, inclusive entre si contrastantes, com os quais foi usada a expressão "sociedade civil". O significado predominante foi sociedade política ou Estado, usado, porém, em diversos contextos conforme a sociedade civil ou política tenha sido diferenciada da sociedade doméstica, natural ou religiosa. No entanto, Bobbio (1987) afirma que a contraposição entre sociedade civil e Estado continua a ser de uso recorrente,

> [...] sinal de que reflete uma situação real. Embora prescindindo da consideração de que os dois processos – do Estado que se faz sociedade e da sociedade que se faz Estado – são contraditórios, pois a conclusão do primeiro conduziria ao Estado sem sociedade, isto é, ao Estado totalitário, e a conclusão do segundo à sociedade sem Estado, isto é, à extinção do Estado, o fato é que eles estão longe de se concluir e, exatamente por conviverem, não obstante a sua contraditoriedade, não são suscetíveis de conclusão. Estes dois processos representam bem as duas figuras do cidadão participante e do cidadão protegido que estão em conflito entre si, às vezes na mesma pessoa: do cidadão que através da participação ativa exige sempre maior proteção do Estado e através da exigência de proteção reforça aquele mesmo Estado do qual gostaria de se assenhorar e que, ao contrário, acaba por se tornar seu patrão. Sob este aspecto, sociedade e Estado atuam como dois momentos necessários, separados, mas contíguos, distintos, mas interdependentes, do sistema social em sua complexidade e em sua articulação interna. (pp. 51-52)

A sociedade civil seria cooperativa parceira: não um campo de lutas ou oposições, mas um espaço de colaboração e de ação construtiva. Assim concebida, a sociedade civil conteria um incontornável vetor antiestatal:

> [...] seria um espaço diferente do Estado, não necessariamente hostil a ele, mas seguramente "estranho" a ele, um ambiente imune a regulações ou a parâmetros institucionais públicos – um lugar, em suma, dependente bem mais de iniciativas, empreendedorismo, disposição cívica e "ética" do que de perspectiva política, organização política e vínculos estatais. (Nogueira, 2005, p. 59)

Inevitavelmente se abandonará a fronteira do Estado "como campo de lutas de emancipação para se concentrar numa ideia de Estado como espaço de regulação, elaboração e implementação de políticas públicas". Haverá menos antagonismo e mais consenso racional, menos democracia política e mais deliberação democrática (Nogueira, 2005). Foley e Edwards (1996) nos alertam para a importância de democratizar a sociedade a partir das bases populares das camadas sociais ao dizer[28]

---

[28] "[...] democratizar a sociedade a partir de baixo, ao mesmo tempo que pressiona os autoritários para a mudança. Assim, a sociedade civil, entendida como o domínio da associação voluntária privada, desde os comitês de bairro aos grupos de interesse e às empresas filantrópicas de todos os tipos, passou a ser vista como um ingrediente essencial tanto na democratização como na saúde das democracias estabelecidas".

> [...] democratizing society from below while pressuring authoritarians for change. Thus civil society, understood as the realm of private voluntary association, from neighborhood committees to interest groups to philanthropic enterprises of all sorts, has come to be seen as an essential ingredient in both democratization and the health of established democracies. (p. 1)

Os autores anteriormente referidos enfatizam, porém, a sociedade civil como uma esfera de ação independente do Estado e que é capaz – precisamente por esse motivo – de resistência a um regime tirânico. Ressaltam a importância da sociedade civil como contrapeso para o Estado, almejando, entre outros objetivos, promover a democracia.

Brysk (2000) sustenta em seus argumentos que a "sociedade civil deve ser analisada como um conjunto de instituições sociais cujas funções democráticas são paralelas às do Estado". E, sendo assim, deverá apresentar características de um espaço democrático pautado na representatividade, responsabilidade e pluralidade. Desse modo, a "representatividade da sociedade civil não é prejudicada se uma igreja particular discrimina seus membros, desde que a gama de instituições religiosas da sociedade não exclua, sistematicamente, algum setor social" (p. 3).

Alguns estudos confirmam que, nas últimas três décadas, "os movimentos sociais têm sido compreendidos como uma forma de ação coletiva sustentada, a partir de atores que compartilham identidades ou solidariedades para enfrentar estruturas sociais ou práticas culturais dominantes" (Abers & Bolow, 2011, p. 3). Essa definição genérica é compartilhada por autores associados à literatura dos "novos movimentos sociais", como Touraine (2006, p. 26), Melucci (1989, p. 57) e aqueles ligados à chamada "abordagem do processo político", como Tarrow (2009 [1994], p. 21).

A exemplo do Brasil, os movimentos sociais, de maneira geral, passaram a focar suas pautas muito mais na gestão das políticas públicas do que na oposição a partidos políticos. Essa vigilância permanente dos movimentos gera tensão, disputa e atrito entre eles, mas o diálogo e a interpolação de sentidos tenderão a prevalecer (Nogueira, 2005, p. 59). Como exemplo, pode-se citar a realização de ações como

> [...] as sucessivas reuniões do fórum Social Mundial, as ações ecológicas e ambientalistas, a proliferação de associações e movimentos antiglobalização, o rápido crescimento da cibermilitância, possível graças à ampla difusão da Inter-

> net, tudo foi mostrando que homens e mulheres, grupos
> e classes sociais, ainda que num cenário dramaticamente
> condicionado pela ação de poderosos conglomerados e
> organizados sob a forma de um "império", agitam-se e
> mexem-se sem cessar. (p. 78)

O Brasil revela-se, também, através da ação dos fóruns da EJA Nacional, mesmo que haja alguns conflitos, tais como: o próprio governo ter assento no seio do fórum com direito a voz e voto, independentemente do número de representantes presentes; a questão de os fórum da EJA Estaduais e Distrital, ao lançar mão da sua autonomia, assumirem-se ou não sua identidade como um movimento social; ou ainda, de maneira geral, o fato de as participações dos/as estudantes e dos/as professores/as da EJA, movimentos sociais, igrejas e empresas privadas, entre outros, não serem expressivas, quantitativamente, nos espaços dos fórum da EJA do Brasil, de maneira geral. A principal ação desse movimento, reconhecido como plural, tem sido pressionar os governos, insistentemente, com pautas em torno da construção de políticas públicas para a EJA.

2.5 V CONFERÊNCIA INTERNACIONAL DE EDUCAÇÃO DE ADULTOS (CONFINTEA): SUA CONTRIBUIÇÃO PARA A CRIAÇÃO DOS FÓRUNS DA EJA NO BRASIL

O histórico do surgimento dos fóruns da EJA do Brasil está intrinsecamente ligado à V Confintea, por meio de seus Encontros Preparatórios, realizados nesse país. Todavia, dadas a abrangência e a riqueza do legado das Confinteas, em suas seis edições, e em decorrência de sua amplitude e relevância no cenário mundial no campo da EJA, faremos um breve histórico da realização das edições das Conferências. Entretanto, vamos nos deter um pouco mais nas Confinteas V e VI, devido à importância registrada no contexto que levou à criação e atuação do Movimento dos fóruns em defesa da EJA no Brasil (V Confintea), da participação ativa dos/as representantes dos fóruns Estaduais e Distrital na preparação e realização da VI Confitea, na Região Norte do Brasil, em 2009, e do lugar que a EJA ocupava diante das prioridades educacionais do governo brasileiro. Além de um breve histórico de todas as Confinteas realizadas, até a de número VI. Todavia, sem a pretensão de esgotar a discussão em torno das Conferências.

A Confintea é realizada a cada 12 anos, desde 1949. Seu objetivo é debater e avaliar as políticas para a Educação de Adultos. A primeira edição ocorreu na Dinamarca em 1949, logo após a Segunda Guerra Mundial. Havia, nessa época, uma preocupação com a necessidade de sistematizar informações sobre a Educação de Adultos. Com o título "Educação de Adultos", foi precedida por um Encontro de consulta, em Paris, por um pequeno número de especialistas internacionais que se reuniram em novembro de 1948. Esse grupo recomendou que dois conjuntos de documentos fossem preparados para a conferência: documentos de trabalho a serem produzidos pelo Secretariado da Unesco e relatórios elaborados pelos delegados nacionais. O grupo recomendou, também, que fossem incluídos nos documentos uma visão geral da Educação de Adultos no respectivo país e os programas, métodos e realizações mais característicos (MEC, 2016). O modelo desse primeiro Encontro serviu de orientação para todos os posteriores.

A II Confintea foi realizada em 1963, em Montreal, Canadá, num período de múltiplas e complexas mudanças, sociais, econômicas e culturais no mundo ocidental. Nesse contexto e numa intensa discussão sobre o papel dos Estados frente à Educação de Adultos, congregou vários Estados-membros da Unesco e 46 ONGs, entre outros atores.

A III Confintea foi realizada na cidade de Tóquio, Japão, no ano de 1972. Abordou as temáticas de Educação de Adultos e Alfabetização, Mídia e Cultura, e na ocasião foram consideradas as premissas de que a Educação de Adultos teria como elemento essencial a aprendizagem ao longo da vida e que seria importante realizar esforços para fortalecer a democracia e preparar o enfrentamento mundial para o fato da não diminuição das taxas de analfabetismo. Nessa Confintea, foi seguido o mesmo "padrão de segmentos" de instituições/membros participantes que as demais.

A IV Confintea foi realizada em Paris, França, no ano de 1985. O tema central, "Aprender é a chave do mundo", trouxe como importante elemento norteador:

> [...] o reconhecimento do direito de aprender como o maior desafio para a humanidade. Entendendo por direito, o aprender a ler e a escrever, o questionar e analisar, imaginar e criar, ler o próprio mundo e escrever a história, ter acesso aos recursos educacionais e desenvolver habilidades individuais e coletivas, adequadas e com qualidade. (MEC, 2016, p. 3)

2.5.1 Encontros Preparatórios para a V Confintea no Brasil

Pelas razões da conjuntura do país quando da convocação da Unesco para a realização dos Encontros Preparatórios para a V Confintea, o Brasil, assim como outras nações, para a participação na já citada conferência, realizou Encontros de Mobilizações Preparatórios durante o ano de 1996. A V Confintea colocou para o mundo que a EJA corresponde ao "conjunto de processos de aprendizagem formais ou não formais, pelos quais as pessoas desenvolvem suas capacidades técnicas e profissionais, bem como as reorientam a fim de atender às demandas da sociedade" (Unesco, 1997).

No Brasil, a mobilização para os referidos Encontros Preparatórios realizados ocorreu em alguns estados com a participação de diferentes sujeitos envolvidos com o segmento da EJA. Di Pierro (2003) registra que, diferentemente de outros estados cuja preparação para essa Conferência resumiu-se à elaboração de documentos preparados nos gabinetes das Secretarias Estaduais de Educação, Bahia, Mato Grosso, Paraíba, Pernambuco, Rio de Janeiro e São Paulo, além de mobilizarem diferentes instituições e pessoas que atuavam no campo da EJA para a elaboração bastante substantiva dos documentos diagnósticos e diretrizes de políticas, notabilizaram-se por constituírem Comissões Intersetoriais.

O Ministério da Educação, através da Coordenadoria Geral do Magistério e da EJA, atendendo a uma demanda da Unesco, solicitou aos Secretários Estaduais de Educação apoio na realização dos Encontros Estaduais Preparatórios aos Encontros Regionais, através de Ofício Circular n.º 6 (2008), fazendo referência ao Ofício Circular n.º 1 (2008).

Vale destacar que nem todos os estados conseguiram realizar seus Encontros Estaduais, todavia, encontraram como alternativa construir, através de um colegiado composto por diversos segmentos da sociedade, das esferas governamentais e não governamentais, as denominadas Comissões Estaduais da EJA e elaborar Cartas de Princípios e Compromissos do Estado frente à Educação de Jovens e Adultos, tendo abordado, entre outras temáticas, o diagnóstico da situação da EJA no estado, respondendo às seguintes questões: a) Qual a realidade do analfabetismo e da EJA no estado? b) Como o estado vem enfrentando esta realidade? c) Quais os resultados alcançados por esses programas e como são avaliados? Aliado a isso, apontaram propostas de ação para os anos seguintes.

Na sequência dos Encontros Estaduais, aconteceram os Encontros Regionais Preparatórios, atendendo à determinação e ao calendário do MEC. No mês de junho daquele ano, foi realizado nos dias 11 e 12 o da Região Nordeste, cujo estado-sede foi a Bahia, em sua capital. Nos dias 25 e 26 do mês já citado, aconteceram os Encontros das Regiões Sul e Sudeste do país, sediados pelo estado do Paraná, na sua capital. Os Encontros Regionais culminaram nos dias 9 e 10 de julho com a realização das Regiões

Norte e Centro-Oeste, cujo estado-sede foi o Mato Grasso do Sul, na sua capital, Campo Grande.

Como vimos, todos os Encontros Regionais foram realizados entre junho e julho de 1996. Esses eventos mobilizaram diversos segmentos ligados à EJA no país. Entre eles, podemos citar: Conselhos Estaduais de Educação, Educadores/as da EJA, Universidades Públicas Federais, Sindicatos, ONGs, Secretarias de Educação Estaduais e Municipais, Empresas Privadas, União dos Dirigentes Municipais, MEC, Movimentos Sociais, entre outros. O penúltimo e decisivo passo dos Encontros Preparatórios a essa Confintea resultou na realização do Seminário Nacional, cujo objetivo foi construir um Documento Nacional Brasileiro, agregando as construções que foram tecidas nos Encontros Regionais das cinco regiões. O Seminário aconteceu entre os dias de 8 a 10 de setembro do mesmo ano. A cidade escolhida foi Natal, localizada na Região Nordeste do país, no estado do Rio Grande do Norte.

Tamanha foi a surpresa dos membros participantes de todas as etapas preparatórias àquela Conferência ao perceberem que o MEC não havia absorvido os documentos construídos pelos membros da sociedade civil mobilizados para a preparação da V Confintea, ao longo do ano, nos estados e regiões do país. O MEC havia criado outro documento completamente independente da participação social. Essa posição do Ministério da Educação representava a gestão de um governo centralizador e pouco democrático e, sobretudo, o lugar de importância que a EJA ocupava naquele governo.

Na "última" etapa anterior à V Confintea, durante a Conferência Preparatória Regional da América Latina e Caribe, realizada em Brasília no Distrito Federal, de 22 a

24 de janeiro de 1997, ocasião em que os países latino-americanos e caribenhos socializaram suas propostas para a EJA, e, para a extrema decepção de muitos/as dos/as brasileiros/as que representavam o Brasil,

foi confirmada, sob seus testemunhos presenciais, a atitude do governo brasileiro de rejeitar o documento construído por aquele coletivo. Em seu lugar, foi apresentado outro documento que não representava, enquanto diagnóstico e posicionamento nacional, oriundo de um processo legítimo e democrático fruto da mobilização, articulação e, como tal, de um amplo debate democrático entre as esferas da sociedade civil e os governos.

De acordo com Di Pierro (2000), o principal motivo que levou o MEC a rejeitar o documento construído e legitimado pelos brasileiros que atuavam no segmento da EJA foi o fato de que "[...] o documento aprovado pela plenária final, na seção de diagnóstico, desenhava um quadro nada alentador e continha críticas à estratégia do governo federal" (p. 133). Com o documento substituído pelo MEC, o governo expressou sua prioridade de investimento na Educação, na qual a EJA não teria lugar relevante, além de tornar a população que compõe o coletivo de estudantes da EJA verdadeiros/as algozes de si mesmos/as. O governo justificou que o analfabetismo no país se dava, sobretudo, pela evasão dos/as estudantes. Nesses termos, o documento assumiu que sua prioridade seria investir na Educação Fundamental para as crianças na chamada idade certa, como consta do relatório que faz menção à declaração do governo federal que foi apresentado para o mundo em plena V Conferência Internacional de Educação de Adultos.

> Durante as décadas de 50, 60, e 70, o esforço governamental e de organizações sociais se concentrou, basicamente, no combate ao analfabetismo. Foi a época das grandes campanhas de alfabetização, cujos resultados ficaram certamente aquém das expectativas e do esforço despendido. O declínio do analfabetismo, que ocorreu no período, se deveu muito mais à progressiva universalização de acesso à educação do que às campanhas de alfabetização. (Relatório MEC/ SEF, 1996, p. 5)

Com essa declaração, fica difícil compreender por que o governo brasileiro se dispôs a participar e mobilizar tantos esforços envolvendo instituições/pessoas para o Evento específico no campo da EJA, cujo principal objetivo era pautar a discussão em torno dessa temática, envolvendo, inclusive e sobretudo, o compromisso por parte das diversas esferas desse campo do saber. O governo brasileiro, simplesmente, ignorou toda uma construção coletiva em âmbito nacional e anunciou para o mundo que a EJA não fazia parte de suas prioridades, sendo o ensino fundamental para crianças e adolescentes seu foco de investimento, sob o argumento de que, se assim o fizesse, não produziria mais personagens para a EJA. Faz-se necessário destacar que entendermos ser importante, legítimo e necessário investir em políticas básicas para a Educação Básica para crianças em idade "regular" escolar. O que não inviabilizaria que o Brasil assumisse compromissos sociais para incluir a Educação de Jovens e Adultos, também, no rol de suas prioridades como "certa reparação" dessa dívida história para as pessoas jovens e adultas, atingidas em sua cidadania pela negação de um dos direitos essenciais à vida – a educação. O que reforça a ideia central apresentada pela própria V Confintea, de que o reconhecimento do direito de aprender, como o maior desafio para a humanidade.

Contudo, diante do número alarmante de analfabetos/as e subescolarizados/as indicados pelo Censo (1990), significava dizer que o Estado não se responsabilizaria por essa grande parcela da população que teve, ao longo da vida, negado seu direito à educação pública para todos/as gratuita, em qualquer canto do país, e com qualidade social. Ou seja, eximiu-se da responsabilidade quanto a essa dívida social para com tal parcela da população. Em outro trecho do mesmo documento apresentado pelo governo federal, fica claro que a EJA não era prioridade para o governo brasileiro:

> [...] o objetivo primeiro da política educacional é o de oferecer a formação adequada, na idade própria, no ensino fundamental, superando a repetência e a evasão e elevando a porcentagem de concluintes do ensino fundamental. Essa política eliminará em muito a necessidade de prover a EJA, a não ser como educação contínua, cada vez mais necessária num mercado de trabalho em transformação, que coloca exigências crescentes em termos de escolarização. (Relatório MEC/SEF, 1996, p. 5)

Em 2009, foi a vez de o Brasil sediar a VI Confintea, realizada em Belém do Pará, na Região Norte do país. A Conferência contou com a participação de 1.125 delegados de 144 países, incluindo 55 ministros e vice-ministros e 16 embaixadores e delegados/as permanentes da Unesco. Os preparativos para a Conferência foram iniciados em 2007, dando sequência a: cinco Encontros Regionais (Cidade do México, Seul, Nairóbi, Budapeste e Túnis); a elaboração de Relatórios Nacionais e Regionais; um Relatório do *Global Report on Adult Learning and Education* (Grale); processos nacionais e regionais de mobilização promovidos por governos e sociedade civil.

Os objetivos da Conferência foram: promover o reconhecimento da Aprendizagem e Educação de Adultos como um elemento importante e fator que contribui para a aprendizagem ao longo da vida, sendo a alfabetização a sua fundação; enfatizar o papel crucial da educação e aprendizagem para a realização das atuais agendas internacionais de educação e desenvolvimento Educação para Todos – (EPT), Objetivo de Desenvolvimento do Milênio (ODMs), Década das Nações Unidas para a Alfabetização (UNLD), Iniciativa de Alfabetização para o Empoderamento (LIFE) e a Década da Educação para o Desenvolvimento Sustentável – (DESD); renovar o *momentum* e o compromisso político, além de desenvolver as ferramentas para a implementação, a fim de passar da retórica à ação.

> A CONFINTEA VI procurou fortalecer o reconhecimento de aprendizagem e educação de adultos numa perspectiva de aprendizagem ao longo da vida. A meta primordial foi de harmonizar a aprendizagem e educação de adultos com outras agendas internacionais de educação e desenvolvimento e sua integração nas estratégias setoriais nacionais. Ela representaria uma oportunidade para avaliar como os compromissos assumidos em 1997 haviam sido implementados e produziriam os meios para assegurar que os compromissos anteriores e atuais relativos à educação de adultos e à educação não formal fossem concretizados. (MEC, 2016, p. 4)

O conceito que norteia a EJA e que orientou os debates da VI Confintea é o de "educação ao longo da vida", o que exige que todos os esforços educacionais ponham em relevo a diversidade de saberes que devem incluir, entre seus objetivos, as competências requeridas pela sociedade, necessárias a uma construção da autonomia do/a educando/a para que estes/as possam transitar entre os vários níveis de ensino e reinserir-se em processos formais, assim como em processos não formais de educação. A Educação, ao assumir-se para além da escola, situa-se no centro da vida cidadã como uma prática que busca o conhecimento, a compreensão e a ação sobre o mundo. Conhecer é transformar o mundo em que vivemos e a nós próprios.

Como uma expressão significativa do controle social tecido pelos fóruns da EJA do Brasil, podemos citar, entre outros, o fato de o movimento não ter aberto mão do direito de participar ativamente da construção do Documento Nacional Preparatório à VI Confintea, por entender que se trataria de um documento que pautaria a Agenda da EJA do Brasil para os dez anos seguintes (2009–2019), e como tal, fazia-se mister garantir que fossem contempladas as necessidades reais dessa modalidade de educação, sobretudo, as suas especificidades e singularidades.

Essa ação em defesa da EJA envolveu diversos segmentos que atuam no campo da EJA, como a Coordenação Estadual, Coordenação Municipal (Capital), Coordenação dos fóruns Estaduais e Distrital, Comitê Estadual da Educação do Campo ou Coordenação Estadual do Campo, entre outros atores, cuja responsabilidade assumida, entre outras, foi a elaboração de um diagnóstico da situação da Educação e Aprendizagens de Jovens e Adultos através de levantamento dos dados da EJA em seus respectivos estados. Essa base e análise de dados foram desenvolvidas durante o ano de 2008, nas Reuniões Técnicas entre Coordenadores da EJA dos estados, das capitais e fóruns da EJA Estaduais e Distrital. Também, exerceram papel importante a União Nacional dos Dirigentes Municipais (Undime) e, sem dúvida, as políticas de Educação de Jovens e Adultos de cada estado e Distrito Federal, na composição dos Relatórios Estaduais sobre a da Educação e Aprendizagem da EJA. Esses dados foram trabalhados em cada um de seus Encontros Estaduais Preparatórios à Conferência. Em Pernambuco, o Encontro Estadual Preparatório à VI Confintea se deu nos dias 7 e 8 de abril de 2008. O MEC fez solicitação expressa às Secretarias Estaduais de Educação para que apoiassem a realização desse trabalho e que, para tanto:

> [...] disponibilizassem os acessos aos seus dados solicitados, assim como, o acesso aos documentos necessários à realização desta ação, e ainda que apoiassem a realização das reuniões necessárias à conclusão desta tarefa de extrema relevância para a construção do diagnóstico no país. O diagnóstico deveria contemplar as seguintes abordagens: contexto histórico da capital ou estado com perfil geral; dados de escolarização da população jovem e série histórica entre 1997 a 2006 ou série possível; características da oferta da EJA nas redes públicas e por iniciativas da sociedade civil (série histórica de 1997 a 2006 ou a série possível); qualidade da Educação de Jovens e Adultos ofertada (série histórica de 1997 a 2006 ou a série possível); desafios para o avanço da Educação de Jovens e Adultos na realidade local; Recomendações e compromissos necessários para a consolidação da EJA como política pública. (Ofício Circular n. 06 (2008) fazendo referência ao Ofício Circular n. 01 (2008))

Na sequência, houve os Encontros Regionais Preparatórios seguindo a lógica da preparação à VI Conferência. Como exemplo, citaremos o realizado na Região Nordeste do país, que aconteceu de 23 a 25 de abril daquele mesmo ano, sendo uma realização do Secad-MEC e dos fóruns da EJA do Nordeste, juntamente com seus nove estados. Sediado em Salvador (Bahia), com o tema "Educação e Aprendizagens de Jovens e Adultos ao Longo da Vida", esteve alicerçado nos seguintes objetivos: consolidar a compreensão do conceito de Educação e Aprendizagens de Jovens e Adultos como um direito humano que se efetiva ao longo da vida, por diversos meios, e expressar a ideia de que a juventude e a adultez também são tempos de aprendizagem; contribuir na construção de políticas estratégicas de implantação ou fortalecimento da modalidade da EJA na Educação Básica no Brasil; fortalecer a política pública da EJA, por meio de diferentes esferas da sociedade civil e do Estado, aprofundando a discussão das políticas em curso e a formulação de novas iniciativas na área.

Os fóruns da EJA do Brasil aderiram às ações preparatórias à VI Confintea devido à clareza que se tinha dos possíveis ganhos para a EJA, uma vez que sediar tal evento possibilitou a um importante segmento da sociedade olhar para a EJA com maior profundidade, construir uma identidade local, regional e nacional, e, sobretudo, poder participar ativamente de todo o processo, democrático, para a realização antes, durante e após o evento, posicionando-se, enquanto movimento em defesa da EJA, num franco diálogo com o governo federal e com os demais segmentos da sociedade, o que não quer dizer que todas as propostas do fórum da EJA do Brasil tenham sido acatadas, porém, significou para o coletivo a possibilidade de exercer o direito do controle social através do *Advocacy*, e de dizer a sua palavra, de acordo com Paulo Freire, a palavra mundo, a palavra ação.

> A crescente dimensão das CONFINTEAs foi acompanhada por um processo mais sofisticado na preparação e mobilização das conferências e no necessário seguimento dos compromissos e metas estabelecidas pelos delegados nos anos que procederam ao evento. Assim, as CONFINTEAS se tornaram um processo, um ciclo, cujo momento político mais simbólico é o evento, a Conferência. (MEC, 2016, p. 22)

2.5.2 Recomendações para as instituições que atuam no campo da EJA

Recomendações constantes do Relatório do Encontro dos fóruns da EJA da Região Nordeste[29] e Preparatório à VI Confintea (2008):

- A certificação dos alunos da EJA deve ser pautada em todas as discussões dos eventos, seminários e encontros da EJA até que o Conselho Nacional de Educação aprove um parecer que trate sobre essa temática;
- incluir a EJA semipresencial nas políticas de financiamento da educação pela União;
- que os programas de alfabetização advindos do governo federal sejam substituídos por políticas públicas de Estado, sendo os sistemas responsáveis pela oferta de matrícula e continuidade dos estudos do aluno até a conclusão da educação básica. Com isso os programas de governo, muitas vezes, executadas sem nenhuma qualidade pedagógica dariam espaço para uma política efetiva de alfabetização;
- que os programas destinados à Educação Básica convencional contemplem a modalidade da EJA;
- garantir a divulgação do montante dos recursos recebidos e sua aplicação, conforme a legislação vigente;
- a apropriação dos recursos pela EJA obedecerá ao percentual estabelecido de no mínimo, 15% dos recursos de cada fundo estadual;
- garantir recurso para instalação de laboratórios de diferentes áreas de conhecimentos, de modo a favorecer à comunicação com os diferentes setores parceiros na EJA;
- assegurar recursos para publicação e divulgação da produção científica e cultural dos/as educadores/as e educandos/as da EJA;
- garantir no orçamento da Secadi/MEC a formação e qualificação dos educadores/as da EJA e que a mesma contemple as diversas áreas do conhecimento e a integridade do sujeito e a sua relação com o mundo do trabalho;
- oferecer a EJA, além dos turnos do noturno, no diurno;

---

[29] Região à qual pertence o objeto de estudo desta pesquisa.

- oferta de cursos de especialização em EJA nas universidades públicas para professores/as e técnicos/as das Secretarias Municipais e Estaduais com recursos públicos;
- atendimento a EJA por equipes específicas, como psicólogo, psicopedagogos, oftalmologistas, e outros;
- a política da EJA deve incluir o mundo do trabalho e a formação profissional de jovens e adultos, numa perspectiva de currículo integrado.

A avaliação que os membros dos fóruns da Região Nordeste teceram sobre esse Encontro de mobilização, formação crítica e construção do diagnóstico foi positiva e reiterada oficialmente pelos/as 90 delegados/as, sobretudo, pela diversidade de segmentos que se fizeram presentes, oriundos da sociedade civil e dos governos, todavia, não se abriu mão de tecer suas devidas críticas, de acordo com o texto que segue:

> [...] através de práticas dialógicas e articuladas, assumem o lugar de protagonistas na análise e proposição dos rumos da EJA no Nordeste e no Brasil. Para além do cumprimento do protocolo para a preparação da VI CONFINTEA, o grupo sai fortalecido e mobilizado para a continuidade na luta por uma Educação de Jovens e Adultos de qualidade. Entretanto, manifesta preocupação quanto às proposições resultantes desses três dias de socialização e debate, que não sejam agregadas às plataformas de diálogo da VI CONFINTEA. (Relatório do Encontro dos fóruns da Região Nordeste e Preparatório à VI CONFINTEA, 23 a 25 de abril de 2008)

Vale salientar que, ao final da socialização dos Grupos de Trabalho, foi apresentada uma moção elaborada durante o Encontro, contando, entre outros, com representantes dos fóruns Estaduais que compõem a Região Nordeste.

A atuação dos fóruns da EJA do Brasil, nos Encontros Preparatórios e a participação na VI Confintea mostraram tanto a força mobilizadora que têm em âmbito nacional quanto a possibilidade de estabelecer um acompanhamento próximo das ações propostas pelo Estado para esse segmento da educação, como consequência da ação concertada entre Órgãos Governamentais e Não Governamentais, organizações da sociedade e movimentos sociais.

Durante esses Encontros, congregaram-se forças sociais e políticas, empenhando-se, sobremaneira, nas questões prioritárias da EJA. Desses Encontros resultou, também, a construção do Documento "Brasil – Educação e Aprendizagens de Jovens e Adultos ao Longo da Vida", composto por três partes: Diagnóstico Nacional, Desafios e Recomendações para a EJA. "O documento reafirma o compromisso político do Estado Brasileiro de avançar na garantia do direito à EJA" e aponta marcas expressivas da participação ativa da sociedade civil exercendo o controle social que resultou, entre outros, na construção de um diagnóstico aprofundado e no mapa da situação da EJA em todo o país (Documento nacional preparatório à VI conferência internacional de educação de adultos – VI confintea, 2009, p. 10). O Documento Base Preparatório à VI Confintea aponta várias recomendações para diversos atores sociais que atuam no campo da EJA, entre estes, os fóruns da EJA do Brasil, de acordo com o texto que segue:

> [...] contribuir para maior divulgação e conscientização da população quanto ao direito à EJA; mobilizar a sociedade civil para participar na construção, monitoramento, fiscalização e controle social das políticas públicas, em especial no que tange à educação para jovens e adultos; contribuir para a mobilização em torno de uma política nacional de valorização da EJA; discutir e participar da formulação de políticas públicas elaboradas por Conselhos de Educação; estimular a criação de mecanismos de incentivo à entrada ou retorno à EJA, em parceria com a comunidade em geral, assegurando a mobilização dos alunos na luta por seus direitos; fomentar a ampliação da participação de gestores públicos nos fóruns, contribuindo para efetivar o diálogo e promover a intersetorialidade; estimular a presença de representantes do movimento do campo nos fóruns da EJA, fomentando a discussão da educação no/do campo nos fóruns; contribuir para a mobilização e fortalecimento das comunidades locais, estimulando a criação de grupos de apoio, centros comunitários e afins; apoiar reivindicações da União Nacional dos Conselhos Municipais de Educação quanto à criação de sistemas municipais e fortalecimento da autonomia financeira dos Conselhos Municipais já existentes; fortalecer o caráter formativo das atividades desenvolvidas pelos fóruns de EJA; pautar a discussão da certificação de educandos da EJA em eventos, seminários e encontros, estimulando que o Conselho Nacional de Educação aprove parecer que trate sobre a temática e

o documento Marco da Ação de Belém, resultante desta mesma Conferência. (Documento nacional preparatório à VI conferência internacional de educação de adultos – VI confintea, 2009, p. 58)

Ao contrário do que aconteceu nos Encontros Preparatórios à V Confintea no Brasil, por parte do governo brasileiro em 1996, houve em 2008 e 2009, por ocasião de um governo democrático e popular, uma expressiva valorização da atuação e participação da sociedade civil na construção de todas as etapas preparatórias e na realização da VI Confintea. Esse processo preparatório "se constituiu de forma ímpar no país, pois, além de ter sido construído com o envolvimento de todos os segmentos representantes da EJA, contou com a coordenação e articulação nas Etapas Estaduais e Regionais dos fóruns da EJA do Brasil, instâncias independentes criadas a partir da V CONFINTEA" (Lázaro, 2009).

Pensar a sociedade civil organizada frente às ações do Estado em busca de um direito público para homens e mulheres que vivem nas margens da sociedade é de fundamental importância para o reconhecimento da condição democrática. A partir desses argumentos, concordamos com Raichelis (1998), quando concebe a constituição do espaço público ao dizer que

[...] sua constituição é parte integrante do processo de democratização, pela via do fortalecimento do Estado e da sociedade civil, expresso fundamentalmente pela inscrição dos interesses das maiorias nos processos de decisão política. Inerente a tal movimento, encontra-se o desafio de construir espaços de interlocução entre sujeitos sociais que imprimam níveis crescentes de publicização no âmbito da sociedade política e da sociedade civil, no sentido da criação de uma nova ordem democrática valorizadora da universalização dos direitos de cidadania. (p. 25)

Essa interlocução dos fóruns da EJA do Brasil junto à Secad/MEC antes, durante e após a VI Conferência representa um importante passo na construção de políticas públicas de alfabetização e EJA. Torna-se agora necessário produzir resultados que a ultrapassem e se configurem como estratégias de fortalecimento e consolidação da Política Nacional da Educação de Jovens e Adultos, como expressão do controle social dos fóruns da EJA do Brasil frente às ações do Estado.

Diante do referido contexto, a EJA passa por transformações que se situam em nível de uma nova proposta de reestruturação na Rede Estadual de Ensino e vai até à instituição de Diretrizes Operacionais de âmbito nacional. Também vêm acontecendo na esfera global discussões e redefinições dos rumos da Educação de Adultos, como demonstra a realização da VI Confintea, cujo objetivo foi "debater e avaliar as políticas implementadas em âmbito internacional para essa modalidade de educação e traçar as principais diretrizes que nortearão as ações neste campo" (Lázaro, 2009, p. 5).

É pacífico entre os membros dos fóruns da EJA do Brasil o reconhecimento de que a VI Confintea marcou a história da EJA no país positivamente. Entre outros motivos, por ter sido o Brasil o primeiro país do Hemisfério Sul a sediar essa Conferência, o que resultou para a nação na oportunidade histórica de envolver diversos atores do governo e a sociedade civil organizada num espaço de reflexão sobre a EJA. A Secad/MEC ao ter "realizado em parceria com os sistemas de ensino e movimentos sociais vinculados à educação popular 33 Encontros Preparatórios à Conferência, sendo 27 Estaduais, 5 Regionais e 1 Nacional", facultou ao país pautar a EJA, sistematicamente, deixando entre outros, o legado da construção dos diagnósticos da EJA em todas as regiões do país[30]. Permitiu, também, durante seus Encontros Preparatórios, um diálogo profícuo em âmbito nacional sobre as políticas previstas a serem implementadas no campo da EJA, a fim de garantir acesso, permanência e qualidade social dessa modalidade da educação, fruto do debate crítico, muitas vezes tenso, sobre Educação e Aprendizagem ao Longo da Vida.

> No último dia da Conferência, foi assinado e aprovado o Marco de Ação de Belém, documento que constitui peça fundamental no longo processo de mobilização e preparação nacional e internacional. As recomendações do Marco de Ação de Belém oferecem uma diretriz que permite ampliar o nosso referencial na busca de uma Educação de Jovens e Adultos mais inclusiva e equitativa. (Secadi/MEC, 2016, p. 4)

---

[30] A pesquisadora à época era uma das representantes do fórum Estadual da EJA de Pernambuco e, portanto, teve a oportunidade de participar ativamente de todas as etapas preparatórias, a esta conferência, culminando com a participação na VI Conferência, juntamente com outros/as parceiros/as importantes do fórum da EJA PE, da Universidade Federal de Pernambuco, da Undime, de alguns Conselhos e do Sintepe/CMTE. Reconhecidamente um espaço ímpar de formação crítica.

Esse foi um documento de fundamental importância para balizar as ações no campo da EJA e, ainda, como instrumento norteador para mesas de debate crítico-problematizador, como foi o caso de Pernambuco, que amparou as pautas que circulavam na Agenda Territorial de Desenvolvimento Integrado de Alfabetização e Educação de Jovens e Adultos, no âmbito de sua comissão (CEAEJA).

2.6 A REALIZAÇÃO DOS ENCONTROS NACIONAIS DA EJA (ENEJAS)

Os Enejas se constituem como uma das formas de diálogo com o governo, como revela Di Pierro (2005):

> Os fóruns tomaram para si os compromissos firmados pelo país na V CONFINTEA e, nos anos que a ela se seguiram, utilizaram uma estratégia de articulação em rede para organizar anualmente, com a colaboração das instâncias dos três níveis de governo, Encontros Nacionais de Educação de Jovens e Adultos (ENEJAs), quando o movimento tenta influir nas políticas em âmbito nacional. (p. 1.131)

Os Enejas, ao longo de suas quinze edições, vêm revelando ser um espaço democrático ímpar de exercício do convívio com as várias formas de conceber a EJA, resultando na produção de discussões, avaliações, indagações e construção de documentos propositivos de respostas às questões relevantes para a EJA que necessitam de uma discussão no âmbito nacional. Ao final dos Enejas, a partir das discussões decorrentes dos Encontros, um relatório é construído pelos fóruns da EJA do Brasil e encaminhado ao governo federal – MEC/Secadi como reivindicação do movimento para implementação de políticas públicas no campo da EJA, em todo o território brasileiro[31].

Os Enejas foram realizados anualmente durante dez anos. A partir do XI Eneja em 2009, com o objetivo de fortalecer o movimento, os Encontros Nacionais passaram a acontecer a cada dois anos, intercalando-se com os

---

[31] Embora, via de regra, o resultado dessa entrega do relatório e o retorno do MEC às pautas de reivindicação do fórum da EJA do Brasil não cheguem em sua plenitude aos membros dos fóruns da EJA, pelo menos em Pernambuco, estão, quando muito, restritos aos representantes dos fóruns da EJA. Vale salientar que no decorrer desta pesquisa não tivemos acesso a nenhum documento oficial ou ainda depoimentos de membros do fórum que tenham tido acesso a qualquer tipo de retorno do MEC, Enejas ou Erejas. Aliás, essa questão foi uma das reivindicações de muitos/as dos/as entrevistados/as nesta pesquisa – ter acesso a esse diálogo reivindicativo e o retorno da Secadi/MEC, a fim de democratizar o acesso às informações como estratégia de fortalecimento formativo-político do coletivo.

Encontros Regionais da EJA (Erejas), que abrangem as cinco regiões do país: Norte, Sul, Sudeste, Centro-Oeste e Nordeste. Atualmente estão em sua terceira edição. Eles têm, também, mobilizado muitos/as delegados/as e convidados/as, adotando o mesmo cuidado de diversificar a localização de realização dos Encontros, a fim de democratizar a participação, além de impulsionar a ideia de que é preciso tratar da especificidade da EJA, também, por regiões. Esperava-se com essa ação fortalecer a diversidade de sujeitos envolvidos, realizando Encontros como Enejas e Erejas[32] em diálogo com a Secadi/MEC de maneira itinerante e plural, mobilizando um número expressivo de participantes – ora com mais adesão, ora com menos – fixos, visitantes e "curiosos" para conhecerem de perto como os fóruns da EJA se organizam, assim como, as suas pautas de luta.

Até o momento, os únicos estados a sediarem o Eneja, por duas edições, foram: o Rio de Janeiro 1999 (primeira edição), marco importante do esforço da sociedade civil organizada para desenhar uma nova história para a EJA no país, tornando-se espaço desafiador e aglutinador da diversidade de sujeitos que se dispunham a lutar pela efetivação do direito à educação pública e de qualidade social para as pessoas jovens e adultas analfabetas e/ou subescolarizadas, objetivando-se provocar o debate antes, durante e após o I Eneja com as instâncias dos três níveis de governo; e em 2008 realizou a 10.ª edição. Em 2008, o X Eneja retornou ao Rio de Janeiro e teve como pauta principal avaliar a trajetória e a organização dos fóruns da EJA. Essa avaliação fez com que o coletivo dos fóruns da EJA do Brasil pudesse (re)pensar sua pauta de luta desde seu surgimento, cuja construção coletiva nacional acontece nos Enejas (Relatório do X ENEJA, 2008), e Pernambuco sediou o Eneja em 2006, em sua oitava edição, e em 2017, ao completar 15.ª edição.

O XI Eneja foi realizado em 2009, pela primeira vez na Região Norte do país, em Belém do Pará, com um pouco mais de uma década de existência dos fóruns da EJA do Brasil. Realizou-se em um contexto próximo à promoção da VI Confintea, apresentando-se como desafio para o coletivo "repensar sua história, sua estrutura, organização e objetivos de forma autônoma, demarcando um território de contradições e conflitos advindos de várias concepções e práticas da EJA que desenham seu território" (Relatório XI ENEJA, 2009, p. 2).

---

[32] A primeira edição do EREJA aconteceu na Região Nordeste do país no Estado da Paraíba em novembro de 2010.

Ainda de acordo com o relatório, anteriormente citado, resultou dessa avaliação o reconhecimento dos avanços advindos de sua trajetória no que se refere à ampliação enquanto "organização sociopolítica, diante de um contexto de dispersão e refluxo dos movimentos sociais populares" (p. 2). Identificaram-se algumas limitações, tais como "pouca efetividade numa ação orgânica e autônoma de controle social do poder público em relação às políticas propostas para a EJA" (p. 2). O movimento reconheceu e assumiu o desafio que se apresentava no país, de acordo com a conjuntura de crise, de que era necessário manter mesas permanentes nos espaços públicos da formulação da política educacional e social, com pautas que tensionassem o Estado para a construção de políticas públicas, baseada numa "difícil discussão": "a democratização da educação em um Estado e sociedade fundados, historicamente num processo de desigualdades social estrutural" (p. 2).

A estratégia de avaliação permitiu ao movimento pensar respectivamente o que queria, como e onde desejava chegar, e foi considerado, por isso, como um sinal de amadurecimento. Os desafios apontados aos fóruns da EJA constituem formas dialógicas de qualificar o debate, tanto no próprio Eneja quanto na ocupação dos diversos espaços. O movimento refletiu sobre

> [...] o significado do fórum na dinâmica de suas múltiplas existências, frente à heterogeneidade e complexidade dos diferentes segmentos, sujeitos e Regiões, quando reflete sobre a sua configuração e a capacidade de articulação nas diferentes existências de fóruns locais que marcam conquistas e limitações materializadas nos ENEJAs ao longo de sua trajetória. (p. 2)

Avaliar a prática de construção coletiva dos fóruns Estaduais, no processo de avaliação, proposta e acompanhamento das políticas públicas para a EJA, apontando desafios e avanços, fez com que o movimento mudasse suas estratégias ao sistematizar e propor ações de implementações de políticas durante as realizações de seus Encontros Estaduais, Regionais e Nacionais a partir do ano de 2011 (Relatório XI ENEJA, 2009).

A manutenção do último Eneja, realizado em 2017 em Pernambuco, com as condições da crise econômica e política que acometiam o país antes, durante e após o Evento, cujo tema abordou "A EJA na atual conjuntura política econômica e social: desafios e possibilidades de luta", pode ser interpretada como mais uma posição de resistência dos fóruns da EJA do Brasil frente aos desmontes dos direitos adquiridos, sobretudo, no campo da EJA.

Os Enejas aconteceram nos seguintes estados e anos que se apresentam:

Figura 4 – *Realização dos Enejas: por ano e estados*

Fonte: Criado pela pesquisadora.

2.7 SEMINÁRIO NACIONAL SOBRE A FORMAÇÃO DO/A EDUCADOR/A DE JOVENS E ADULTOS/AS

Outra ação relevante em caráter permanente dos fóruns da EJA do Brasil, juntamente com algumas Universidades Públicas Federais, a Secadi/ MEC e a Unesco, tem sido a realização dos Seminários de Formação dos Educadores/as de Jovens e Adultos. A primeira edição foi realizada em 2006, em Minas Gerais, com o tema: "Seminário Nacional sobre a Formação dos/as Educadores/as de Jovens e Adultos". Ele surge a partir de uma das propostas oriundas do segmento de professores/as das Instituições de Ensino Superior (IES), no VII Eneja, em 2005, devido à recorrência do tema que abarca a formação dos/as educadores/as que perpassava, de uma forma ou de outra, todos os segmentos, sobretudo, pelo reconhecimento da fragilidade imposta muitas vezes à formação dos/as educadores/as da EJA no Brasil. Portando, os fóruns da EJA do Brasil, pleitearam apoio logístico à Secadi/MEC, que passou a assumir tais custeios.

Um dos objetivos foi colocar a formação como uma das estratégias para se avançar na qualidade do processo e resultado da intervenção educacional. A participação de membros dos diversos segmentos dos fóruns da EJA é uma marca desses seminários de formação.

O II, realizado em Goiânia, teve como objetivo discutir os "Desafios e as perspectivas da formação de educadores"; o III foi realizado no Rio Grande do Sul, sob o tema "Políticas Públicas de Formação de Educadores em Educação de Jovens e Adultos". O IV aconteceu no Distrito Federal, em 2012, com foco na discussão dos "Processos Formativos em EJA: práticas, saberes e novos olhares"; o V, realizado em São Paulo, em 2015, privilegiou o tema: "Formação de Educadores de Jovens e Adultos: em busca de sentidos na perspectiva da educação popular". Este último evento permitiu refletir sobre as especificidades da formação dos educadores de jovens, adultos e idosos. Além disso, o evento também possuía o intento de integrar experiências formativas, promover novas pesquisas, compartilhar resultados de investigações, de experiências de educação e formular propostas para promover a formação dos educadores da EJA.

2.8 AGENDA TERRITORIAL DE DESENVOLVIMENTO INTEGRADO DE ALFABETIZAÇÃO E EJA

Outro exemplo da ação dos fóruns da EJA como mecanismo que os remete para o exercício de *Advocacy* é a implantação da política educacional intitulada Agenda Territorial, cuja proposta de criação se deu durante os Encontros Preparatórios à VI Confintea e foi regularizada via Resolução CD/FNDE n.º 65 (2007), publicada no Diário Oficial da União – DOU n.º 241 (2007), Seção 1, páginas 16 e 17.

A Agenda Territorial foi consolidada no Brasil durante as atividades decorrentes da Semana da EJA: Compromisso de Todos pela Educação de Jovens e Adultos, realizada no Nordeste, no Rio Grande do Norte, em sua capital, de 8 a 13 de dezembro de 2008, promovida pelo Secad-MEC. A reunião técnica contou com a participação de diversas instituições dos diferentes segmentos da sociedade. Esse coletivo reafirmou, simbolicamente, seu compromisso com a EJA, através de um pacto de compromissos para implementar a Agenda Territorial nos estados e no Distrito Federal, envolvendo todas as administrações públicas e privadas, e os segmentos sociais, na tentativa de garantir o direito à educação para a população jovem e adulta através da assinatura de uma Carta Compromisso.

Como exemplo do que a elaboração de tal Agenda Territorial significa na prática,

> [...] o Ministério da Educação (MEC) iniciou na segunda metade dos anos 2000 tratativas com os Governos Estaduais, Distrital e Municipais, bem como com organizações da sociedade civil, em prol da construção de uma pactuação nacional para EJA nos moldes da Agenda Territorial. A dinâmica conferida à Comissão Nacional de Alfabetização e Educação de Jovens e Adultos (CNAEJA), os preparativos do diagnóstico nacional sobre EJA (que foi enviado à UNESCO como documento base do Brasil para à VI CONFINTEA), as discussões sobre as políticas públicas, as iniciativas de articulações intra e entre governo(s) e a parceria com organizações da sociedade civil (com destaque para os fóruns de EJA) foram marcas da atuação do MEC neste período. (Teles citado por Lima, Correia, & Burgos, 2015, p. 18)

Apoiados na concepção de que a EJA é um direito de todas as pessoas ao longo da vida, propunha-se com a Agenda Territorial a participação democrática e republicana como princípio basilar das políticas públicas de Estado para a EJA. Segundo Teles (2015):

> [...] a Agenda Territorial provoca em três dimensões: a) colocando o povo para dialogar, em uma mesa permanente de trabalho; b) fomentando uma melhor compreensão

coletiva, por meio de um diagnóstico da situação educativa no território; e, c) conclamando cada um a contribuir com ações concretas dentro de suas responsabilidades. Estes três pilares tornam a Agenda Territorial um espaço republicano e democrático de construção coletiva tanto de política pública quanto de ações da sociedade civil. Estado e sociedade atuando conjuntamente em prol do exercício do direito à educação de qualidade pelos cidadãos brasileiros jovens e adultos. (pp. 17-18)

Os presentes naquela reunião técnica comprometeram-se a implementar mesas permanentes de trabalho, fortalecer os espaços de mobilização já existentes e, ainda, planejar, executar e avaliar, conjuntamente, ações direcionadas à realização da EJA em seus territórios, objetivando, entre outros fatores, o fortalecimento das políticas públicas de Estado para essa modalidade da educação, nomeadamente, no que se refere ao acesso e permanência e à constituição de um sistema de atendimento que garanta o direito à educação básica e a consolidação do conceito da Educação ao Longo da Vida, apoiados em uma

[...] construção conjunta de cronogramas nos estados e no Distrito Federal, conforme as atribuições e responsabilidades de cada participante, com vistas tanto ao atendimento às recomendações constantes do Documento Nacional "Brasil: Educação e Aprendizagens de Jovens e Adultos ao Longo da Vida", construído coletivamente durante a preparação do país à VI CONFITEA, quanto à superação dos desafios diagnosticados para atendimento a essa modalidade em cada Unidade da Federação. (Documento Síntese do MEC/Secadi, VI CONFINTEA, 2008, pp. 16-17)

Posta em prática nos estados em diferentes momentos, a ação conjunta do poder público e da sociedade civil em favor da garantia do direito à educação utilizou esse instrumento para fortalecer as articulações da alfabetização e da EJA nos territórios, através de mecanismos de apoio para estruturação e institucionalização das ações da EJA.

A Agenda Territorial é parte integrante da Política de Alfabetização e Educação de Jovens e Adultos, proposta pela SECAD/MEC, desenvolvida no âmbito do Programa Brasil Alfabetizado e Educação de Jovens e Adultos. Com foco na definição de políticas públicas, a partir do diálogo com os mais diversos setores sociais, a Agenda Territorial é, ainda,

> um mecanismo de apoio, por parte do MEC, à estruturação e à institucionalização de ações de desenvolvimento integrado da Alfabetização e da EJA nos estados, no Distrito Federal e nos municípios, garantindo a continuidade das aprendizagens dos jovens e adultos. Declarando, assim, não se contentar apenas com o processo inicial de alfabetização, esta Agenda visa promover a integração de egressos do Programa de Alfabetização ao Ensino Fundamental e os concluintes destes ao Ensino Médio e ao mundo do trabalho. (Lima, Correia, & Burgos, 2015, pp. 25-26)

Não sendo uma ação estanque, essa política educacional representa um importante instrumento de fortalecimento da Alfabetização e da EJA tendo como objetivo promover o diálogo crítico entre os estados, o Distrito Federal e os Municípios, através de Comissões, envolvendo os diversos sujeitos da sociedade que atuam no segmento da EJA. Essa ação de parcerias gerou tensões e, embora os fóruns da EJA tenham sido ou representado apenas um dos tipos de membros que compuseram essas Comissões por estado e no Distrito Federal, conseguiu provocar debates críticos, com a participação democrática, e impulsionar, em certa medida, o avanço das Agendas Territoriais, guardadas as especificidades de cada localidade, tempos de atuação e cronograma de duração, com permanente pauta de luta em defesa da EJA.

> A participação democrática é um aprendizado. Ela surge onde há espaço para tal e onde ela é incentivada. Por isto a mesa permanente de trabalho da Agenda Territorial é tão importante. Além de um fim último de alcançar um resultado em termos de novas políticas para EJA, ela tem um objetivo concreto imediato que é o fortalecimento da cultura republicana e democrática da construção política coletiva. Neste sentido, ao existir e continuar funcionando, já apresenta um ganho e aponta para a possibilidade de se avançar no futuro. É claro que ter uma postura democrática não significa que todos terão de concordar com tudo. Importa mais que todos os participantes da Agenda Territorial estejam convergindo. Ou seja, mesmo não concordando com determinadas ações, o "nós" deve ter segurança de que todos convergem para o propósito maior da Agenda Territorial: garantia do exercício do direito à educação de qualidade pelos jovens e adultos. (Teles, 2015, p. 20)

A abrangência das ações da Agenda Territorial buscou também contribuir, significativamente, com a diminuição dos altos índices de analfabetismo que acometem historicamente o Brasil.

> O processo de implementação das Agendas Territoriais foi iniciado nos estados em cujos territórios estavam localizados municípios com presença de alto nível de analfabetismo absoluto entre pessoas com 15 anos ou mais de idade, medido pelo Censo Demográfico do IBGE, e que apresentavam baixo atendimento da oferta de 1º e 2º segmentos de EJA e Médio, haja vista a priorização de atendimento definida no âmbito do Plano de Desenvolvimento da Educação – PDE. (Lima, Correia, & Burgos, 2015, p. 30)

O Secad-MEC insistiu em mobilizar os estados, o Distrito Federal e os municípios para participarem/atuarem/protagonizarem essa política, que visava

> [...] manter mesas permanentes de diálogo em torno da EJA, construir um plano estratégico de ação, construir o diagnóstico da EJA por estados; fortalecer o regime de parcerias entre os Governos Federal, Distrital, Estaduais, Municipais, Organizações Não Governamentais, Sindicatos e Movimentos sociais, e como tal, modificar a realidade da EJA no país. (p. 31)

A Agenda Territorial alcançou paulatinamente todas as regiões do país. Todavia, apesar dos avanços históricos da política da EJA, faz-se necessário reconhecer que ainda é grande o número de pessoas que não são alfabetizadas, ou estão subescolarizadas, como aponta o recente Censo Demográfico Pnad/IBGE (2023), sobretudo, no que se refere às Regiões Nordeste do país.

Alguns estados colhem frutos dessa ação através de suas Comissões Estaduais de Alfabetização e EJA (Ceaja) e dos Comitês Regionais de Integração da Alfabetização e da Educação de Jovens e Adultos (Criaejas), mesmo que a Agenda Territorial já não esteja mais em funcionamento, no todo ou em parte, em algum estado ou Distrito Federal, por conta das mudanças das pastas de governos, ainda que os fóruns da EJA do Brasil tenham, reconhecida e vigilantemente, contribuído para mobilizar instituições e pessoas em defesa de sua manutenção, por acreditarem que, para alcançar ações de melhorias para o segmento da EJA, um programa com o desenho intersetorial da Agenda Territorial, se faz impositivo que haja esferas de parcerias dessa natureza, pelas próprias características que permeiam a EJA, em busca da oferta e permanência das pessoas jovens e adultas nesse segmento da educação.

2.8.1 Agenda Territorial em Pernambuco

O objetivo apoiava-se em fortalecer a EJA no estado. Esperava-se, dessa esfera de parcerias, o esforço e pluralismo que essa diversidade de sujeitos representantes da sociedade podia oferecer como contribuição para que o direito à EJA fosse efetivado. A ação de cooperação entre as instituições envolvidas na Agenda Territorial através da Comissão de Educação de Alfabetização e Educação de Jovens e Adultos de Pernambuco – Ceaeja-PE, está ancorada no conceito de educação que os fóruns defendem, que é a educação como um dos direitos essenciais à vida. Deveriam também essa Comissões, sobretudo, propor alternativas para a EJA.

Sob a coordenação executiva da Secretaria Estadual de Educação de Pernambuco – SEE-PE, este estado foi uma das unidades da federação que respondera ao chamamento da Agenda Territorial, de acordo com Teles (2015, p. 18), "[...] da mobilização desses sujeitos, das tentativas de pô-los todos sentados à mesma mesa, dentre outras questões enfrentadas nesse desafio de tornar o debate sobre a EJA um diálogo de todos e de cada um [...]".

Trabalhar a educação numa perspectiva intersetorial e de parceria implicava em compreender que a educação deve ultrapassar as vertentes do social e percebê-la como direito humano. Essa estratégia do governo federal de estimular políticas de colaboração se fez necessária, uma vez que o Estado é um indutor das políticas, e não o executor.

O fórum da EJA PE reconheceu a importância de manter articulação/diálogo na maioria das vezes tenso, se considerarmos que é tema de disputas permanentes e históricas sobre as condições necessárias à educação. Devido à diversidade de sujeitos e ao espaço permanente de reivindicações, essa Agenda Territorial, foi consideradas um elemento político essencial de pressão/avaliação/proposição e uma forma de controle social das políticas públicas para EJA pelo fórum.

Essa foi uma experiência que marcou a EJA no estado por sete anos consecutivos envolvendo aqueles/as que fazem a política juntamente com aqueles/as que se mobilizam para a luta pelo direito à educação de qualidade para pessoas jovens e adultas das classes populares. Sobre essa experiência vivida e experimentada no estado de Pernambuco, como uma ação exitosa em defesa da EJA, podemos dizer:

> [...] se torna não apenas um lembrar o passado, mas um apontar para adiante, um vislumbre de atitudes que devem ser repetidas, melhoradas ou abandonadas, um retrato das tensões, dos conflitos e das disputas, enfim, uma imagem dessa trajetória da vida da EJA em Pernambuco [...]. (p. 19)

Nesse sentido, ancorando-nos nas reflexões de Teles (citado por Lima, Correia, & Burgos, 2015), vemos que esse "espaço de diálogo se faz na luta, na disputa, nos tensionamentos. Isto não é sinal de enfraquecimento ou de naufrágio. Pelo contrário". Pernambuco foi um dos primeiros estados a instituir a Agenda Territorial, tendo, inclusive, contando, sistematicamente, e insistentemente, com a atuação do fórum da EJA PE. O Estado de Pernambuco manteve a Ceaeja-PE com reuniões permanentes provocadas pela sua Unidade Executora a SEE-PE, contando, a partir de 2012, com a Gerência de Educação de Jovens, Adultos e Idosos (Gejai) dessa mesma Secretaria (SEE-PE/Gejai), juntamente com outras 20 instituições – membro dos segmentos dos governos e da sociedade civil – relevantes para o cenário da EJA em Pernambuco, com assentos na Ceaja-PE, até 15 de setembro de 2016, data de sua última atividade colegiada.

Mesmo com o fim da Agenda Territorial de Pernambuco, e com a perda do contato com algumas instituições que a compunham, o fórum da EJA PE continua mobilizando alguns dos membros oriundos dessa Comissão, através de seus assentos nesse fórum, em uma esfera de relevantes parcerias, trazendo à baila a realidade imposta à EJA no estado de Pernambuco e no Brasil, em busca constante da efetivação do direito à educação com qualidade social.

CAPÍTULO 3

CONTEXTUALIZAÇÃO DA PESQUISA

3.1 PERCURSOS DA PESQUISA

Este estudo aborda a problemática da contribuição do fórum da EJA de Pernambuco para implementar políticas públicas para a Educação de Jovens e Adultos no estado. Utilizamo-nos de vários espaços para a realização da pesquisa, que vão desde iniciativas locais, como Reuniões Ordinárias, até Encontros Estaduais e Nacionais do fórum da EJA, passando por políticas que surgiram a partir da configuração da EJA como direito constitucional em 1988.

O campo de investigação empírica foi o fórum da EJA de Pernambuco em virtude, entre outros fatores, de ser uma pesquisa pioneira e por Pernambuco ser um dos dez estados com o maior índice de analfabetismo no país, contextos onde há maior tendência para situações de desigualdades sociais historicamente (IBGE, 2023).

Para entrar nas especificidades do movimento, centramo-nos nas ações e organização desde seu surgimento em 1990, com a nomenclatura de Articulação Pernambucana pela EJA. O seu trajeto revelou ser muito importante para a compreensão das duas fases de sua história: enquanto Articulação Pernambucana pela EJA até 2004 e a partir desse ano quando se assumiu como fórum da EJA do estado de Pernambuco. Desde a fase inicial da ideia desta abordagem, fomos delineando estratégias para organizar o percurso de recolha e de análise de dados, mesmo que, inevitavelmente, tenha sido feitas alterações no decorrer do percurso, entre outros motivos, para nos moldarmos às situações da crise política e econômica que acometeu a conjuntura do país, e, portanto, à dinâmica do próprio movimento do fórum da EJA PE.

Algumas dessas adaptações e modificações merecem especial nota. A princípio havíamos programado realizar entrevistas com grupos de discussão focalizada, todavia, devido ao clima extremamente tenso nos espaços do fórum da EJA PE, resolvemos abrir mão dessa técnica de recolha, já que não pretendíamos ser provocadores de tensões para além das que já estavam sendo vivenciadas a partir das relações entre alguns membros da coordenação do fórum. Pelas mesmas razões, optamos, também, por reduzir as exposições em Reuniões Ordinárias do fórum sobre o desenvolvimento da pesquisa, principalmente para preservar o objeto de estudo.

À medida que fomos avançando na pesquisa, tais vivências nos permitiram ter uma visão geral do que ocorria nas entrelinhas do fórum da EJA PE. Entrelinhas essas que não estavam claras aos olhos da participante-membro do fórum, entretanto, foram se apresentando aos olhos da pesquisadora à proporção que a recolha e análise dos dados foram avançando.

Partimos da problemática considerada de importância para o contexto em que a autora se desenvolveu como profissional do campo da Educação da Educação de Jovens e Adultos a partir da atuação como Pedagoga e como membro do fórum da EJA PE, articulação que pretende contribuir para impulsionar políticas públicas para esse segmento da educação.

A concretização deste estudo constituiu-se como um processo dinâmico de negociação com o terreno e com as mudanças que foram ocorrendo. A componente empírica teve várias fases desenvolvidas junto aos membros que compõem ou compuseram o já citado fórum, com observação participante (OP) em sete Reuniões Ordinárias (mensais). Para cada segmento com representação no fórum da EJA PE, entrevistamos um membro representante, sempre privilegiando que fossem sujeitos fundadores do fórum. Entretanto, no caso do segmento da Universidade Pública, entrevistamos três pessoas, sendo duas da UFPE[33] e uma da Universidade de Pernambuco (UPE) assim como no caso da ONG também foram ouvidas três pessoas, sendo todas da mesma ONG. Fomos levados/as a tomar essa decisão, após estarmos convencidos/a de que precisaríamos colher mais informações, constantes apenas nas memórias das pessoas das já citadas instituições, oriundas da fundação do fórum. No caso da Secretaria de Educação de Olinda (Sedo), embora tenhamos entrevistado duas pessoas dessa instituição, os segmentos foram diferentes. A primeira entrevistada faz parte do segmento dos Gestores – Coordenação da EJA da Rede Municipal é Membro Fundadora do fórum da EJA PE e do primeiro fórum Regional da EJA da Região Metropolitana do Recife, fundado em 2000; já a segunda é representante do segmento dos/as Professores/as da EJA das Redes Municipais[34].

---

[33] Universidade Federal de Pernambuco.

[34] O fórum ao longo de sua existência não tem conseguido avançar na mobilização desse segmento. A participação desse segmento tem sido muito tímida. Sendo assim, fez-se impositivo tentarmos colaborar com

FÓRUM DA EJA DE PERNAMBUCO

Como marco temporal para este trabalho, tomamos o período de existência do fórum da EJA PE, a partir de seu surgimento em 1990 como Articulação Pernambucana pela EJA, e a partir de 2004 como fórum da EJA PE, até agosto de 2017. Todavia, ante o desafio proporcionado pela riqueza do legado desse fórum, sob suas mais variadas vertentes, e em decorrência de sua amplitude e complexidade, trata-se do resultado de ações que visaram recolher, em sua seara tão magnânima, uma porção delimitada e ao mesmo tempo significativa de conceitos, organização e pautas de luta.

A pesquisa aborda o movimento do fórum da EJA de Pernambuco já citado a partir da narração de sua historicidade e contexto em que se encontrava a EJA desde seu surgimento e a partir da sua estrutura organizativa: composição, regimento, segmentos com as instituições que o conformam e o quadro que compõe suas ações permanentes, como Encontros Estaduais, Regionais, Seminários, Encontros Nacionais, entre outros. Trata-se de vínculo que se constitui a partir da identidade do movimento, através de pautas permanentes de luta orquestradas entre os fóruns da EJA Estaduais e do Distrito Federal em defesa da EJA no Brasil.

Buscamos neste trabalho estabelecer de forma panorâmica a discussão entre a necessidade da sociedade se organizar em defesa da EJA com ações coletivas relatando a sua trajetória histórica e sua contextualização no Brasil. Assim, procuramos promover as relações conceituais dessas ações com as práticas realizadas no Brasil, do fórum da Educação de Jovens e Adultos de Pernambuco e o Movimento Nacional ao qual ele pertence, intitulado de fóruns da EJA do Brasil.

Quanto às políticas públicas, esta abordagem visa entender seus conceitos e como é construído o papel dos atores sociais nesse contexto de ação político-educacional, além de elucidar como as ações coletivas podem interferir nos processos de construção dessas políticas. A partir da constituição da base teórica sobre esses dois temas, desenvolvemos a articulação das diversas bibliografias com as ações do fórum da EJA, entendendo-o como um movimento ou uma articulação coletiva que, de algumas maneiras, sobretudo no campo da formação crítica de seus membros, poderá contribuir ou não com a implementação das políticas públicas para a EJA em Pernambuco.

---

o reconhecimento da importância desse segmento nas ações do fórum da EJA PE, entre outros motivos, por sua própria natureza de atuação in loco, no chão da escola.

Figura 5 – *Operacionalização da organização do estudo: objetivos, perguntas e procedimentos*

Objetivo Geral: Analisar a contribuição do Fórum Estadual da EJA para implementar políticas públicas para a EJA em Pernambuco

Objetivos Específicos	Objetivos Específicos:	Objetivos Específicos:	Objetivos Específicos:	Objetivos Específicos:
• Identificar intervenções realizadas pelo Fórum da EJA PE para o controle social das políticas públicas	• Verificar os resultados da luta empreendida pelo Fórum da EJA PE em termos das política públicas para a EJA e da sua contribuição para a superação das condições de sociabilidade relativas à educação, as quais estão submetidos os jovens, os adultos das classes populares.	• Compreender como os espaços políticos do Fórum da EJA PE contribuem como processo formativo dos seus participantes	• Analisar quais os impactos individuais / políticos junto ao coletivo de pessoas resultantes de fazer parte dos Fóruns da EJA PE.	• Mobilizar os atores do Fórum, sujeitos da pesquisa, de modo a acompanhar esta investigação com a finalidade de avaliar a forma como se organizam e se articulam;
• **Perguntas da investigação:**				
• Que influências o Fórum da EJA PE tem realizado na construção das políticas públicas para a EJA?	• **Procedimentos de recolha e análise de dados:** Entrevistas individuais semiestrutura-das e inquéritos por questionário online.	• **Procedimentos de recolha e análise de dados:** entrevistas individuais semiestrutura-das e inquéritos por questionário online	• **Procedimento de Recolha e análise de dados:** Inquéritos por questionário online	• construir junto com os membros do Fórum ações preparatórias ao terreno.
• Qual a importância dos diversos Governos manterem seus assentos no Fórum da EJA PE?				• **Procedimento de recolha e análise de dados:** Observação Participante; entrevistas semiestrutura-das e inquérito por questionário on-line
• **Procedimentos de Recolha e análise de dados:** Entrevistas individuais semiestrutura-das; inquérito por questionário online e análise documental estruturante da ação do Fórum.				

Fonte: Criado pela pesquisadora.

Portanto, verificamos a necessidade de (re)analisar com muita atenção os documentos que envolvessem a história do fórum da EJA de Pernambuco, desde a fase em que se intitulava Articulação Pernambucana pela EJA. Na busca por esses documentos, percebemos que o Nupep/UFPE (departamento e instituição, berços da Articulação Pernambucana pela EJA) dispunha de um acervo pouco tratado para este fim, representado, em sua maioria, por várias edições de Jornais e Revistas Fênix, que registram momentos históricos daquele período, além de atas de presença de alguns Encontros Municipais da EJA promovidos pela Articulação

Pernambucana pela EJA. Também se fez impositivo (re)visitar a história do surgimento e ações dos fóruns da EJA do Brasil composto pelos 26 estados e o Distrito Federal.

Isso serviu, entre outras coisas, para compreender melhor os aspectos relacionados ao que se propõe o fórum da EJA PE como contribuição para implementação das políticas públicas para a EJA no estado. Essa análise também foi fundamental para construir um quadro descritivo da situação geral da organização dos fóruns da EJA do Brasil, e, particularmente, do fórum da EJA PE. Conferir a ação do fórum da EJA PE, no que diz respeito a sua influência na implementação das políticas públicas para este segmento da educação, movimento configurado pela sua constante e incessante mobilização e sensibilização com pauta permanente sobre a EJA, exigiu de nós a necessidade de selecionarmos documentos específicos e analisá-los.

Nesse procedimento de análise documental, levamos em conta três grandes enfoques, cada um focado num conjunto de documentos.

Analisar os Relatórios dos Encontros Estaduais da Educação de Jovens e Adultos promovidos de 1990 a 2004 pela Articulação Pernambucana pela EJA e de 2004 a 2017 pelo fórum da EJA PE nos possibilitou perceber características que marcaram sua organização em torno das temáticas abordadas anualmente, as regiões em que foram realizados os Encontros Estaduais, o público de segmentos presentes e, sobretudo, os principais marcos históricos abordados nas temáticas em cada Encontro – isso para além de notar o diálogo que se foi estabelecendo entre um Encontro e outro, com ações que deveriam ser desenvolvidas nos seus intervalos, especialmente nos Encontros promovidos de 1990 a 2004.

A análise dos Jornais e Revistas Notícias Fênix, que guardam em seus registros marcos históricos do fórum da EJA PE, sobretudo, aqueles relativos ao período em que se intitulava Articulação Pernambucana pela EJA, ajudou-nos a perceber as bases estruturais que formaram esse movimento e as articulações que realizaram com os diversos segmentos da sociedade com vistas a contribuir com a implementação de políticas públicas para a EJA.

A análise das atas das reuniões ordinárias do fórum às quais tivemos acesso nos permitiu elaborar uma síntese das temáticas abordadas durante as reuniões e do perfil do público presente (identificado por segmentos e regiões), além da periodicidade das reuniões. Essas informações foram relevantes para compreender o lugar de relevância que esse movimento vem imprimindo no estado, há mais de duas décadas. Também nos apoiamos nas atas e Relatórios dos Encontros Estaduais da EJA, promovidos pelo fórum da EJA PE, analisando-os, entre outros, a fim de auxiliar na escolha dos nomes das pessoas participantes das entrevistas individuais, uma vez que tais documentos revelaram as marcas que tais instituições e pessoas imprimiram no seio do fórum da EJA PE, enquanto membros institucionais participantes, ao nos revelarem quais mantinham uma presença mais permanente, independentemente da substituição de seus membros representantes, ao longo do tempo.

Quadro 1 – *Documentos vigentes vinculados à implementação das políticas públicas e documentos que registram a trajetória e ações do fórum da EJA do Brasil e de Pernambuco*

Documentos que versam sobre as Políticas Públicas Estaduais e Nacionais de Governo
Diretrizes Operacionais para a Oferta da EJA em Pernambuco
Bibliografias que tratam da temática da EJA no Brasil
Bibliografias que tratam da temática dos fóruns da EJA de Pernambuco e do Brasil
Atas de Reuniões Ordinárias do fórum da EJA de Pernambuco
Jornais Fênix Notícias
Revistas Fênix Notícias
Relatório dos Encontros Estaduais da EJA em Pernambuco promovidos pela Articulação Pernambucana pela EJA e pelo fórum da EJA PE
Relatório dos Encontros Nacionais do fórum da Educação de Jovens e Adultos do Brasil (Enejas)
Atas oficiais da Comissão Nacional de Alfabetização e Educação de Jovens e Adultos (Cnaeja)
Plano Estadual de Educação de Pernambuco
Portal Nacional dos fóruns da EJA do Brasil
Constituição Federal de 1988
Lei de Diretrizes e Bases da Educação Nacional (LDBEN n.º 9.394/1996)
Documentos Bases das Conferências Internacionais da Educação de Adultos com atenção expressa às Confinteas V e VI, que marcam a história dos fóruns da EJA do Brasil
Documento Marco da Ação de Belém – Confintea VI – 2009
Documento Nacional Brasil: Educação e Aprendizagens de Jovens e Adultos ao Longo da Vida.
Literaturas diversas sobre a Educação de Jovens e Adultos: políticas públicas, controle social, educação popular, concepção de educação e de mundo de Paulo Freire, entre outros.

Fonte: Criado pela pesquisadora.

Seguido por uma densa e complexa análise das categorias e subcategorias, que versam sobre a Educação de Jovens e Adultos, do movimento dos fóruns da EJA do Brasil, as categorias fundantes do pensamento de Paulo Freire, teórico, que inspira a organização e metodologia de ação do movimento, educação popular, controle social, *advocacy*, entre outros, de acordo com a Figura 6.

Figura 6 – *Dimensões de análise, categorias e subcategorias com ligação intrínseca entre o objeto de estudos e a temática*

Fonte: Criado pela pesquisadora.

3.1.1 Observação Participante (OP)

A OP realizou-se como um trabalho complementar, mas também como um trabalho preparatório no sentido de que nos ajudou a identificar atores, critérios, expressões e tópicos para serem aprofundados a partir das estratégias de recolha privilegiados. Flick (2009) defende que "a alegação normalmente feita é que a

observação permite ao pesquisador descobrir como algo efetivamente funciona ou ocorre" (p. 203).

Essa estratégia foi também importante para que a pesquisadora, que faz parte do fórum da EJA PE, como membro militante e atuante no processo, pudesse clarificar o seu papel e ter o reconhecimento por parte do coletivo do fórum de que, naquele momento, a sua presença se dava enquanto pesquisadora. Dessa forma, foi possível fazer os membros do fórum da EJA PE conhecerem a pesquisa em andamento.

A OP foi iniciada em 18 de março de 2016 em reunião realizada no município de Olinda, Região Metropolitana do Recife, e encerrada em Nazaré da Mata, Região da Mata Norte, no dia 31 de março de 2017. Portanto, em um período de pouco mais de um ano, observamos um total de sete reuniões ordinárias, realizadas em seis regiões diferentes do estado – Capital, Região Metropolitana, Agreste, Mata Centro, Mata Norte e Sertão. Todavia, atendendo a própria agenda do fórum da EJA PE, a capital foi prestigiada por duas vezes, sendo a primeira em setembro de 2016 e a segunda em fevereiro de 2017. A OP realizou-se em um total de aproximadamente 50 horas de observação direta.

No primeiro momento da OP, não dispúnhamos de um roteiro predefinido, entretanto, desde o seu primeiro dia, já realizamos interação com os membros presentes sobre a pesquisa em desenvolvimento, uma vez que, como dissemos anteriormente, a OP serviu também como um preparatório para a entrada nos campos de recolhas.

No início estávamos abertos a observar de forma espontânea e não sistematizada, entretanto, tomamos notas de todo o desenrolar das reuniões, com as respectivas pautas tratadas em cada uma delas, transcritas em blocos de notas tomadas como apoio, assim como gravamos vídeos e áudios de todo o desenrolar das reuniões para apoiar nossas análises e conclusões.

A partir da segunda Reunião Ordinária realizada no mês de junho de 2016, sentimos que se fazia necessário centrar a observação em um "roteiro" mais ou menos detalhado e que já fazia, em certa medida, parte da rotina das reuniões ordinárias do fórum da EJA PE. Foram, de certa forma, eixos norteadores da OP questões como o acolhimento dos membros do fórum da EJA, interações/reações durante o desenrolar das reuniões, desde as suas chegadas até o momento em que se encerravam as reuniões, os municípios e segmentos presentes, o número de participantes, os temas abordados, como se dava a qualidade da participação dos membros e o protagonismo dos/as estudantes e professores/as da EJA nos espaços internos cotidianos do fórum da EJA PE.

Registramos que a escolha das datas para a OP se deu por seguir a própria Agenda de Reuniões e de Encontros estabelecidos pelo fórum da EJA PE, uma vez que coincidiu com a nossa disponibilidade para atuação com a função de coletar informação através da OP, no campo. As Reuniões seguiram seu curso normal de trabalho, inclusive, com a rotatividade das regiões de realização das mesmas e, como tal, marcadas por certa variação do público presente conforme a região que acolhia as reuniões.

Vale ressaltar que, no primeiro encontro formal dentro da pesquisa com os membros do fórum da EJA PE, que se deu na Reunião Ordinária no dia 18 de março de 2016 realizada em Olinda, foi notório que se vivia um período marcado pelo um clima tenso que acometia o país diante da crise política que se instaurava, sobretudo, e, também, por muitas desavenças entre alguns/mas coordenadores/as do fórum da EJA PE, o que respingava, naturalmente, na agenda de compromissos coletivos realizados pelo fórum da EJA PE.

Na data da reunião citada anteriormente, solicitamos um espaço para apresentar a pesquisa ao coletivo, o que foi gentilmente atendido pelas pessoas representantes do fórum da EJA PE, disponibilizando-nos um tempo em torno de duas horas. Através de uma exposição visual utilizando o equipamento *data show*, apresentamos os objetivos da pesquisa, mesmo com a possibilidade de adaptação, e expusemos a intenção de participar com a função de OP, o que para a nossa alegria, foi imediatamente acatado pelas pessoas presentes. Acolheram, também, a proposta do inquérito por questionário on-line e definimos que deveria ser encaminhado para todas as pessoas das quais dispúnhamos de endereços eletrônicos – membros dos fóruns da EJA PE das diversas regiões do estado, durante toda a sua vigência, desde a sua criação como Articulação Pernambucana pela EJA, em 1990 – na perspectiva de democratizar o acesso e participação dos membros atuais e mais antigos na pesquisa.

Nessa mesma reunião, abordamos a questão de que a recolha de dados seria feita também através das entrevistas. Esclarecemos ainda que as participações nas entrevistas se dariam com membros representantes por segmentos, de preferência atuais e históricos do fórum, e que, portanto, não conseguiríamos abranger todos os membros, embora reconhecêssemos a expressiva importância de cada uma das pessoas que fazem parte do coletivo. Pudemos perceber que isso provocou curiosidade no coletivo sobre os possíveis nomes e questões a serem investigadas, o que nos levou, inevitavelmente, a lançar mão de algumas questões orientadoras/provocativas que seriam, possivelmente, abordadas nas entrevistas para que o coletivo presente pudesse se familiarizar, mesmo sabendo que outras questões poderiam ser acrescidas e/ou substituídas, até mesmo pelo próprio aval ou não daquele coletivo. O que de fato aconteceu.

A metodologia utilizada para colher as compreensões dos membros presentes na reunião sobre as possíveis questões que fariam parte do questionário on-line e das entrevistas se deu com a distribuição das pessoas presentes em pequenos círculos temáticos de cultura, para discutirem os temas específicos apresentados acerca das possíveis questões e para referendarem ou não sua relevância para que fossem abordadas no questionário on-line e nas entrevistas. Em seguida, os grupos socializaram suas compreensões para o coletivo ampliado do fórum da EJA PE acerca dos temas pelos quais cada um dos grupos ficou responsável. No decorrer do círculo de diálogo, registramos todas as posições teóricas dos grupos, assim como as reações dos grupos opostos àquelas temáticas específicas com anotações, gravações de vídeos, imagens e áudios, observando, sobretudo, quais as compreensões e conceitos foram atribuídos aos temas.

As questões sobre as quais buscamos refletir com os grupos abordaram as seguintes temáticas: (I) a identidade do fórum; (II) como se dá a prática da educação popular nas ações do fórum; (III) se as ações do fórum estão alicerçadas no referencial freiriano; (IV) a democratização do diálogo e da autonomia do fórum; (VI) a ausência de alguns segmentos no fórum como movimentos sociais, associações de bairros, associações de estudantes, entre outros; (VII) o protagonismo dos/as estudantes da EJA e dos/as professores/as da EJA no fórum; (VIII) a composição da coordenação do fórum da EJA PE devido à falta de diversidade de segmentos; (IX) qual a contribuição do fórum da EJA de Pernambuco para implementar políticas públicas para a EJA no estado de Pernambuco; entre outras.

Foi muito importante ouvir a compreensão dos membros do fórum da EJA PE acerca das questões caras a esse movimento, como respeito ao movimento, antes mesmo de iniciar as pesquisa com as recolhas de dados, e, nos certificar do caminho a seguir, não só pelas respostas colhidas, mas, sobretudo, pela falta de algumas delas. Como consequência, algumas questões foram acrescentadas, além de termos mudado a construção de outras. Contudo, todas as questões foram aprovadas para serem inseridas nas entrevistas e no questionário on-line[35]. Nessa mesma oportunidade, definimos que as entrevistas se dariam através dos segmentos que compõem o fórum, uma vez que é dessa forma que se fazem as representações das instituições e pessoas e, portanto, como o fórum da EJA PE se organiza, o que de fato aconteceu.

Essa entrada no campo de recolha de dados serviu, entre outras possibilidades, para: permitir a inclusão do coletivo de membros do fórum da EJA PE na investigação, através da participação na pesquisa; estimular o seu protagonismo através de um diálogo atento, além de: dar conta aos membros dos passos e objetivos pretendidos com a investigação; conhecer as suas expectativas no que se refere aos temas que pretendíamos abordar nas entrevistas e inquérito por questionário on-line, tentando perceber se eram realmente temas relevantes para serem aplicados; definir as instituições e pessoas que seriam entrevistadas, embora tivéssemos a liberdade para mudar as que entendêssemos ser necessárias pela própria dinâmica da pesquisa. Serviu também para que as pessoas presentes às reuniões se sentissem participantes do processo de investigação e, como tais, respeitadas diante de suas trajetórias vivenciadas no fórum da EJA PE.

Com o mesmo cuidado, procuramos que compreendessem que esta pesquisa poderá contribuir com o Movimento em defesa da EJA em Pernambuco. Ainda nas já citadas reuniões, pudemos, também, perceber o quanto as pessoas, em sua maioria, estavam disponíveis a contribuir com suas vivências e experiências como membros atuantes do fórum da EJA PE, pelo que lhes seremos sempre gratos/as.

---

[35] Embora devido à abrangência do questionário on-line, no que se refere ao quantitativo de questões, nem todas foram abordadas nessa reunião.

Nas Reuniões realizadas na Região Metropolitana do Recife em 18 de março em Olinda e em 29 de julho de 2016 na Mata Centro em Vitória de Santo Antão, nas quais se promoveu a OP, além da metodologia citada anteriormente, apresentamos aos membros presentes a proposta da pesquisa, assim como firmamos alguns acordos, como, por exemplo, os segmentos e algumas pessoas que participariam das entrevistas e do acompanhamento da pesquisa.

Na reunião em Vitória de Santo Antão, decidimos que era importante ouvir o Ministério de Educação, através da Secadi, além dos membros do fórum da EJA PE, por ser a Secadi/MEC a instituição impulsionadora das políticas públicas para a EJA no Brasil, através do controle social dos fóruns da EJA, articulados em rede, sendo, portanto, um importante interlocutor do fórum e "principal orientador e indutor de políticas públicas, visando a corrigir desigualdades com garantia de um padrão mínimo de qualidade de ensino" (Documento nacional preparatório à VI conferência internacional de educação de adultos – VI confintea, 2009, p. 20). Esse órgão é responsável pelas políticas públicas para a EJA no Brasil; nele se ancoram todas as proposições oriundas das pautas de debates do fórum da EJA do Brasil, reivindicativas de políticas públicas para a EJA, portanto, instituição/órgão aonde vão "parar" todas as demandas propostas para a EJA, sobretudo, oriundas dos Enejas.

Essa fase se encerrou com a recolha de dados da OP em 31 de março de 2017 por ocasião da Reunião Ordinária do fórum Estadual da EJA, realizada na Região da Mata Norte, no município de Nazaré da Mata. Durante as Reuniões em que a pesquisadora realizou a OP, foi possível aprofundar a construção da investigação; firmar alguns acordos com o coletivo; envolver os membros presentes na discussão proposta e torná-los/as multiplicadores/as do inquérito por questionário on-line. É importante ressaltar que tomamos o cuidado de escolher as datas que abrangessem o máximo possível de regiões e municípios do estado, pois, além do desejo de privilegiar as diversas regiões, entendemos que a diversidade do coletivo e regiões se fazia importante para a construção e aprofundamento da pesquisa. Dessa forma, dentre outros fatores, com a recolha através da OP pudemos "captar uma variedade de situações ou fenômenos que não são obtidos por meio de perguntas, uma vez que, observados diretamente na própria realidade, transmitem o que há de mais imponderável e evasivo na vida real" (Minayo, 2003, pp. 59-60).

Figura 7 – *Datas das reuniões da OP com suas respectivas regiões e cidades seguindo a agenda do fórum da EJA PE*

Fonte: Criado pela pesquisadora.

No Quadro 2, apresentaremos as pautas orientadoras das reuniões em que realizamos na fase da observação participantes, no decorrer das sete reuniões com as suas respectivas datas.

Quadro 2 – *Temáticas abordadas nas pautas das reuniões de observação participante*

Data	Temática Abordada
18/03/2016	Seminário Estadual da EJA Confintea Brasil+ 6; monitoramento das Metas, Ações e Estratégias do PEE
16/06/2016	Repasse da Plenária FNE-Secadi; Construção do posicionamento do fórum da EJA PE; Construção do Encontro Estadual da EJA
29/07/2016	Avaliação do biênio 2014-2016 do fórum da EJA PE; Construção do Encontro Estadual do fórum da EJA PE
30/09/2016	Posse da Nova Coordenação do fórum da EJA PE
20/12/2016	PEC 241; Programação das reuniões ordinárias do fórum da EJA PE para 2017; Encontro Estadual do fórum da EJA PE de 2017; Eneja 2017
17/02/2017	A EJA na Conjuntura Nacional
31/03/2017	Política Educacional e os Desafios do Projeto Popular de Educação; Calendário das ações do fórum da EJA de Pernambuco.

Fonte: Criado pela pesquisadora com apoio do Chat GPT.

3.1.2 Entrevistas individuais semiestruturadas

Historicamente, o fórum da EJA de Pernambuco, em sua organização, é composto por representações de várias instituições que compõem os seus diversos segmentos. Sendo assim, priorizamos, na escolha dos participantes das entrevistas, contemplar os vários segmentos, tentando acompanhar a sua organização, assim como nos esforçamos por contemplar, na medida do possível, as diversas regiões do estado.

No caso da Secadi/MEC, o entrevistado escolhido foi um dos Diretores de Políticas Nacionais para a EJA, conhecedor dos problemas que acometem o país, já tendo assumido a função de Coordenador Nacional do Programa Brasil Alfabetizado; conhecedor do fórum da EJA do Brasil e de Pernambuco a fundo, tendo sido, inclusive, um dos coordenadores/representantes deste último, de 2006 a 2007, e que não por acaso, é pernambucano. O diálogo com a Secadi/MEC tem se mantido, mesmo que em alguns momentos aconteça de forma mais fecunda e em outros nem tanto assim, para propor, cobrar e acompanhar as formulações de políticas públicas para a EJA[36].

A realização de 17 entrevistas semiestruturadas serviu para situar o lugar do fórum da EJA PE enquanto mecanismo de articulação em defesa da Educação de Jovens e Adultos frente às ações do estado para a implementação de políticas públicas para a EJA em Pernambuco. Essas entrevistas forneceram importantes dados sobre o fórum da EJA PE, levando em consideração que as perspectivas dos/as entrevistados/as constituem uma visão de mundo com aspectos em comum, mas, também, com singularidades, fornecendo dados sobre os contextos sócio históricos que enquadram a representação institucional referente ao fórum da EJA PE.

Apoiamo-nos em um guião previamente definido com dez questões orientadoras, organizadas para a abordagem com cada pessoa entrevistada, atuantes ou não na atualidade no fórum da EJA PE, cuja ordem proporcionou à investigadora imprimir certa lógica do essencial que se pretendia obter, para que pudéssemos alcançar as informações que almejávamos das pessoas a fim de não cairmos no risco de nos perdermos e/ou adentrarmos por caminhos não intencionados. Esse guião básico nos remeteu, exclusivamente, aos objetivos de pesquisa, todavia, sem descartar a interação com as pessoas entrevistadas, dando-lhes a liberdade necessária para as suas repostas (Amado, 2013).

Como já foi mencionado, a seleção das pessoas para as entrevistas se deu através da recolha de dados das reuniões da OP com o aval em muitos dos casos dos membros do fórum e da análise documental, entre outros fatores, o que ajudou a legitimar as escolhas dos/as participantes.

Tomamos o cuidado de, na medida do possível, entrevistar as pessoas seguindo o critério de fazê-lo por segmentos, concomitantemente com as diferentes regiões do estado de Pernambuco, aliado ao critério de apresentarem relevância de participação na trajetória do movimento e que, sobretudo, perpassassem, na maioria das vezes, os dois momentos históricos do fórum da EJA PE: o primeiro enquanto Articulação Pernambucana pela EJA (de 1990 a 2004) e o segundo enquanto fórum da EJA PE (de 2004 até o momento da pesquisa), não importando se, no momento das entrevistas, ainda ocupavam assento no já referido fórum. Entretanto,

---

[36] Em janeiro de 2019, lamentavelmente, uma das primeiras providências do governo brasileiro eleito em outubro de 2018 foi extinguir a Secretaria de Educação Continuada, Alfabetização, Diversidade e Inclusão do Ministério da Educação (Secadi/MEC).

em alguns casos, por termos que seguir a lógica de que as entrevistas se dariam por segmentos para acompanhar a organização do fórum da EJA PE, algumas pessoas entrevistadas não atenderam, necessariamente, ao critério de serem sujeitos fundadores do já citado fórum, mas, sim, representantes das suas instituições, ainda que valha a pena salientar que, embora alguns membros representantes de algumas das instituições tivessem participação mais recente, as suas instituições se mantêm no movimento desde o seu surgimento e têm reconhecida participação nas ações do fórum da EJA PE, desde o momento de seus ingressos com assento no fórum da EJA PE.

3.1.3 Os conceitos/categorias mais presentes no discurso das pessoas entrevistadas

Num primeiro momento, encaramos esse material colocando duas questões: I) com que categorias/conceitos os/as diferentes entrevistados/as constroem seu discurso como sujeitos dessa prática?; II) como relacionam tais categorias em um conjunto de conceito/ideia-principal que conforma seu pensamento, no discurso que fala de sua vivência/experiência de participação no movimento do fórum da EJA de PE?

Das narrativas/respostas dos/as entrevistados/as destacamos as expressões aqui recortadas das 17 entrevistas realizadas com os membros atuais e/ou históricos, atuantes ou não atuantes do fórum da EJA de PE, selecionados/as a partir das instituições que representam ou representaram de acordo com os seus segmentos no fórum da EJA do estado de Pernambuco, analisadas e agrupadas em torno de categorias/conceitos-chave.

Para análise das entrevistas, foi selecionado um conjunto de 11 grandes categorias extraídas das falas das pessoas entrevistadas para constituir um tipo de "mapa ou trama conceitual". As categorias/conceitos escolhidas/escolhidos por sua recorrência no discurso das pessoas membros do fórum da EJA de PE foram: **EJA, fórum da EJA, Movimento(s) Social(is), Educação Popular, Paulo Freire, Políticas Sociais/Políticas Públicas, Participação, Formação, Luta (política), Articulação/Organização e Diálogo**. Essas são as categorias-chave e três delas estão fortemente relacionadas (**Movimentos Sociais, Educação Popular e Paulo Freire**), de acordo com o mapa das categorias/conceitual na Figura 8.

As categorias/conceitos com seus tópicos são os seguintes: **EJA:** a) campo e sujeitos da EJA, histórico/Articulação pela EJA; b) EJA como direito, EJA e Educação Popular, EJA como modalidade; **Articulação/Organização:** a) histórico/surgimento/Articulação Pernambucana pela EJA; b) origens e surgimento do fórum da EJA PE; **fórum da EJA:** origens/histórico, a) concepção e prática, b) organização/composição, c) representação/participação; **Movimento(s) Social(is):** a) mobilização e organização; b) luta política; luta; **Educação Popular:** teoria e prática da Educação Popular; **Paulo Freire:** pensamento/referencial freiriano; **Formação:** fóruns da EJA como espaço de formação; **Luta política:** enfrentamento em defesa da EJA; **Diálogo:** espaço de escuta, espaço de fala, diálogo e conflito, articulação/interlocução; **Políticas Sociais/Políticas Públicas:** elaboração, gestão e controle social de políticas públicas, políticas públicas para a EJA, luta e influências dos Movimentos Sociais e do fórum da EJA PE na efetivação de políticas públicas; **Participação:** a) representação/protagonismo, b) presença/ausência – segmento estudantes da EJA, c) presença/ausência – segmento professores da EJA e movimentos sociais d) exercício democrático/segmento governos federal, estadual e municipais.

Figura 8 – *Mapa das categorias*

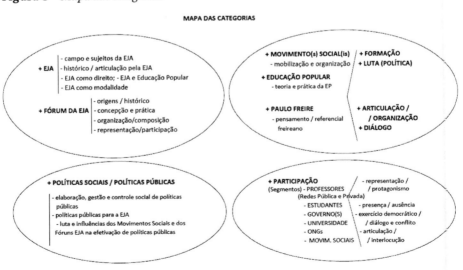

Fonte: Criado pela pesquisadora.

3.1.4 Inquérito por questionário on-line

Assim, no caso desta investigação com os membros do fórum da EJA PE, percebemos que não haveria outra forma viável de atingir todas as regiões do estado com seus respectivos fóruns da EJA devido à sua abrangência territorial. Optamos pelo uso desse método de recolha por entendê-lo como a forma mais eficaz e democrática possível, o que facultou a todas as pessoas por segmentos a possibilidade de adesão para responder ou não, sem nenhum privilégio para regiões e/ou pessoas. Como forma de exemplificar, citamos o fato de termos alcançado respondentes localizados a mais de 700 km de distância da capital pernambucana, no Sertão do Médio São Francisco.

A título de exemplo as regiões que atingimos nessa fase foram: Mata Norte/Nazaré da Mata, Agreste Meridional/Garanhuns, Sertão do Submédio São Francisco/Floresta, Sertão do Médio São Francisco/Petrolina; Sertão do Moxotó Ipanema/Arcoverde, Mata Sul/Palmares – esta última nos informou que o fórum, naquela região, estava desarticulado desde o ano de 2015, entretanto, ainda assim, obtivemos repostas de duas pessoas do município de Palmares –, Sertão do Araripe/Araripina, Região Metropolitana do Recife/Olinda, Litoral Sul/Barreiros – sobre este último a informação se assemelha à da Mata Sul, entretanto, obtivemos a resposta de uma pessoa dessa região –, Agreste Centro Norte/Toritama-Caruaru e Mata Centro/Vitória de Santo Antão, cujo e-mail foi reenviado pelo representante do IFPE no fórum da EJA PE[37].

Atingimos 12 das 16 Regionais da Educação, portanto, um número expressivo de regiões participantes da pesquisa, o que nos possibilitou acessar informações fundamentais para a construção da caracterização do fórum da EJA PE nas diferentes regiões que compõem o estado. Tais regiões poderão ser percebidas na Figura 9, através do mesmo símbolo utilizado pelo Google Maps para identificar locais.

---

[37] A quem mais uma vez agradecemos.

Figura 9 –*Mapa de Pernambuco com a identificação das regiões dos participantes da pesquisa, através do questionário on-line*

Fonte: Ilustrado pela pesquisadora.

3.1.5 Descrição do questionário utilizado

Partes do material organizado no questionário sobre a percepção da experiência de participação foram estabelecidas em escalas Likert (1–7) (discordo totalmente – concordo totalmente); Nada importante – Muito importante, entre outras, questões de livre escolha, múltiplas escolhas e questões abertas com respostas curtas e longas.

O questionário utilizado e enviado aos/às participantes da pesquisa, membros atuais e antigos do fórum da EJA PE, foi elaborado e dividido em dez seções e continha nove partes diferentes. No início de cada parte, havia indicação expressa advertindo se aquela parte específica se destinava a todos/as os/as respondentes independentemente do segmento, ou quando se tratava de ser respondido apenas por segmento(s) específico(s), de acordo com a descrição que segue.

A parte 1, destinada a todos os segmentos, foi composta pela caracterização geral dos respondentes, abordando questões sobre dados socioeconômicos e biográficos, e, como tal, buscamos questões que permitissem avançar na compreensão do perfil do fórum da EJA PE. Assim, incluíram-se questões sobre faixa etária; gênero; nível máximo de escolaridade; onde se localiza o fórum Regional da EJA em que participam; se representam e a qual segmento pertencem. Composto por cinco questões, com exceção da questão 1.1 em que os/as respondentes deveriam digitar o ano em que nasceram, todas as demais questões foram indicadas para que os/as respondentes assinalassem as suas respostas, clicando em apenas uma opção à sua escolha. A questão 1.5 foi dividida entre A e B.

A parte 2 também foi destinada a todos/as os/as respondentes e seguiu com a mesma proposta de construir a caracterização, o perfil dos/as participantes e como se percebem os espaços dos fóruns, através das seguintes questões: o ano em que começaram a participar do fórum; a região e a instituição que representam; como se dá majoritariamente a participação; se integram atualmente algum fórum da EJA Municipal, Regional ou Estadual; se o fórum possibilita a participação ativa; se os diferentes pontos de vista são contemplados e escutados; se a diferença de opinião é valorizada; se nos espaços do fórum se discute o cotidiano da EJA. Foi composta por nove questões elaboradas de modo que contemplassem a maior proximidade possível das vivências dos/as respondentes. Apenas a questão 2.1 permitiu que os/as respondentes escrevessem com texto curto as suas respostas. Nas questões 2.2 e 2.3, havia duas opções para escolha de uma das respostas; a 2.4 permitia que os/as respondentes escolhessem mais de uma opção; as respostas da questão 2.5 a 2.9 foram estabelecidas em escalas Likert (1–5) (pouco frequente – muito frequente).

A parte 3 foi destinada especificamente aos/as coordenadores/as e suplentes dos fóruns Regionais e Estadual. Foi composta por seis questões, a seguir mencionadas: a região em que participa como coordenação do fórum; quantos municípios existem na respectiva região; quantos municípios participam efetivamente das Reuniões Ordinárias naquela região; quantos membros, aproximadamente, frequentam as reuniões ordinárias na região; quantos/as estudantes da EJA acompanham efetivamente as reuniões ordinárias do fórum e quais segmentos participam efetivamente das reuniões ordinárias. Também foram prestigiadas formas diversas de respostas. Na questão 3.1, deveria ser assinalada apenas uma das múltiplas opções; da questão 3.2 a 3.5 foram facultadas respostas abertas com textos curtos; e a 3.6 foi composta por múltiplas escolhas, o que possibilitou aos/as respondentes marcarem todas as opções que se aplicavam e, inclusive, indicar outro item.

A parte 4 destinou-se, especificamente, aos segmentos da Undime e Secretaria Estadual de Educação, objetivando mapear o número de matrículas e o perfil dos/as estudantes da EJA das Redes Municipais e Estadual de Educação. Foi composta por dez questões. Na primeira delas, deveriam indicar a qual dos dois segmentos pertencem, seguida por outras perguntas como: quantas turmas da EJA se mantêm funcionando em Pernambuco? Quantos/as estudantes frequentam essas turmas? Onde estão localizadas, predominantemente, as escolas e em quais Zonas? Quantas turmas da EJA foram abertas a partir de 2015 na Rede Estadual de Educação? Quantas turmas da EJA foram fechadas a partir de 2015 na Rede Estadual de Educação? Quais fases da EJA são de responsabilidade da Rede Estadual de Educação? Quantas turmas da EJA foram abertas a partir de 2015 nas Redes Municipais de Educação? Quantas turmas da EJA foram fechadas a partir de 2015 nas Redes Municipais de Educação? Quais as fases da EJA que são de responsabilidade das Redes Municipais de Educação? Essa parte foi composta por dez questões; as questões 4.2, 4.3, 4.5, 4.6, 4.8 e 4.9 foram abertas com respostas curtas; na 4.4, os/as respondentes deveriam marcar uma única opção; a 4.7 permitia mais de uma resposta, possibilitava a inclusão de outra opção; a 4.10 facultou aos/as respondentes marcarem mais de uma opção em suas respostas.

A parte 5 foi destinada a todos os segmentos e contou com cinco questões em torno da autonomia. Ela questionou a perspectiva dos respondentes sobre o que o fórum da EJA PE tem conseguido fazer. As questões versaram sobre seguintes temas: o exercício de autonomia do fórum diante da presença do segmento dos governos; se algum/a estudante já foi eleito/a para integrar a coordenação dos fóruns nas respectivas regiões dos/as respondentes; se o fórum possibilita a participação ativa dos/as estudantes; se o fato de no futuro haver estudantes no colegiado da coordenação dos fóruns da EJA PE seria legítimo e/ou se fragilizaria o movimento.

A parte 6 também foi destinada a todos os segmentos do fórum. Tratou de questões da identidade do fórum e foi composta por doze questões, da seguinte forma: a 6.1 foi objetiva com opções para respostas "sim" ou "não", enquanto a 6.2 desdobrou-se em 11 subquestões com todas as respostas estabelecidas em escalas Likert (1–5) (discordo totalmente – concordo totalmente), de acordo com as questões que segue:

O fórum tem sabido manter-se próximo dos públicos da EJA? O fórum tem conseguido fazer a EJA chegar a novos territórios? O fórum tem conseguido aumentar o acesso à EJA dos grupos mais excluídos? O fórum tem conseguido estimular o aumento do número de matrículas dos estudantes da EJA? O fórum tem conseguido aumentar a permanência dos estudantes da EJA nas escolas? O fórum tem contribuído para melhorar as condições de ensino na EJA? O fórum tem conseguido aproximar os/as estudantes da EJA à participação política? O fórum tem formado junto a seus integrantes quadro para a defender a EJA? O fórum tem articulado com sucesso a suas ações com outras forças sociais? O fórum tem influenciado no redireccionamento das políticas públicas da EJA? O fórum tem contribuído para o diálogo social sobre a EJA?

A parte 7 investigou as questões cívico-políticas e foi composta por duas questões centrais; a 7.1 foi dividida em duas partes, sendo (a) se para além dos fóruns os/as respondentes têm outra forma de participação político-social com escolha única em suas respostas entre "sim" ou "não"; já a 7.1 (b) estava diretamente ligada aos/as respondentes concordantes com a questão afirmativa do item anterior, no qual deveriam indicar em que contextos se realizam suas participações cívico-políticas, e, portanto, com a possibilidade de assinalar todas as opções que se aplicavam aos seus casos; a 7.2 questionou como avaliam o seu envolvimento político-social, cuja resposta foi estabelecida em escalas Likert (1-5) (pouco ativo – muito ativo).

A parte 8 foi destinada, exclusivamente, para os/as estudantes da EJA, objetivando construir o perfil desse segmento de participantes dos fóruns. Foi composta por oito questões: a idade; gênero; de qual fórum Regional participam? Qual a principal ocupação profissional? Havia movimento estudantil pela EJA na região onde eles/elas participam do fórum Regional? Já haviam participado de alguma mobilização dos/as estudantes da EJA para a permanência da população da EJA nas escolas? Compreendem que a educação é um direito? e a última questão estritamente ligada às respostas afirmativas da questão anterior, solicitava que cada um/a em questão aberta registrasse duas sugestões de como os/as estudantes poderiam despertar o desejo da população da EJA para lutar pelo seu direito à educação. A questão 8.1 solicitou que os/as respondentes, em questão aberta, escrevessem o ano de seus nascimentos; nas questões 8.2 e 8.3, deveriam escolher apenas uma das opções; a 8.4 era aberta com resposta curta; das questões 8.5 a 8.7, os/as respondentes deveriam escolher apenas uma das opções de respostas; já a 8.8 tratava-se de uma questão aberta longa e estava intimamente ligada a 8.7, em caso de respostas afirmativas, devendo estes/as que optaram por essa opção de resposta indicar pelo menos duas sugestões a fim de contribuir para que os/as estudantes da

EJA pudessem estimular, ainda mais, o despertar do desejo da população da EJA para lutar pelo seu direito à educação.

A parte 9 indicada para todos os integrantes dos fórum da EJA, municipais, regionais e estadual, continha uma única questão aberta com resposta longa. Através dela, investigou-se o entendimento dos/as respondentes sobre qual a contribuição do fórum para a melhoria ou construção de uma política da EJA para o estado de Pernambuco. A 9.0 era explicativa e facultava aos participantes da pesquisa se identificar. Já a 9.1 perguntava qual a contribuição do fórum da EJA PE para a melhoria ou construção de uma política da EJA para o estado de Pernambuco.

O resultado dessa coleta de dados foi sendo distribuído nos capítulos que tratam da apresentação dos resultados, potenciando-se a triangulação dos dados. Essas questões tornaram-se indicadores importantes na discussão proposta referente aos níveis de envolvimento e participação nas questões políticas da sociedade civil, na forma como se organiza esse movimento, e da compreensão da experiência de participar de um Movimento marcado pela complexidade de atores, que se articulam em defesa do direito à EJA, ao participarem das ações do fórum de PE. Contudo, a parte 4 não foi utilizada na pesquisa porque apresentou muitas inconsistências nas respostas, sobretudo, pelas lacunas nas informações que se pretendia colher. Também não utilizamos a parte 8, exclusiva para os/as estudantes da EJA, porque foi preenchida por respondentes de outros segmentos[38]. Na Tabela 1, apresentamos o perfil do público participante/respondente ao questionário on-line para atender a uma das expectativas do fórum da Educação de Jovens e Adultos de Pernambuco, objeto desta investigação.

---

[38] Alguns membros do fórum fizeram questão de que fossem registradas na obra as questões das partes 4 e 8 que foram abordadas no questionário enviado aos participantes atuais e antigos do fórum.

Tabela 1 – *Perfil geral do público participante na pesquisa através do questionário on-line*

Regiões de abrangência da	Segmentos que participam efetivamente dos fóruns das suas regiões	eríodo em que iniciaram suas trajetórias no fórum da EJA PE
Agreste Centro Norte (5,71%)		
Agreste Meridional (5,71%)	Coordenadores/as 47%	
Mata Centro (20,00%)	Professores/as 47%	
Mata Norte (18,57%)	Gestores 39%	
Mata Sul (4,29%)	Estudantes 37%	
Região Metropolitana Norte (18,57%)	Movimentos sociais 36%	1990 a 1999 (4,55%)
	Sindicatos 32%	
Região Metropolitana Sul (7,14%)	Universidades públicas 26%	2000 a 2005 (10,61%)
	ONG 23%	2006 a 2010 (33,33%)
Sertão do Araripe (2,86%)	Sistema S 9%	2011 a 2015 (34,85%)
Sertão do Submédio São Francisco (4,29%)	Igrejas 3%	2016 a 2017 (16,67%)
Sertão do Moxotó-Ipanema (2,86%)	GRE 2%	
	Faculdades privadas 1%	
Sertão do Médio São Francisco (8,57%)	Outras secretarias 1%	
	Pastoral da Educação 1%	
Vale do Capibaribe (1,43%)		

Fonte: Criado pela pesquisadora de acordo com os dados apurados através do inquérito por questionário on-line.

Conforme a Tabela 1, o inquérito por questionário on-line conseguiu abranger 12 dos 16 fóruns Regionais da EJA que juntos compõem o fórum da EJA PE. A Região com o maior percentual de participação na pesquisa foi a Mata Centro, com 20% do total das pessoas respondentes, seguida pelas Regiões da Mata Norte e Metropolitana Norte, com igualmente 18,57% de participação, perfazendo juntas as três regiões o percentual total de mais de 50% das pessoas respondentes à pesquisa. As regiões não atingidas pela pesquisa foram o Sertão Central e o Litoral Sul.

Os segmentos com maior adesão à pesquisa com participação efetiva nos fóruns da EJA foram os/as dos/as coordenadores/as e professores/as da EJA, com 47% cada. O segmento identificado como Igrejas atingiu o percentual de 3% e os segmentos: Faculdades Privadas, Outras Secretarias e Pastoral da Educação atingiram o mesmo percentual de 1% cada. Os dados dos quatro últimos segmentos revelam que a pesquisa conseguiu atingir segmentos dos fóruns Municipais e Regionais da EJA que não têm assento no fórum Estadual, o que implica no fato de que, caso o fórum da EJA PE entenda ser importante, poderá tentar mobilizar esses atores para fazer parte do fórum Estadual. Esses segmentos juntos atingiram o percentual de 5% dos respondentes atuantes. Com relação ao período em que as pessoas passaram a atuar no fórum da EJA PE, os resultados indicaram que 4,5% acompanham o Movimento desde o período de 1990 a 1999, fazendo parte do grupo das pessoas fundadoras com uma média de aproximadamente 20 anos de participação. O grupo mais recente de membros do fórum passou a atuar a partir do período de 2016 a 2017, representando um percentual de 16,67%.

Tabela 2 – *Perfil geral do público participante na pesquisa através do questionário on-line*

Escolaridade	Em quais ocasiões mais atuam no fórum da EJA PE
Especialização (58,33%)	
Mestrado incompleto (11,11%)	Quando há Encontros Regionais (51%)
Mestrado completo (11,11%)	Mensalmente em Reuniões Ordinárias (21%)
Doutorado incompleto (5,56%)	Quando há Encontros Estaduais (11%)
Doutorado completo (4,17%)	Quando há Encontros Regionais – Erejas (13%)
Graduação completa (4,17%)	
Graduação incompleta (2,78%)	Quando há Encontros Nacionais – Enejas (5%)
Ensino médio completo (1,39%)	
Ensino fundamental completo (1,39%)	

Fonte: Criado pela pesquisadora de acordo com os dados apurados através do inquérito por questionário on-line.

No que tange à escolaridade, mais da metade dos respondentes (58,33%) têm especialização. Além disso, 11,11% apresentam mestrado incompleto e o mesmo número completo. Em média, 4,17% têm doutorado completo e 5,56% apresentam doutorado incompleto. 2,78% das pessoas respondentes são do segmento dos/as estudantes do ensino médio completo e do ensino fundamental completo, como mostra a Tabela 2; 51% das pessoas respondentes à pesquisa costumam frequentar o fórum, na maioria das vezes, nos Encontros Regionais. Já o percentual de respondentes que acompanham as reuniões ordinárias foi de 41%. Com relação às pessoas respondentes que frequentam o fórum da EJA PE no momento da realização dos Encontros Estaduais, Regionais e/ou Nacional perfazem um total de 29% das pessoas participantes da pesquisa.

Tabela 3 – *Perfil geral do público participante na pesquisa através do questionário on-line*

Faixa Etária	Segmentos com representação	Sexo/Gênero	fóruns em que atuam
1990 a 1950 (2,90%)			
1950 a 1959 (8,70%)	Sim (66,67)	Feminino (70,83%)	Municipais (28,17%)
1960 a 1979 (50,72%)	Não (33,33%)	Masculino (29,17%)	Regionais (28,71%)
1980 a 1989 (15,94%)			Estadual (71,83%)

Fonte: Criado pela pesquisadora de acordo com os dados apurados através do inquérito por questionário on-line.

Em média, 15,94% das pessoas respondentes à pesquisa têm em torno de 34 anos de idade e 2,90% têm em média 74 anos de idade. 70,83% das pessoas respondentes ao questionário são do sexo feminino. 28,17% das pessoas que responderam à pesquisa atuam nos fóruns da EJA Municipais e Regionais e mais de 70% atuam no fórum da EJA Estadual.

CAPÍTULO 4

AS REUNIÕES DO FÓRUM DA EJA PE E A PARTICIPAÇÃO DE SEUS MEMBROS IDENTIFICADOS NA OP

O campo de recolha de dados da Observação Participante (OP) atendeu a um dos objetivos específicos da pesquisa, que foi mobilizar os atores do fórum da EJA PE, sujeitos da pesquisa, de modo a acompanhar esta investigação com a finalidade de avaliar e repensar a forma como se organizam e se articulam.

4.1 PRIMEIRA REUNIÃO: UMA VISÃO GLOBAL SOBRE O FÓRUM DA EJA PE

A primeira reunião ordinária de OP, realizada em 18 de março de 2016, dando sequência à proposta do fórum de descentralizar as reuniões, foi realizada na Policlínica Barros Barreto em Olinda, o que revela um avanço para o fórum da EJA PE, no que diz respeito à compreensão do espaço público e da intersetorialidade, pois, como podemos perceber, trata-se de uma ação pública da Educação sendo realizada no espaço público da Rede Municipal de Saúde. Essa reunião foi o marco de entrada nesse campo de recolha com um tempo reservado/disponibilizado pelos membros do fórum da EJA para que a pesquisadora fizesse uma breve exposição sobre a pesquisa em desenvolvimento.

A reunião estava pautada a partir da seguinte reflexão, que consta do ofício convite 06/2016:

> A EJA – nesta última década esteve vivenciando uma série de episódios nacionais e estaduais que trazem a consolidação da modalidade de ensino na educação formal e desencadeiam inúmeras reflexões pedagógicas. Toda a história das ideias em torno da EJA no Brasil acompanha a história da educação como um todo, que por sua vez acompanha a história dos modelos econômicos e políticos e, consequentemente, a história das relações de poder, dos grupos

> que estão no exercício do poder. A mobilização brasileira em favor da educação do povo, ao longo de nossa história parece realmente ligar-se às tentativas de sedimentação ou de recomposição do poder político e das estruturas socioeconômicas. Dando continuidade à nossa luta por uma EJA de qualidade social, convocamos todos (as) para a nossa Reunião Ordinária [...]. (Coordenação fórum da EJA PE, ofício, 06/2016)

A reunião correu dentro de sua programação com a abertura realizada por dois dos quatro coordenadores/as do fórum da EJA PE, sendo uma da Capital e o outro do Agreste Centro Norte – Caruaru. Foram, de acordo com a pauta, tratando de informar, esclarecer e ainda absorver as sugestões advindas do coletivo presente. Não houve espaço para os participantes presentes se apresentarem.

A pauta prevista foi sendo tocada pela dupla da coordenação, contando com a participação ativa e direta de alguns membros do fórum da EJA PE.

A título de relembrar as estratégias metodológicas, intencionando uma melhor compreensão por parte do leitor, recordamos que, com a intenção de possibilitar um diálogo mais plural entre as diferentes instituições, regiões e pessoas, a pesquisadora propôs no início dessa reunião uma estratégia de discussão em grupos, a fim de que pudessem se debruçar sobre algumas questões que intencionávamos incluir no leque de instrumentos investigativos. Para tanto, foi criada uma estratégia de arranjo formada por todos os membros presentes à reunião, o que resultou na composição de cinco grupos, diversos em sua composição, que se debruçaram em torno das questões orientadoras apresentadas pela pesquisadora, utilizando-se o formato do Círculo de Cultura.

Figura 10 – *Indicação dos grupos de discussão e as questões orientadoras*

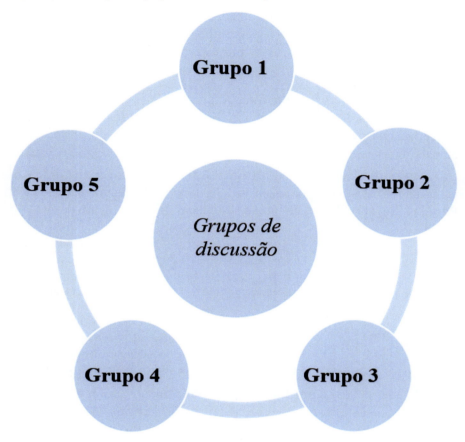

Fonte: **Legenda:**
Grupo 1: O fórum da EJA PE fala sobre a EP ou a pratica?
Grupo 2: O fórum da EJA de PE pode ser definido como um movimento social?
Grupo 3: O fórum da EJA PE exerce controle social das ações do estado de Pernambuco? Se positivo, exemplifique.
Grupo 4: Qual a relação do fórum da EJA PE com o pensamento de Paulo Freire?
Grupo 5: O fórum da EJA PE tem contribuído para implementar políticas públicas para a Educação de Jovens e Adultos em Pernambuco?

Em seguida, após cada grupo conhecer todas as questões e a questão específica sobre a qual iriam se debruçar, foi solicitado que as pessoas dialogassem a respeito do tema específico por cerca de 30 minutos e, em seguida, sistematizassem por escrito a qual conclusão o grupo chegou acerca das questões, além de terem dialogado sobre cada uma delas no grande grupo. Com base nessas informações, a fim de adentrar um pouco mais em torno do que pensam os membros do fórum da EJA PE, sobre a forma como ele se organiza, utilizamo-nos da triangulação dos dados de acordo com o que segue.

Grupo 1: Composto pelos membros da Undime, Universidade Federal de Pernambuco, Secretaria Municipal de Educação de Nazaré da Mata, Secretaria Municipal de Carpina, Secretaria Estadual de Educação de Nazaré da Mata/GRE Mata Norte e Secretaria de Educação de Paulista.

Questão orientadora: O fórum da Educação de Jovens e Adultos do estado de Pernambuco fala sobre a educação popular ou pratica Educação Popular (EP)? O coletivo chegou à conclusão de que o fórum da EJA PE:

> [...] é um espaço da EP. Como a EP envolve conceitos e ideais sobre a cultura, também com características da vida social do povo [...], considerando tudo isso, damos ênfase a algo que destacamos que é a referência trazida por Paulo Freire, que enfatiza a EP como um contributo para a formação de cidadãos, uma vez que está em sintonia com a educação formal. Neste sentido, compreendemos que o fórum da EJA PE é de fato um ambiente de diálogo, de aprendizagem e de (re)construção de novos conhecimentos (Grupo 1)

Weber (2013) compreende que a Educação Popular é uma vocação da educação que, em seu todo e em suas múltiplas experiências do passado e do presente, resiste a uma tal colonização. E a sua simples e persistente resistência é o que constitui a força de sua presença entre nós tantos anos depois (p. 12). Estreck e Esteban (2013) entendem que os espaços da EP "são fluidos, e que os lugares da educação popular não são estáticos. Sendo visceralmente contrária à dogmatização. Ela se inventa em outros espaços quando instituições e grupos procuram domesticá-la. Ela tem também a capacidade de incorporar novos referenciais teóricos, sem perder o espírito que alimenta" (p. 7).

Sumarização

Como se percebe, o grupo composto por seis pessoas/instituições assumiu a compreensão, alcançada pela opinião concordante, se não de todos, mas da maioria, de que o fórum não apenas fala como pratica a EP. Com base nas entrevistas individuais, os resultados, na sua maioria, divergem da opinião obtida no grupo de discussão, mesmo quando percebemos que, no caso da UFPE, essa instituição esteve presente nos dois objetos de recolha, embora representada por pessoas diferentes.

Os resultados discordantes apresentados com trechos das entrevistas foram exemplificados, neste caso, através de segmentos também atuantes no fórum e que nas suas instituições de origem teorizam e praticam a EP, além de serem instituições fundadoras do fórum da EJA PE. Com isso, pudemos inferir que existe uma tensão no seio do próprio movimento, mas que há o foco em questões de EP que trazem à baila essa temática de maneira sistemática para as discussões. Por outro lado, há um modelo ou lógica de funcionamento que não cumpre as exigências dos/as entrevistados/as, e essa tensão se faz importante, uma vez que passa a ser pensada não como o fórum, separado do eu, mas como eu-ser-sujeito-fórum. E quando se passa a avaliar o movimento não mais separado do eu-sujeito-fórum, como é comum se avaliar o/a outro/a, pode ser algo importante para estimular o fórum da EJA PE a (re)pensar seus próprios alicerces, questionando os principais conceitos e limites que poderão assegurar ou não a sua práxis. Segundo o entrevistado PH/MST, "a EP é constituída pelo povo. E falta o povo no fórum. O fórum da EJA PE não cheira a povo".

Isso nos leva a perceber que este é um tema que poderá, caso as pessoas que fazem o fórum entendem ser relevante, voltar a ser discutido com os seus membros de maneira mais aprofundada, principalmente, se for considerado que o fórum foi gestado no seio do Núcleo de Ensino, Pesquisa e Extensão em Educação de Jovens e Adultos e Educação Popular – NUPEP do Centro de Educação da UFPE.

Grupo 2: composto pela Secretaria de Educação de Olinda, Secretaria de Educação de Toritama e Secretaria de Educação de Jupi.

Questão orientadora: O fórum da EJA de Pernambuco pode ser definido como Movimento Social (MS)?

O grupo inicia sua fala dizendo que fez suas considerações a partir da origem da palavra fórum: "espaço aberto, plural, casa de todos. Ancorado no conhecimento popular. E que é um MS pelos ideais. Por consenso do valoroso diálogo, afirmamos que sim. Mas, a priori, analisando a essência do fórum, tem-se como marco a luta pelo social, uma vez que é espaço aberto, plural, dinâmico e ser de fato 'casa de todos'! E isto é, no entanto, uma congruência com o MS" (Grupo 2). Ainda de acordo com o grupo:

> [...] se pensarmos no MS como algo que articula e agrega variedades culturais, enfatiza o movimento popular, realiza um enlace de ideais com o pensamento freiriano, que é a forma mais "pura" de entender os ideais e o embasamento da EJA, então, sim o entendemos como um MS por ter a escuta democrática e não excludente de nenhum segmento. Valoriza a participação popular e a busca do bem coletivo com base no diálogo, na contradição. A mola mestra do espaço do fórum é a dialética.

Neste sentido, Fávero (2013) afirma:

> Os movimentos sociais populares são considerados por Paulo Freire como a grande escola da vida: a ação por melhorias concretas em seu bairro ou das condições de vida anda de mãos dadas com reflexão sobre o entorno e sobre estratégias de luta. Em síntese: não só a educação tem um caráter político e como tal pode e deve "engravidar" os movimentos sociais, como os movimentos populares são educativos e inovam a educação. São a força instituinte da prática educativa. (Fávero, 2013, pp. 52-53)

Gráfico 1 – *Reconhece o fórum da EJA como Movimento Social?*

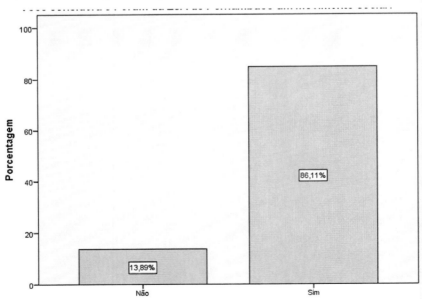

Fonte: Criado pela pesquisadora, através do *Google Forms*, de acordo com os dados apurados através do inquérito por questionário on-line.

Os dados do inquérito relativos a essa questão (Gráfico 1) revelaram que um alto número de respondentes (86,11%) compreende o fórum da EJA PE como um movimento social.

Sumarização

Vale salientar que, no bojo do fórum da EJA do Brasil, não há consenso no sentido de que os fóruns da EJA apresentem em sua organização características que os definam como MS.

O questionário on-line nos possibilitou alcançarmos 12 das 16 Regionais da Educação do Estado, como já apresentado na Figura 9, tendo sido um importante instrumento democratizador do acesso à pesquisa por parte de seus membros, ao passo que das 17 pessoas/instituições entrevistadas apenas três concordaram com essa reposta, que foram os segmentos dos/as professores/as das Redes Municipais e Estadual e a representação dos/as estudantes da EJA, além, claro, do já citado grupo de discussão 2, anteriormente anunciado.

Divergências

Catorze das 17 pessoas entrevistadas compreendem que o fórum da EJA PE não apresenta, transitoriamente, na forma como se organiza, características de um MS.

Grupo 3: Secretaria Municipal de Caruaru, Gerência da Educação de Jovens e Adultos e Idosos do Estado de Pernambuco (Sede), Secretaria Municipal de Educação de Olinda, Secretaria Estadual de Educação (GRE Arcoverde), Unidades Prisionais, Secretaria Municipal de Educação de Paulista, Secretaria Estadual de Educação (GRE Recife Norte), Secretaria Municipal de Educação de Paulista, Secretaria Municipal de Educação de Olinda e Secretaria Municipal de Educação do Recife.

Questão orientadora: O fórum da EJA de Pernambuco exerce o controle social frente às ações do estado? Se positivo, exemplifique.

O grupo iniciou sua explanação acentuando o conceito de controle social. O controle a que se referem é o da sociedade relativamente às ações do Estado, no sentido do acompanhamento da sociedade frente às políticas públicas, e não o contrário, o controle do Estado sobre as ações do povo. O grupo chega à conclusão de que isso vai depender da visão que temos de controle.

> Se vermos controle social como o acompanhamento e busca da ação para resolução dos problemas, o fórum da EJA PE exerce em parte. Um exemplo é o fechamento de turmas que mobilizou todo o estado de Pernambuco e através das ações exercidas pelo fórum da EJA de Pernambuco, com outros fóruns, como o da Educação, que são atuantes nos municípios, tiveram ações frente a algumas Secretarias Municipais de Educação se contrapondo às ações do Governo Estadual. No entanto, ainda somos passivos em outras ações de acompanhamento em razão de faltar a participação social. Ou seja, de outros movimentos sociais dentro do referido fórum. Na maioria das vezes, somos compostos por representantes governamentais, e isso tem sido um grande impasse. (Grupo 3)

Outro aspecto levantado pelo grupo é a dificuldade, ao nível da ação, tanto pela presença enquanto representação dos governos, ligada à ambivalência relativamente ao poder, quanto pela ausência, já que os recursos que trazem são importantes para a ação militante:

> Quando somos militantes, independente da representação do governo, nós vamos exercer o papel, mas muitas vezes isso ocorre porque, como militantes, buscamos a garantia dos direitos, das políticas públicas, mas, como representantes de governos, nós exercemos outro papel e ficamos passivos, como, por exemplo, uma Carta feita em uma reunião ordinária que, por falta de logística, não pode ser divulgada, muitas vezes por grandes demandas. O fato do fórum não ter Sede, não ter secretários, não ter pessoas que possam demandar, fazer realmente esse papel, então, muitas vezes as coisas ficam no campo das discussões, mas não saem ou não conseguem ultrapassar as "paredes", além desse espaço do fórum da EJA PE. Isso ocorre não porque não queiramos, mas, porque, muitas vezes, as nossas "pernas" não alcançam devido a toda uma demanda que nos absorvem. (Grupo 3)

Nesse sentido, observa-se que o fórum da EJA PE levanta uma bandeira de luta em prol da EJA, tendo em vista que o mesmo é representado de forma plural pelos profissionais da educação e os diversos segmentos da sociedade que o compõem. Vale salientar que o fórum da EJA PE "tem sua representação em todo estado de Pernambuco com o objetivo de fomentar o diálogo em defesa da EJA". O Grupo reitera que o fórum da EJA PE:

> Tem sido um instrumento democrático frente aos fechamentos das turmas da EJA, acionando o Ministério Público para que o mesmo invista suas prerrogativas para que a EJA venha a ser um instrumento de inclusão social para todos aqueles que tiveram o seu direito à educação cerceada em virtude da inobservância dos direitos básicos inerentes da pessoa humana. (Grupo 3)

Esse é um dos temas caros ao fórum da EJA PE e atende uma das expectativas desta pesquisa, que foi conhecer a compreensão dos membros sobre esse tema. E, entre outros objetivos, buscou-se estimular que as pessoas membros do fórum pudessem olhar para o movimento não de fora para dentro, mas pensar as suas próprias bases, organização e contradições.

Como vimos, a resposta do grupo de discussão admite que o fórum cumpre esse papel de controle social parcialmente, destacando que o fato de haver representações dos governos, em alguns casos, torna difícil exercer esse papel em sua plenitude, apesar de algumas ações como o acionamento do Ministério Público em defesa da EJA.

A habilidade de pôr em diálogo a sociedade civil e o Estado é o exercício que os fóruns de maneira geral fazem para construir a EJA, sendo a pluralidade de sujeitos a marca desse movimento que o torna um espaço, por essa razão, fundamentalmente democrático. Seguramente, por ser um movimento essencialmente contraditório, convive com conflitos. "Sociedade e Estado atuando conjuntamente em prol do exercício do direito à educação de qualidade pelos cidadãos brasileiros jovens e adultos" (Teles citado por Lima, Correia, & Burgos, 2015).

Um fato curioso é que, apesar de ter sido atribuída à presença dos governos a dificuldade do exercício do controle social por parte do fórum da EJA PE, vale salientar que, desde seu nascedouro, esse espaço é composto por representantes de diversas Secretarias Municipais e da Estadual de Educação. Diante do exposto, entendemos que cabe ao fórum da EJA PE (re)encontrar caminhos para atender as expectativas dos/as participantes desta pesquisa, dialogar com suas bases para tentar perceber coletivamente os principais desafios, entraves e, sobretudo, possibilidades para que suas ações de controle social transpareçam mais aos olhos de seus membros.

Grupo 4: IFPE Campus Vitória de Santo Antão, Centro Paulo Freire – Estudos e Pesquisas (CPFreire), Secretaria de Educação de Garanhuns, Secretaria de Educação de Araçoiaba e Toritama.

Questão orientadora: Qual a relação entre o fórum da EJA de Pernambuco e o pensamento de Paulo Freire?

O grupo percebe que há a relação entre o pensamento de Paulo Freire e o fórum da EJA PE,

> [...] considerando-se que esse pensamento é norteador, tenta vivenciar os princípios da pedagogia freiriana. Significa que o fórum luta, mas percebe que ainda há um distanciamento entre o ideal e a realidade. Consideramos muito importante para aumentar essa relação, o maior envolvimento dos professores e alunos da EJA. (Grupo 4)
>
> Inquieto e inquietante, ao anunciar-se enquanto leitura da realidade, o pensamento de Paulo Freire, vivido, efetivado enquanto Pedagogia, seja nos Movimentos Sociais, seja na escola, permanece (passadas quatro décadas) com vigor transformador, desinstalador [...]. (Burgos & Uytdenbroek, 2011, p. 78)

Grupo 5: composto por: Centro Paulo Freire – Estudos e Pesquisas, Secretaria de Educação do Recife, Secretaria de Educação de Camaragibe, Secretaria Estadual de Educação (GRE Garanhuns e GRE Vitória de Santo Antão).Questão orientadora: O fórum da EJA PE tem contribuído para implementar políticas públicas para a EJA?

O grupo recusou o uso do termo "medida", que compunha a formulação da pergunta na sua forma original. Nesse sentido, sugeriu excluir a palavra "medida", para utilizarmos diretamente o termo "contribuição". O expositor do grupo argumentou que

> [...] o grupo situou-se, primeiramente, sobre as duas palavras: medida ou conceito de medida, e a segunda, pela questão da implementação. O coletivo chegou à ideia de que não cabe a discussão sobre o quantitativo ou das maneiras que estão mais postas que chegassem a falar das medidas de contribuição, mas à própria contribuição, porque isso não é apenas uma questão de semântica, mas um posicionamento político a partir do lugar do fórum da EJA PE. Até porque nós não temos parâmetros para mensurar (Grupo 5).

FÓRUM DA EJA DE PERNAMBUCO

> O grupo entendeu que essa questão por ele levantada é significativa, de tal modo [...] que percebemos que não é competência do fórum da EJA PE fazer essa atribuição de implementar políticas, levando em conta a maneira que está enquanto medida, mas a ideia de fazer a discussão enquanto a contribuição do fórum no contexto do debate para as políticas públicas da EJA. (Grupo 5)

Então, neste sentido,

> O coletivo pensa que o fórum da EJA PE não tem a responsabilidade de implementação de políticas públicas, mas é função do fórum manter aceso permanentemente o debate, as discussões políticas do direcionamento da EJA, contribuindo com o processo de organização das políticas públicas onde estão, e até onde podemos influenciar. Então, o fórum da EJA PE, ele não sendo o lugar da elaboração, ele é o lugar da discussão permanentemente crítica, acerca das políticas em EJA. O fórum contribui na perspectiva de reflexão/refletir sobre questões importantes da Educação de Jovens e Adultos. (Grupo 5)

Mais uma vez com base nos resultados, lançamos mão da triangulação dos dados colhidos através do inquérito por questionário on-line para tentar perceber se os respondentes concordam ou não com a possibilidade de o fórum da EJA PE ter influenciado no redireccionamento das políticas públicas da EJA (Gráfico 2).

Gráfico 2 – *A influência do fórum da EJA no redireccionamento das políticas públicas da EJA*

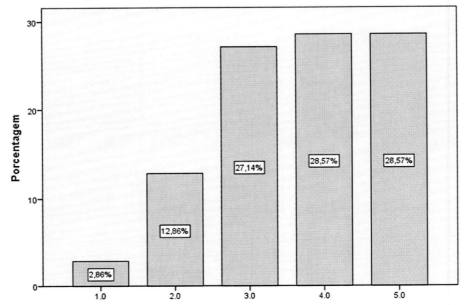

Fonte: Criado pela pesquisadora, através do *Google Forms*, de acordo com os dados apurados através do inquérito por questionário on-line.

Os resultados apontaram que 15,72% dos/as respondentes estão mais próximos do *score* 1 (discordo totalmente), ao passo que 57,14% (colunas 4 e 5) dos respondentes concordam que o fórum tem influenciado no redireccionamento das políticas públicas da EJA no estado de Pernambuco.

Sumarização

O grupo de discussão entende que o fórum contribui com a construção das políticas na perspectiva de mobilizar atores para pensar sobre questões importantes da EJA, convergindo, como pode ser constatado no (Gráfico 2), onde os resultados apresentam concordância de mais de 50% dos/as respondentes à investigação.

Como é possível percebermos de acordo com os resultados, há uma convergência de concordância afirmativa nessa questão entre os/as respondentes do grupo de discussão e do inquérito por questionário on-line, ao posso que os/as entrevistados/as, em sua maioria, divergem, algo que será detalhado no próximo capítulo.

4.2 A QUESTÃO DA PARTICIPAÇÃO DOS MEMBROS

A segunda reunião observada ocorreu no dia 17 de junho de 2016. A sua escolha seguiu o critério de descentralização da OP, por se tratar da cidade de Caruaru, que se localiza no Agreste Centro Norte, distando 130 km da capital pernambucana. Essa reunião foi realizada na Câmara dos Vereadores do município, espaço do povo, mas que, normalmente no Brasil, é pouco utilizado pelos/as cidadãos/ãs comuns. Pelo menos no Recife, não é comum a comunidade solicitar esses espaços, notadamente políticos, para utilizá-los com ações demandadas pela sociedade que não sejam pautas ordinárias dos políticos. Sendo assim, destacamos como uma importante compreensão política dos componentes do fórum da EJA PE da Região do Agreste Centro Norte, por terem essa iniciativa de utilizar, a casa do povo, com ações em busca da garantia do direito social para pessoas que necessitam da Educação de Jovens e Adultos, ainda que, não necessariamente, tenha sido a primeira vez que ações como essas tenham acontecido nessa região.

Nessa reunião, percebemos que, por vários momentos, instaurou-se um clima desconfortável, devido ao ambiente de desavenças pessoais entre membros do fórum da EJA PE e sua coordenação. Destacamos que, no momento em que foi abordado o tema do Regimento do fórum para o próximo Encontro Estadual, especificamente, o item que tratava da eleição para a nova coordenação, estabeleceu-se um clima muito tenso, mas não estava centrado na discussão política e, sim, pelo menos ao que nos parecia, numa disputa de espaço. Embora saibamos que esse tipo de situação já houvesse acontecido nos espaços do fórum da EJA PE, foi, entretanto, para nós a primeira vez que percebemos nitidamente a insatisfação da maioria das pessoas presentes que literalmente assistiam a uma reunião. Dada a atmosfera de desgaste daquele momento, provavelmente, justifica-se a saída antecipada de uma quantidade significativa de membros do fórum da EJA PE, de diversas regiões, mesmo que de forma muito discreta, sem nenhuma palavra dita explicitamente, mas com expressões faciais e balançar de cabeças de forma negativa, como símbolo de reprovação àquela situação. Ou seja, algumas pessoas deixaram seus afazeres diversos em suas instituições de origem, muitas vezes utilizando transportes financiados com recursos púbicos e, em muitos casos, tendo que enfrentar um longo percurso com a intenção de participarem da já citada reunião ordinária do fórum da EJA PE, mas retornaram para seus locais provavelmente frustrados/as com o ambiente pouco acolhedor.

Vale salientar que situações como essas ocorridas nos espaços do fórum, que antes não eram entendidas com a amplitude de um olhar crítico pela pesquisadora, como membro do fórum, têm sido facultadas agora através das lentes da pesquisa, como é o caso, por exemplo, do momento de debate com os membros presentes. O que se percebeu foi que as falas e, como consequência, as decisões, ficaram repetidamente centradas em algumas poucas pessoas e instituições. Nesse sentido, mais uma vez, percebemos que o coletivo perdeu, talvez por falta de atenção, a oportunidade de promover um debate plural. Nesse caso, em torno da Carta de Posicionamento dos fóruns da EJA do Brasil em defesa da Secadi/MEC, por conta dos desmandos/desmantelos após a posse do novo Presidente da República. O Brasil enfrentava uma de suas maiores crises políticas, e polarização que respingava, contundentemente, na EJA e, portanto, tamanha era a relevância de os membros do fórum da EJA PE debaterem esse tema de forma plural, democrática e com profundidade.

Utilizando-se, mais uma vez, da triangulação dos dados, trazemos os resultados do inquérito por questionário on-line para tentar perceber se os respondentes concordam ou não se havia diálogo ativo no fórum da EJA PE (Gráfico 3).

Gráfico 3 – *Participação ativa dos membros através do Diálogo*

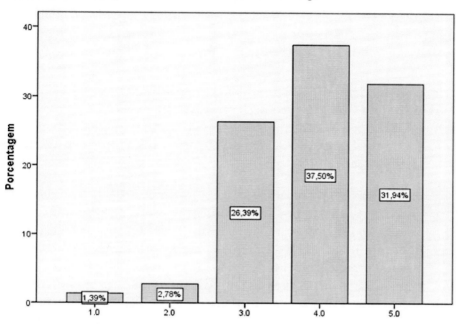

Fonte: Criado pela pesquisadora, através do *Google Forms*, de acordo com os dados apurados através do inquérito por questionário on-line

Em média, 69,44% dos respondentes (colunas 4 e 5) apresentam concordância com a afirmação de que o fórum possibilita participação ativa de membros, ao passo que apenas 4,17% (colunas 1 e 2) se aproximam do entendimento de que o fórum da EJA não possibilita uma participação ativa de seus membros.

Divergências

Veremos que não há correspondência entre os dois resultados colhidos, ao visualizarmos os resultados apurados quanto à questão da participação dos membros do fórum da EJA, por meio do diálogo, dados colhidos em sete Reuniões Ordinárias do fórum da EJA, através da OP, conforme pode ser melhor visualizado e compreendido na síntese que segue e que registra de forma sintética a participação dos membros do fórum da EJA PE.

Conforme poderemos constatar a seguir, algo já anunciado anteriormente, a adesão à participação ativa dos membros do fórum da EJA PE nas sete reuniões se deu sempre de forma muito tímida, no que se refere ao quantitativo, o que pode ocasionar diretamente a perda de qualidade quanto à diversidade e pluralidade de opiniões e posicionamento político do próprio Movimento em defesa da EJA.

4.2.1 A participação dos membros do fórum da EJA PE nas reuniões de Observação Participante (OP)

29 de abril de 2016 – Sertão do Moxotó – Ipanema, no município de Arcoverde

Estiveram presentes 35 pessoas/instituições. Sete delas participaram ativamente do debate, através dos representantes das seguintes instituições: Centro Paulo Freire – Estudos e Pesquisas (CPFreire), GRE Mata Centro – Secretaria de Educação de Vitória de Santo Antão, Agreste Meridional – Secretaria de Educação de Garanhuns, União dos Dirigentes Municipais de Educação de Pernambuco – (Undime-PE), Secretaria de Educação de Caruaru, Secretaria de Educação de Palmares e a Secretaria de Educação de Olinda.

17 de junho de 2016 – Município de Caruaru

Estiveram presentes 47 pessoas/instituições. Participaram do debate seis delas representantes das instituições: Centro Paulo Freire – Estudos e Pesquisas (CPFreire), Sindicato dos Trabalhadores em Educação do Estado de Pernambuco (Sintepe), União dos Dirigentes Municipais de Educação de Pernambuco – (Undime-PE), Secretaria de Educação de Caruaru, Secretaria de Educação de Olinda, GRE Mata Centro – Secretaria de Educação de Vitória de Santo Antão e três coordenadores do fórum da EJA PE, totalizando nove pessoas.

29 de julho de 2016 – Município de Vitória de Santo Antão

Estiveram presentes 32 pessoas/instituições e, oito delas, participaram do debate: Centro Paulo Freire – Estudos e Pesquisas (CPFreire), Secretaria de Educação do Estado de Pernambuco, através da Gerência de Políticas Educacionais da Educação de Jovens, Adultos e Idosos da Secretaria Estadual de Educação (SEE-PE/Gejai), GRE Mata Centro – Secretaria de Educação de Vitória de Santo Antão,

União dos Dirigentes Municipais de Educação de Pernambuco – (Undime-PE), Instituto Federal de Educação, Ciências e Tecnologia de Pernambuco (IFPE), Secretaria de Educação de Nazaré da Mata e a Secretaria de Educação de Toritama.

30 de setembro de 2016 – Capital de Pernambuco/Recife

Estiveram presentes 30 pessoas/instituições e seis delas participaram do debate: Centro Paulo Freire – Estudos e Pesquisas (CPFreire), Sindicato dos Trabalhadores em Educação do Estado de Pernambuco (Sintepe), Sertão do Moxotó – Ipanema, no município de Arcoverde, Agreste Meridional – Secretaria de Educação de Garanhuns, Movimento Sem Terra (MST) e o palestrante.

30 de dezembro de 2016 – Sertão do Moxotó – Ipanema, no município de Arcoverde

Estiveram presentes 53 pessoas/instituições e oito delas participaram do debate: Centro Paulo Freire – Estudos e Pesquisas (CPFreire), Gerência de Políticas Educacionais da Educação de Jovens, Adultos e Idosos da Secretaria Estadual de Educação (SEE-PE/Gejai), GRE Mata Centro – Secretaria de Educação de Vitória de Santo Antão, Secretaria de Educação de Pedra, Secretaria de Educação de Caruaru, Secretaria de Educação de Nazaré da Mata.

17 de fevereiro de 2017 – Capital de Pernambuco/ Recife

Estiveram presentes 55 pessoas/instituições, oito delas participaram do debate: Centro Paulo Freire – Estudos e Pesquisas (CPFreire), União dos Dirigentes Municipais de Educação de Pernambuco – (Undime-PE), Gerência de Políticas Educacionais da Educação de Jovens, Adultos e Idosos da Secretaria Estadual de Educação (SEE-PE/Gejai), Secretaria de Educação de Nazaré da Mata, Secretaria de Educação de Toritama, Secretaria de Educação de Caruaru, Secretaria de Educação de Goiana.

31 de março de 2017 – Secretaria de Educação de Nazaré da Mata

Estiveram presentes 60 pessoas/instituições, onze delas participaram do debate: Centro Paulo Freire – Estudos e Pesquisas

(CPFreire), Gerência de Políticas Educacionais da Educação de Jovens, Adultos e Idosos da Secretaria Estadual de Educação (SEE-PE/Gejai), Instituto Federal de Educação, Ciências e Tecnologia de Pernambuco (IFPE) – Campus Vitória de Santo Antão, Secretaria de Educação de Toritama, Secretaria de Educação de Caruaru, Secretaria de Educação de Nazaré da Mata, Secretaria de Educação de São Vicente, Secretaria de Educação do Recife e a GRE Mata Centro – Secretaria de Educação de Vitória de Santo Antão.

Essa realidade não se alterou nas sete reuniões, mesmo mudando a composição dos palestrantes/mediadores, a temática em debate, a maioria das pessoas presentes, as regiões também diferentes, entre a Capital, Zona da Mata, Agreste e o Sertão. Ainda assim, o quadro se apresentou o mesmo, inclusive, na maioria das vezes, com as falas centralizadas nos mesmos personagens.

De acordo com Bandeira (2006), os fóruns da EJA poderiam ser lembrados a partir do exemplo de conceito habermasiano de "situação ideal de fala", já que poderiam ser entendidos como

> Um contexto ótimo de comunicação, pressupondo que todos aqueles que tenham um interesse legítimo em participar da discussão de um tema tenham o direito de expressar livremente suas opiniões, que a influência das desigualdades de poder seja eliminada, que haja busca sincera do entendimento, que não ocorra comportamento manipulativo, e que todos sejam obrigados a argumentar racionalmente em defesa de suas posições para que os resultados da discussão e da deliberação decorram apenas da força dos melhores argumentos. (Bandeira, 2006, p. 37)

Chamou-nos muito a atenção a participação ativa dos presentes nas reuniões. Os membros que se pronunciaram e se posicionaram publicamente, como já dito anteriormente, eram quase sempre as mesmas pessoas e consequentemente das mesmas instituições. Mas, sobretudo, causou-nos forte impressão o fato de o número de participação dos membros no momento do debate, em nenhuma das sete reuniões da OP, ter chegado a 12 pessoas, mesmo quando tivemos reuniões que ultrapassaram o quantitativo de 60 pessoas presentes.

Apoiamo-nos em Paulo Freire, que tem sido um dos principais referenciais teóricos para o fórum da EJA PE desde seu surgimento, para

FÓRUM DA EJA DE PERNAMBUCO

reforçar a teoria de que a participação ativa exige um exercício. Não é algo que façamos naturalmente, devido, muitas vezes, à intencionalidade política da educação aplicada nas escolas, uma vez que se esforçam por nos moldar e acomodar. Sendo assim, constituindo o diálogo o principal mecanismo utilizado como força motriz do fórum da EJA de Pernambuco, em defesa de modalidade da educação, observa-se que, talvez, fosse saudável ao movimento, como estratégia de melhor se organizar, tentar perceber por que tantas pessoas, e por repetidas vezes, entram e saem das diversas reuniões do fórum da EJA PE sem se posicionarem oralmente diante das pautas? Ainda que tal direito e opção sejam completamente legítimos.

Revela-se, neste caso, a necessidade de tentar perceber junto aos membros do fórum da EJA de Pernambuco, tal fenômeno, com o intuito de fortalecer o movimento, por exemplo: qual a compreensão que têm quanto à participação ativa e diálogo, à luz do pensamento de Paulo Freire no seio do fórum da EJA PE? Isso a fim de melhor compreender e buscar encontrar mecanismos que possam fazer com que haja cada vez mais horizontalidade de fala, sentimento de pertencimento, de escuta e tomadas de decisão, de acordo com os referenciais freireanos.

4.2.2 A participação dos/as estudantes da EJA

Mais uma vez apoiados/a na categoria participação, desta vez especificamente no que tange ao segmento dos/as estudantes da EJA com assento no fórum da EJA PE. Constatamos que, na maioria das vezes, suas presenças tornam-se praticamente ausências, se considerarmos que das sete reuniões observadas apenas em uma delas os/as estudantes presentes se posicionaram publicamente e criticamente diante da plateia, como poderá ser melhor percebido no capítulo 6 deste livro. Com base na triangulação dos dados, essa percepção da não participação desse segmento nas ações do fórum do fórum da EJA PE, confirma-se com os resultados colhidos através das 17 pessoas entrevistadas, conforme poderá ser confirmado no capítulo 5, através dos resultados das entrevistas individuais semiestruturadas. Entretanto, os resultados encontrados na OP e nas entrevistas divergem dos resultados colhidos através do inquérito por questionário on-line, conforme os dados apontados no capítulo 6, através dos resultados que tratam especificamente da participação dos/as estudantes da EJA no fórum da EJA de PE.

4.3 AS PRINCIPAIS TEMÁTICAS ABORDADAS NAS REUNIÕES DE OBSERVAÇÃO PARTICIPANTE

Apresentamos uma síntese das temáticas abordadas no decorrer das sete reuniões em que foi realizada a OP, porque elas marcam uma época em que os movimentos precisaram renovar suas estratégias de enfrentamento em defesa da EJA, diante da conjuntura política e econômica vivenciada no Brasil, principalmente, a partir de agosto de 2016, tendo, inclusive, que retomar pautas e debates que, por um momento, acreditou-se que a EJA já havia vencido, como é o caso da PEC 247 com o congelamento de gastos/investimentos na educação por 20 anos.

Na reunião de 31 de março de 2017, o palestrante inicia a sua fala ao dizer que aquele dia era importante, também,

> Porque as ruas estão sendo tomadas pela classe trabalhadora e que esse espaço não deixa, também, de ser um espaço de luta. Esse dia deve representar, formalmente, registrado na história, como um ato de resistência do fórum da EJA de Pernambuco frente aos desmontes dos direitos dos trabalhadores. (P. H. S. – MST – Reunião ordinária fórum da EJA PE, 2017)

O encontro foi encerrado com a aprovação da elaboração de uma nota de repúdio frente "às ações de desmonte impostos pelo Governo Federal às conquistas sociais, para assinalar o lugar da EJA, de sua autonomia e da responsabilidade política no fórum da EJA PE" (P. H. S. – MST – Reunião Ordinária fórum da EJA PE, 2017).

De modo geral, as temáticas abordadas são de reconhecida importância para a formação crítica dos membros do fórum da EJA PE. Especialmente, num momento em que o país se encontrava em meio a grandes conflitos em sua conjuntura política e econômica.

A área da educação, sendo submetida a uma política austera de congelamento de "gastos" por 20 anos, impôs ao coletivo a necessidade de pautar esse debate como estratégia de resistência. Como afirma o palestrante do MST, ao dizer em suas primeiras palavras durante sua palestra na reunião:

> Essa política austera impõe limite de "gastos" da União ao longo das duas décadas vindouras, ignorando, assim, uma eventual melhora da situação econômica, através da insti-

> tucionalização do ajuste fiscal. Estabelece ainda, que antes do final da primeira década de sua vigência, não poderá ser alterada. Esta PEC fora intitulada pela oposição da classe popular como a PEC dos mais ricos, especialmente, porque, diante do argumento da crise econômica, só se propõe o arrocho ou o sacrifício à classe desprivilegiada. Para os banqueiros e afins, todas as dívidas estão sendo perdoadas. (P. H. S. – MST – Reunião Ordinária fórum da EJA PE, 2017)

Como essa PEC 247 atingiria, contundentemente, a educação voltada ao público de jovens e adultos do Brasil, o coletivo entendeu ser necessário tecer essa discussão crítica, com base nos documentos trazidos para o debate, como a última pesquisa Pnad/IBGE relativa aos índices de analfabetismo no Brasil e ao número de pessoas que não completaram os níveis de escolaridade esperados, tendo em conta a sua idade, entre outros aspectos, questões estas que reiteravam os desafios que estavam sendo imposto aos fóruns da EJA do Brasil.

Na sexta reunião, realizada em 17 de fevereiro de 2017, notou-se que os palestrantes aproveitaram a oportunidade para, numa conversa franca com os membros do fórum da EJA PE, tecer críticas aos fóruns da EJA do Brasil, incluindo, naturalmente o de Pernambuco, com relação "à forma, algumas vezes truncada de estabelecer o diálogo com o Ministério de Educação". Expuseram-se, a partir de suas próprias experiências, como interlocutores da Secadi/MEC com o Movimento dos fóruns da EJA do Brasil, ao se referirem à dificuldade de interpretação do fórum da EJA do Brasil em compreender que muitas vezes era importante o movimento tentar um diálogo mais profícuo com o governo.

> Em determinados momentos firmar parcerias no que diz respeito a apoiar algumas execuções no campo da EJA, mesmo que não fossem ainda as ideais, mas que era na prática um primeiro passo para se chegar às políticas públicas. E sendo assim, perdemos muitas oportunidades de avançar. (Palestrantes da reunião ordinária do fórum da EJA PE, 17/02/2017)

Sumarização

Após a análise dos dados analisados da OP, percebemos, em síntese, que as sete reuniões realizadas pelo fórum da EJA de Pernambuco foram marcadas, entre outros aspectos, pelas características constantes no tópico a seguir.

4.4 SÍNTESE DAS REUNIÕES DA OP DO FÓRUM DA EJA PE

- A diversidade de palestrantes incluindo a de 31 de março: dois movimentos sociais, o MST e o Sintepe, discutiram com o fórum a atual conjuntura política do país;
- Reuniões cuidadosamente preparadas tentando atender questões como a democratização do acesso ao fórum ao descentralizar as regiões do estado;
- A forma organizada exceto em uma delas, de registrar a presença de todas as pessoas com a assinatura de atas de presença foi marcadamente importante, inclusive, para esta obra;
- Em nenhuma das sete reuniões foi facultado espaço para que as pessoas, de um modo geral, sobretudo as que estavam chegando pela primeira vez, pudessem se apresentar e falar sobre as motivações que as levaram ao fórum, suas expectativas, e como pretendiam contribuir;
- Os diálogos/falas na maioria das vezes, foram centrados nas mesmas instituições e pessoas;
- Os estudantes da EJA, com raríssimas exceções, só foram percebidos por conta do fardamento que usavam, ou pela assinatura da ata de presença. Exceto na reunião realizada na Região da Mata Centro, em Vitória de Santo Antão em 29 de julho de 2016.
- A diversidade e importância temas abordados;
- A reunião realizada em Vitória de Santo Antão em 29 de julho de 2016 foi marcada, simbolicamente, pelo ato crítico/político de dois estudantes da EJA contra as suas instituições de ensino. Ainda que se tratasse da mesma instituição de ensino de ambos;
- Duas reuniões realizadas em espaços públicos, que não os da educação, marcam significativamente a compreensão das pessoas daquelas regiões sobre entendimento da importância da intersetorialidade e da utilização destes outros espaços públicos, como estratégias de fortalecimento da EJA.

Ao adotar-se a metodologia dos círculos de cultura, inspirados nos referenciais freirianos, objetivando romper com o modelo tradicional com "traços demasiados de passividade, em face de nossa própria formação (mesmo quando lhe dá o atributo de ativa" (Freire, 2009), vislumbra-se romper com tradições fortemente doadoras de conhecimento em busca do/a coordenador/a de debates que nos parece mais próximo do que se espera de um fórum, na sua origem da palavra. Em lugar de encontros discursivos, o diálogo (Vasconcelos & Brito, 2006, p. 53). Ainda inspirados em Freire (2000, p. 120), enquanto relação democrática, o diálogo é a possibilidade de que dispomos de, abrindo-nos ao pensar dos/as outros/as, não fenecer no isolamento.

CAPÍTULO 5

COMO SE PROJETA A EDUCAÇÃO DE JOVENS E ADULTOS A PARTIR DO FÓRUM EJA PE

As narrativas/respostas dos membros do fórum da EJA PE entrevistados por segmentos, atuantes ou não atuantes, tomadas como corpus da investigação, configuram-se através de enunciados de sujeitos envolvidos aqui e focalizados de lugares distintos e imbricados no mesmo processo de participação coletiva no movimento do fórum da EJA PE. São falas reveladoras de uma prática (práxis), na qual o que está sendo colocado em jogo é a organização do fórum da EJA PE e as próprias pessoas/segmentos/instituições: seu sentir-pensar-atuar, seus fazeres-saberes-poderes, seu estar-sendo/tornar-se vir a ser, em contexto plural e comunicacional, em um coletivo organizado do fórum da EJA PE.

Da análise das entrevistas emergiram neste capítulo três partes compostas por oito temas estruturados em torno de diferentes tópicos reveladores das percepções das pessoas entrevistadas, no que se referem à constituição, organização e atuação do fórum da EJA PE, em defesa da EJA em Pernambuco. A primeira parte aborda a EJA e a maneira como os membros do fórum refletem sobre ela. A segunda aponta como eixo central a Organização do fórum da EJA PE, e, por último, na terceira, aborda-se a influência do fórum da EJA PE na construção das políticas públicas para a EJA, através do controle social.

5.1 PARTE A: EJA e a maneira de os membros do fórum da EJA refletirem sobre ela

5.1.1 Tema 1: a aproximação dos/as entrevistados/as com a EJA

5.1.1.1 Tópico: a) campo e sujeitos da EJA

Para o representante do Movimento dos Sem Terra, "o sujeito da EJA é o educando." Discorre que "os estudantes sabem o que querem e, precisam ser ouvidos". Entende a EJA como "um instrumento que subsidia o processo revolucionário de transformação", "como espaço e ferramenta política" e complementa seu entendimento ao dizer que é papel da EJA "fazer com o que os trabalhadores tomem consciência da realidade e tomem consciência do processo organizativo" (P. H. S. – Movimento Social (MST-Caruaru)).

O representante da Central Única dos Trabalhadores (CUT) lembra que os sujeitos que compõem o segmento da EJA são vítimas de uma "dívida social tão grande" que "começa com a exclusão da escola e dá continuidade dentro da faculdade". Analisa que "a EJA tem o poder de transformação na vida das pessoas", sobretudo por acreditar que a educação é um dos direitos que possibilitam "ter acesso a outros direitos". Entende que a EJA, por ser um segmento da educação, precisa dar conta daqueles/as que não tiveram acesso à escola na idade própria e que, por essa razão, "não pode restringir-se à educação escolar economicista", destacando que a EJA "não pode ser só para o homem ou a mulher aprender a ler e a escrever para arranjar meios de sobrevivência", pois "precisa (re)tomar seu lugar nesse universo, como uma política afirmativa, uma política de construção e de afirmação de vida" (A. D. R. P. – Movimento Social (CUT).

A representante do segmento dos/as estudantes da EJA, faz questão de ressaltar que, "os sujeitos da EJA são operários/as, pedreiros, agricultores/as, ambulantes" que buscam a "oportunidade de almejar aquilo que foi negado aos seus pais e a eles/as, e, portanto, eles/elas não querem negar isso para os/as seus/suas filhos/as", reiterando que "o/a estudante da EJA, nada mais é do que um/a trabalhador/a braçal" (A. S. L. – Estudante da EJA do IFPE– Campus Vitória de Santo Antão).

O representante da coordenação do fórum da EJA PE lembra que, em 1990, os sujeitos que atuavam nesse campo, quando foi inaugurado o Movimento da Articulação Pernambucana pela EJA, enfrentavam situações em que a EJA não era reconhecida como direito, uma vez que "não havia políticas públicas de Estado para a EJA". Por esta razão, "pouquíssimos municípios investiam recursos próprios na EJA", o que os obrigava a uma dependência direta do MEC na medida em que "teríamos que enviar um projeto para Brasília pleiteando recursos" (J. E. O. L. – Coordenação do fórum da EJA PE (SME-Vicência/CPFreire/SEE-PE(Sede)).

A representante da Universidade de Pernambuco (UPE) destaca o papel do UFPE/Nupep e de seu coordenador, o professor João Francisco de Souza, ao se referir ao campo da EJA em Pernambuco, a partir do coletivo da Articulação Pernambucana, pela EJA, constituído em defesa da EJA de Pernambuco: "o grande cuidado, o grande esmero do professor João Francisco, era que a EJA ganhasse visibilidade". Segundo a entrevistada, ele acreditava que "a EJA não podia ser entendida e limitada apenas ao campo da alfabetização, mas, sim, ser tratada como escolarização", que a EJA não poderia ser um programa de seis meses de Alfabetização Solidária ou seis meses de Pronera[39] (W. L. C. – Universidade Pública Estadual (UPE Campus Garanhuns)).

Lembra ainda a entrevistada que "a EJA continuava muito marginalizada no seu reconhecimento como campo de saber" e que, aos poucos, foi preciso "reconhecer a importância para a Educação de nos juntarmos para acessar ganhos no campo da EJA". E, para ela, foi a partir dessa consciência que surgiu a Articulação Pernambucana pela EJA. Revela ainda que "o maior ganho vivido foi a compreensão da concepção da EJA não mais como alfabetização, e, sim, como escolarização. Visão de como o adulto aprende, de como ele pode se aprofundar como processo para alterar a vida, ampliar o viver das pessoas". Afirma também que o grande desafio era "tornar isso significativo na vida deles" (W. L. C. – Universidade Pública Estadual (UPE Campus Garanhuns)).

Já a representante do Nupep/UFPE, ao refletir sobre os sujeitos que compõem o campo da EJA, diz ser preciso investir cada vez mais nas bases que fortaleçam as relações entre os sujeitos para "que possa[m] se humanizar no seu processo, no seu percurso de vida, na perspectiva que damos à EJA e aí o primeiro grande embate, é saber o que é de fato a EJA" (B. B. M. S. – Universidade Federal de Pernambuco UFPE/CE/Nupep)).

A representante da coordenação da EJA das Redes Municipais de Ensino faz uma revelação ao dizer que atualmente algumas redes enfrentam o "fenômeno que tem ocorrido na EJA, que são os/as adultos/as e os/as idosos/as que estão desaparecendo das salas de aula", reiterando que há um "fenômeno da juvenilização na EJA" em que os/as "estudantes do ensino fundamental mal feito chegam à EJA com 18 ou 19 anos" (M. C. P. – Coordenação da EJA/Redes Municipais de Educação (Sedo)).

O representante do governo federal diz que é preciso efetivar a EJA como as legislações já asseguram: como "direito à educação para todas as pessoas". Afirma ainda que o fazer pedagógico pode possibilitar uma educação que seja libertadora, que possibilite "autonomia e condições"

---

[39] Programa Nacional de Educação na Reforma Agrária.

para que a pessoa seja "protagonista dentro da sua própria condição social" para "atuar efetivamente nesse processo" (M. J. S. – Ministério da Educação (Secadi/MEC)).

A representante do segmento dos/as professores/as das Redes Municipais de Educação revela que a sua participação no fórum da EJA PE contribuiu muito para que pudesse compreender o contexto político ao qual a EJA está submetida no Brasil "porque eu não tinha noção dessa dimensão, dessa luta que é ter a EJA no Brasil. O desafio de mudar isso, ainda é nosso" (R. D. – Professora da EJA/Redes Municipais de Educação de (Olinda/Sedo)).

A representante do Sintepe faz uma analogia ao dizer que os sujeitos da EJA devem, cada vez mais, serem inseridos nas discussões críticas sobre a Educação de Jovens e Adultos. Segundo a representante de tal instituição, a EJA "tem que ser pensada com os/as estudantes da EJA e não para os/as estudantes da EJA", devendo-se "discutir políticas com quem precisa das próprias políticas", de modo a estimular o "exercício de cidadania" para "dar às pessoas a autonomia". Diz reconhecer que isso para o fórum da EJA PE ainda representa um "grande desafio, mas, que tem todas as possibilidades de dar certo" (C. B. – Sindicato (Sintepe)).

A avaliação que a representante do segmento dos/as estudantes da EJA faz, ao pensar nos sujeitos da EJA a partir da perspectiva de sua participação nos espaços do fórum e do contexto da sala de aula, é a seguinte:

> A educação, ao invés de juntar, ela acaba separando. Ela segrega por algumas pessoas que têm o conhecimento se colocarem numa posição de sabedor de tudo e inferiorizar o outro, pela sua idade, pela sua cor. A Educação tem que vir para juntar, fortificar e fortalecer as pessoas. De certo modo, essa educação, essa sistemática aí, nos sabota porque a gente perde tempo aprendendo uma coisa que não vai ser utilizada lá fora. E isso nos deixa frustrada porque é isso que eu vivo e vejo. (A. S. L. – Estudante da EJA (IFPE Campus Vitória de Santo Antão))

Avalia ainda a representante dos/as estudantes da EJA, que "os/as professores/as se colocavam numa posição e numa altura, que ninguém os alcançavam". Pondera que "professor/a deve ser pessoa aquele/a que estimula, que faz com que o/a estudante sinta vontade de estudar, caso contrário, é obrigação..., e obrigação é muito chato". Lembra que, muitas vezes, "existem turmas inteiras ociosas dentro da sala de aula, enfileirados, numa educação fabril, e numa educação repetitiva, onde não se preza a criatividade. Preza sim a reprodução" (A. S. L. – Estudante da EJA (IFPE Campus Vitória de Santo Antão)).

A representante dos estudante da EJA, expressando certa indignação, diz que

> O/A estudante é visto como um ser qualquer. Como um camarada que vai permanecer naquele estado de miséria. A educação é voltada para ele, e não com ele. A educação se for com ele, às coisas podem de fato vir a acontecer, vir a se modificar. Até então está sendo para. Até então, ele – o estudante – não ficou numa posição de estudante, e sim, como aluno, como dizia Paulo Freire, de um ser sem luz, que nega o meu conhecimento. (A. S. L. – Estudante da EJA (IFPE – Campus Vitória de Santo Antão))

A partir dos resultados encontrados, vê-se que as pessoas entrevistadas reconhecem que ter a EJA no Brasil é sinônimo de muita luta travada pela sociedade civil organizada e que, lamentavelmente, ainda temos, entre outros desafios, um quadro de docentes da EJA, em certa medida, composto por profissionais que estão em final de carreira, aguardando suas aposentadorias. Essa é uma ação reveladora de fortes resquícios de uma educação compensatória e/ou assistencialista.

Os sujeitos que compõem o segmento da EJA – estudantes da EJA –, são vítimas de um sistema que estimula a sua (re)produção e, na contramão, os/as responsabilizam como algozes de si mesmos, pela sua condição de sujeitos da EJA, eximindo o Estado da sua responsabilidade. Reiteradas vezes é dito pelos/as respondentes à investigação que o fórum da EJA PE precisa discutir políticas com quem precisa delas, estimulando o protagonismo dos/as estudantes e dos/as professores/as, principais sujeitos da EJA, como exercício de cidadania.

Reconhecem que a maioria dos/as estudantes e professores/as "é oriunda de uma educação conservadora de orientação positivista", e que, portanto, o fórum da EJA PE precisará estar sensível para romper com essa lógica perversa e possibilitar/estimular esses sujeitos à participação/inclusão democrática, num processo esperançoso de um coletivo composto por homens e mulheres inconclusos/as. Com apoio em Freire (1993), lembremos que: "seres inacabados buscam o seu aprimoramento, que só ocorre quando há esperança". E que "[...] a esperança está na própria essência da imperfeição dos homens, levando-os a uma eterna busca [...]" (p. 82).

Percebem as pessoas entrevistadas a necessidade de que no fórum da EJA de Pernambuco seja pensado e gestado, cada vez mais, com a inclusão de outros sujeitos, movimentos e instituições que atuam no campo da Educação de Jovens e Adultos, sobretudo por/com professores/as e estudantes, sem, no entanto, desconsiderar a relevante importância de manter os atores que atuam no fórum a EJA PE, no que tange a todos os segmentos, sem absolutamente nenhuma exceção, pois, como sabemos, são essas instituições e pessoas, com todos os seus limites e possibilidades, que têm feito a EJA em Pernambuco chegar aos patamares em que se encontra, ainda que não seja o ideal, mas o real possível, oriundo das muitas lutas permanentes desde a sua origem, como Articulação Pernambucana pela EJA como dito e reconhecido, pelos/as respondentes nas entrevistas.

Que o fórum seja tomado pelos/as sujeitos da EJA para que não "esqueçamo-nos de nos aproximar desses sujeitos membros do fórum da EJA PE", a fim de "podermos permitir que os/as estudantes e os/as professores também digam sua palavra". A palavra mundo. A palavra ação. E que, através deles/as, possamos "trazer outras vozes para o centro do debate", a fim de que, apoiados na concepção da educação como um processo de humanização, tal como a defendida por Paulo Freire, com base numa Educação Libertadora e sustentada num processo educativo, sejamos capazes de preparar esses sujeitos para transformar a sua realidade. Trata-se, então, de uma educação que, não sendo neutra, traz o diálogo como fundamento a partir do qual os seres humanos se encontram para refletir, em condição de igualdade, sobre sua realidade tal como a fazem e refazem (Freire, 2003). E que, a partir dessas ações, uma educação jamais possa ser percebida/sentida, pelo menos nos espaços do fórum da EJA de Pernambuco, do mesmo modo como relatou nossa entrevistada representante dos/as estudantes da EJA nesta pesquisa: "educação [que,] ao invés de juntar, ela acaba separando. Ela segrega por algumas pessoas que têm o conhecimento se colocarem numa posição de sabedor/a de tudo e inferiorizar o/a outro/a, pela sua idade, pela sua cor, seu sabe, ou seu pouco saber...".

5.1.1.2 Tópico: b) EJA como direito

O representante do segmento dos/as professores/as da Rede Estadual de Ensino, ao debruçar-se sobre a temática da EJA como direito, diz que o fórum da EJA PE "tem contribuído, mantendo a discussão permanentemente". Reitera que "manter os segmentos das Redes Municipais e do Estado no fórum da EJA PE em diálogo permanente é importante, porque não deixa esquecer que a EJA é um direito e, como tal, precisa ser efetivado". Um direito que está posto, desde a Constituição Federal de 1988 (A. A. L. – Professor da EJA/Rede Estadual de Ensino (SEE-PE/ Unidades Prisionais)).

O representante do governo federal relembra as garantias legais do "direito à educação para todas as pessoas" e afirma que a EJA deve "possibilitar uma educação libertadora, com autonomia que ofereça condições para que a pessoa seja protagonista dentro da sua própria condição social, para atuar efetivamente nesse processo" (M. J. S. – Ministério da Educação (Secadi/MEC)).

O representante da Undime-PE compreende que "o fórum da EJA PE tem um papel importante para a consolidação da EJA como direito, pois, como sabemos, a legislação assegura, mas não é o suficiente para a garantia" (F. M. O. – União dos Dirigentes Municipais (Undime-PE)).

A representante dos/as estudantes da EJA compara "a negação da efetivação do direito à EJA como uma violência simbólica vivida pelos/las jovens, adultos/as e idosos que ainda não tiveram seus direitos efetivados", com acesso, permanência e elevação de escolaridade. Diz entender que são:

> Violências que a gente vem sofrendo há muito tempo, por ter os nossos direitos negados, sendo violentado de várias formas. Apesar de algumas sérias falhas na organização do fórum da EJA PE, este ainda é o lugar que reconheço para que se possa enfrentar essa realidade imposta à EJA no Estado de Pernambuco e no Brasil. (A. S. L. – Estudante da EJA (IFPE- Campus Vitória de Santo Antão))

A categoria EJA, com seus consequentes subtítulos, citados detalhadamente nos resultados das entrevistas, foi o foco central de todas as falas. Suas narrativas apresentam a compreensão de que a EJA é uma modalidade da Educação, portanto, é um direito que precisa ser efetivado.

Constatamos que todas as pessoas entrevistadas reconhecem a importância da trajetória do fórum da EJA do Estado de Pernambuco em defesa da EJA, ao afirmarem, cada um/a do seu jeito, que a Educação de Jovens e Adultos, "apesar de todas as necessidades que ainda há de investimentos, está em patamares mais edificados, porque contou, para isso, com a insistente atuação do fórum da EJA de Pernambuco". No Brasil os/as professores/as e também os/as estudantes são penalizados por uma lógica perversa, profundamente desigual e mercantilista. O direito à educação não chega para os/as estudantes da EJA da mesma forma que chega para os demais segmentos da educação, ainda que muitas as leis existam e figurem no campo do direito. Entretanto, como as próprias falas revelam nas entrevistas, esses direitos ainda não estão efetivados no país em sua plenitude, estando, neste caso, à orla dos/as governantes simpáticos a ela ou não.

Retrocessos são constantes e notórios no Brasil, dando-nos a impressão/sensação de que vivemos um presente que ainda não chegou. Os fóruns da EJA vislumbram/forjam uma educação inclusiva, com acesso, permanência e qualidade social para a EJA, que nunca chega, em sua plenitude e de forma democrática, à todas as pessoas que dela necessitam, nomeadamente, das classes menos favorecidas. Os sujeitos da EJA são vítimas de um sistema "que começa com a exclusão da escola e dá continuidade...".

Reconhecendo a EJA como uma prioridade e um direito constituído, é preciso que se ultrapassem os discursos e os registros das leis em documentos.

Segundo Freire (2001), não há prioridade em educação que não se expresse por investimento financeiro.

> Não adianta o discurso da prioridade, para no ano seguinte, dizer: é prioridade, mas lamentavelmente, não tenho dinheiro. É preciso que esse país alcance um nível em que isso nunca possa ser dito. [...] É preciso, também, que a opinião pública entenda o direito e até o dever que os professores têm de lutar. Finalmente é preciso que decidamos como um concerto de nação inteira, que é fundamental que a educação seja prioridade. (p. 245)

5.1.2 Tema 2: a relação do fórum da EJA PE com o campo da Educação Popular (EP)

5.1.2.1 Tópico: a) teoria e prática da Educação Popular

O representante do MST diz que, apesar do pouco tempo que acompanha o fórum da EJA Estadual de Pernambuco, com participações em alguns fóruns Regionais e Municipais, não consegue enxergar indícios de que o fórum pratique a EP porque percebe que no fórum falta a classe trabalhadora e que "não se tem como fazer EP sem o povo" (P. H. S. – Movimento Social (MST- Caruaru)).

A representante do segmento da Universidade Federal de Pernambuco, berço do surgimento da Articulação Pernambucana pela EJA, com estímulos e formação sistemática em torno das concepções e prática da EP, diz "é importante reconhecer que a EP requer um processo formativo, que requer formação permanente com troca de saberes e que de uma maneira geral talvez a Saúde tenha discutido e praticado mais EP do que nós que fazemos a Educação". Afirma ainda que "enquanto instância formativa, o fórum pouco faz EP" (M. E. S. – Universidade Federal de Pernambuco (UFPE/CE/Cátedra Paulo Freire)).

O representante da CUT diz compreender com muita clareza que o fórum da EJA PE "não pratica a EP porque a sua metodologia é contraditória à EP". Entende que:

> [...] o foco da Educação Popular, como bem definiu Paulo Freire, é um espaço de diálogo cultural com alguns pilares fundamentais, entre eles, o respeito aos diversos conhecimentos produzidos. O fórum da EJA PE traz muito forte em sua prática o modelo de palestras com a fala centrada nos/as "iluminados/as", prezando ainda por palestras que estimulam o diálogo vertical, concentrando a fala nos/as "iluminados/as" para só após essas explanações, facultar aos demais presentes – "não iluminados/as" – a possibilidade de se colocarem/pronunciarem com um tempo mínimo disponível para, enfim, terem direito às perguntas. Esse tipo de metodologia é contraditório aos princípios da EP.
> (A. D. R. P. – Movimento Social/CUT)

A representante do segmento dos/as coordenadores/as da EJA da Rede Municipal de Educação, representada pelo Município de Olinda, define a EP "como uma educação humanizadora crítica pedagógica". Diz-nos que:

> Outrora se percebia essa prática nas ações da Articulação/ fórum, mas que não há mais essa prática do fórum. O fórum lida muito com o estrelismo. Todavia, no fórum Estadual, conseguimos ver alguns indícios. Já no caso do fórum Metropolitano, necessita uma reestruturação. Precisamos de mais atitudes humana-crítica-dialógica [sic], buscando tornar a

prática da Educação Popular como educação humanizado-ra-pedagógica [sic]. (M. C. P. – Coordenação da EJA Redes/ Municipais de Educação (Sedo))

A representante da Universidade de Pernambuco (UPE) diz que para que a EP possa existir "é necessário que o fórum faça um esforço intencional nesse sentido". Segue dizendo

> [...] a ideia de agruparmos as pessoas para falar sobre a Educação Popular não garante a práxis. Nem sempre conseguimos vivenciar uma experiência freiriana e popular no sentido da construção do sujeito novo. O fórum, tendo que cumprir sempre uma pauta, faz com que nos tornemos rotineiros e isso contribui para que percamos um pouco esse foco da riqueza da vivência no campo da EP e frei-riana. Temos que pôr em prática o pensamento de Freire, preocupados com a formação dos sujeitos participantes no debate. (W. L. C. – Universidade Pública Estadual (UPE Campus Garanhuns))

O representante da Undime avalia que há no fórum algumas entidades e movimentos que trazem o debate crítico com os diversos segmentos que compõem o fórum, com ações marcadas por uma prática da EP. Essas ações estão ancoradas em algumas experiências que alguns segmentos trazem para dentro do fórum com mais proximidade do campo da EP, como é o caso do MST, que de certa forma ajuda a provocar esse debate e prática, ancorada numa filosofia que considera todo o contexto e realidade social que abarca a EP. Todavia, não é prática comum das ações e organização do fórum da EJA de Pernambuco. Portanto, deve ser esse o principal perfil do fórum, o perfil popular (F. M. O. – União Nacional dos Dirigentes Municipais de Pernambuco (Undime-PE)).

O representante do segmento dos/as professores/as da Rede Estadual de Educação entende que o fórum de sua Região do Sertão do Moxotó-Ipanema já tem colhido os frutos do trabalho de mobilização e formação no campo da EP. Revela que o coletivo que compõe o fórum dessa Região tem impresso "um olhar mais humano do campo da EP e que temos observado uma simbiose de valores, culturas e vivências". Avalia o entrevistado que tem gerado bons resultados, uma vez que a cultura está sendo mais valorizada.

> Temos ouvido mais os conhecimentos empíricos das comunidades. Agindo e pautando suas ações com base no respeito

aos seus valores e suas crenças. Esse cuidado tem gerado um reconhecimento de homens e mulheres pertencentes à Educação Popular, por não ter fronteiras. O fórum tem chegado aos lugares mais longínquos. (A. A. L. – Professor da EJA/ Rede Estadual de Ensino. (SEE-PE/Unidades Prisionais))

O representante da CPFreire define a EP "como uma Educação profundamente orientada pelo pensamento de Paulo Freire". E entende que o fórum da EJA PE tem se esforçado para pautar suas ações no campo da EP, contudo, ainda não tem elementos suficientes para que se possa afirmar que a sua prática está alicerçada nessa corrente filosófica da educação popular. Compreende que, na realidade atual, com o contexto que acomete o país:

> [...] enquanto houver homens e mulheres de alguma maneira no Brasil sofrendo as consequências do destrato político, do destrato com a vida, a que as políticas públicas têm conduzido os brasileiros e as brasileiras, a EP é uma realidade necessária, na esperança de ser uma educação constituída pela dimensão de uma orientação popular, porque todos se convenceriam da importância disso. (A. S. R. – Centro Paulo Freire – Estudos e Pesquisas – Organização Não Governamental (CPFreire))

O representante da Coordenação do fórum da EJA PE entende que o fórum cumpre, sim, esse papel, "contribuindo com a formação cidadã de seus membros, com suas ações pautadas na concepção da EP, pelo menos até a minha saída do fórum em 2006".

> O fórum revela uma formação para a ideologia e militância da EJA quando se volta para o seu local. As dinâmicas de estudos, de discussões críticas, estavam alicerçadas na EP. De forma que é na EP que se baseia a formação cidadã, política, e a libertação dos sujeitos. O fórum da EJA PE estava alicerçado em vários pés da EP. (J.E.O.L. – Coordenação do fórum da EJA PE (SME-Vicência/CPFreire/SEE-PE (Sede))

Para a representante da UFPE/Nupep, "a EP foi a grande sacada do professor João Francisco de Souza. Ele trabalhava com pessoas que vinham da escola pública, com formadores que estavam trabalhando com a EJA e que passaram a praticar e a se constituir como teóricos/as hoje no campo da EJA no Brasil". Reitera a entrevistada que "uma das grandes coisas que a Articulação Pernambucana pela EJA, a partir da coordenação do professor

João Francisco fez foi formar professores/as, pessoas que atuavam nesse campo do saber junto ao MST, CUT, Fetape[40], Pronera[41], entre outros" (B. B. M. S. – Universidade Pública Federal (UFPE/CE/Nupep)).

A representante do Sintepe, entendendo a EP:

> Como uma educação crítica que estimula a luta por direitos, instigando sujeitos críticos e conscientes através do diálogo. Então... reconheço que o espaço do fórum da EJA PE contribui, significativamente, para aguçar a nossa criticidade e provoca o debate em torno da sociedade que temos, nos alertando e nos fortalecendo teoricamente para lutar pelos nossos direitos. (C. B. – Sindicato (Sintepe))

O representante da SEE-PE/Gejai acredita que "a grande contribuição da EP é a formação crítica dos sujeitos, nesta incluída, naturalmente, a participação popular". Com base nisso, percebe que "o fórum da EJA PE investe na formação crítica dos sujeitos através de suas temáticas, entretanto a prática da EP requer a participação popular e no fórum não há participação popular" (M. T. A. – Secretaria Estadual de Educação – Gerência da EJA (SEE-PE/Gejai(Sede)).

Com base nos resultados, 14 dos/as respondentes avaliam que em determinado momento da história do fórum da EJA PE, a prática da EP foi corporeificada. Todavia, essa prática foi, aos poucos, se fazendo presente apenas nas temáticas apresentadas nas Reuniões Ordinárias, Encontros, Seminários, entre outros, como campo conceitual. Revelam entender que a EP requer um processo formativo que demanda "formação permanente com troca de saberes e enquanto instância formativa o fórum pouco faz EP".

Freire (2000) definiu a EP como "uma educação capaz de, através da organização de uma comunidade, intervir no compromisso e na assunção do processo educacional, sem que o Estado seja excluído de suas obrigações" (p. 132), intervindo, assim, na história como tempo de possibilidade.

Reiteram as pessoas entrevistadas que sua própria metodologia – a do fórum da EJA PE – é contraditória à EP, uma vez que "o foco da EP, como bem definiu Paulo Freire, é um espaço de diálogo cultural" com alguns pilares fundamentais, entre eles, "o respeito aos diversos conhecimentos produzidos". E que o fórum da EJA PE traz muito forte em suas práticas cotidianas, é o modelo de "palestras com a fala centrada nos "iluminados/

---

[40] Federação dos Trabalhadores Rurais Agricultores e Agricultoras Familiares do Estado de Pernambuco.

[41] Programa Nacional de Educação na Reforma Agrária.

as" prezando o diálogo vertical. Reconhecem que no fórum da EJA PE falta a classe trabalhadora, falta o povo para construir o fórum da EJA de Pernambuco, e, portanto, "isso é teorização sobre a EP".

Algumas poucas pessoas entrevistadas revelam ainda que nos espaços do fórum da EJA PE se "lida muito com o estrelismo". Reforçam suas percepções ao afirmarem que "a ideia de agruparmos as pessoas para falar sobre a EP" não garante a práxis, pois "nem sempre conseguimos vivenciar uma experiência freiriana e popular no sentido da construção do sujeito novo". Outras pessoas analisam que o fórum da EJA PE, "tendo que cumprir sempre uma pauta", assume uma rotina e isso "faz com que percamos um pouco esse foco da riqueza da vivência no campo da EP e freiriana". Recomendam que "deve ser o principal perfil do fórum da EJA PE o perfil popular".

Foi consenso para a maioria dos/as entrevistados/as reconhecer que esta foi a grande sacada do professor João Francisco de Souza: estimular a prática da EP no fórum da EJA PE ao criar a Articulação Pernambucana pela EJA com formadores/as atuantes da EJA, nas diversas regiões das Zonas Urbanas e Rurais, com diversos movimentos sociais e populares envolvidos. Revelaram que uma das grandes coisas que "a Articulação Pernambucana pela EJA, a partir da coordenação do professor João Francisco fez foi formar professores/as, pessoas a partir do chão da sua própria prática, no chão das várias ações com os vários segmentos sociais e, sobretudo, com o povo, e atualmente, no fórum da EJA PE falta o povo". Falta a "classe trabalhadora".

Considera-se que, trazendo para a realidade atual, com o contexto que acomete o país, valeria a pena que o fórum da EJA PE fizesse um esforço para fortalecer suas bases e ações no campo da EP, pois se trata de "uma realidade necessária na esperança de ser uma educação constituída pela dimensão de uma orientação popular". Concluem as pessoas entrevistadas que o fórum tem se esforçado para pautar suas ações no campo da EP, no entanto, releva-se fortemente esse esforço no campo conceitual, portanto, na prática, não está alicerçado nessa corrente filosófica da Educação.

Dissonâncias

Três dos/as entrevistados/as acreditam que, sim, o fórum da EJA PE incorpora em suas práticas elementos constitutivos e filosóficos da EP. Há quem revele que, em determinada Região, o fórum da EJA já colha os frutos do trabalho de mobilização e formação no campo da EP, alcançando públicos diversos, e que, portanto, o fórum tem chegado cada vez mais próximo do povo. Convergem ainda em acreditar que o fórum da EJA PE contribui com uma educação crítica, estimulando sujeitos críticos e conscientes através do diálogo com debate em torno da sociedade, fortalecendo-os teoricamente para lutar por direitos.

5.1.2.2 Tópico: b) Relação intrínseca entre as ações do fórum da EJA PE e o pensamento de Paulo Freire

O representante do MST considera que "a prática do método de Paulo Freire só faz sentido se essa prática político-pedagógica estiver voltada para a organização do povo, direcionada para a transformação da realidade". Entende que a educação "é um instrumento que subsidia o processo revolucionário de transformação e que a Academia deturpou Paulo Freire". Transformou "Paulo Freire num pedagogismo, e não numa prática político-revolucionária-transformadora". Entende que "o fórum pode se tornar um espaço que reflita a teoria freiriana no momento em que ele conseguir ir além do pedagogismo". Acredita que "só faz sentido se falar em Paulo Freire dentro do processo da EJA, se tiver esse elemento, da EJA, como ato político". A compreensão do entrevistado é de que "a educação é um instrumento que subsidia o processo revolucionário de transformação e é importante para fazer com o que os/as trabalhadores/as tomem consciência da realidade e tomem consciência do processo organizativo" (P. H. S. – Movimento Social (MST-Caruaru)).

A representante da UFPE/Cátedra Paulo Freire tece suas considerações ao dizer que "o fórum tem uma inspiração freiriana na concepção de EJA, mas que a gente se afasta de Paulo Freire, apesar de trazer as frases freirianas". Compreende que:

> Há ainda uma "sloganização" do Paulo Freire nas práticas, ou em algumas práticas do fórum. A gente não pode trabalhar em EJA sem ter como referência as contribuições de Paulo Freire, que é aquele que superou uma visão ingênua, silenciosa, negativa do adulto, propondo outro jeito de fazer educação. Paulo Freire contribui com outro modo de ver o homem e a mulher. (M. E. S. – Universidade Pública Federal (UFPE/CE/Cátedra Paulo Freire))

Entende que "se a EJA que a gente trabalha não ajudar as pessoas a se apropriarem do conhecimento crítico, emancipado, poderoso, então, a gente se afasta de Paulo Freire, apesar de citar o Paulo Freire". E que o referencial freiriano "sugere trabalhar o conhecimento que valorize os sujeitos, seus contextos e suas relações com o contexto". Avalia que "se faz necessário investir um pouco mais na formação de quadros do fórum da EJA de Pernambuco, assim como nas suas composições de coordenadores/as", uma vez que,

> Os/As representantes da Coordenação do fórum da Educação de Jovens e Adultos de Pernambuco, não poderia jamais não ter uma sessão de estudo para melhor compreender esse pensamento, essa concepção, e que sentido têm as palavras que a gente encontra em Paulo Freire, para que a gente não procure as frases mais bonitas ou as frases de efeito. A gente vai para as problemáticas da EJA, para as urgências, as evidências, mas, a gente não vai discutir a fundo quem é o oprimido e o opressor. (M. E. S. – Universidade Federal de Pernambuco (UFPE/CE/Cátedra Paulo Freire))

Entende que a EJA no Brasil, com seu caráter assistencialista, "requer que professores/as estejam cada vez mais discutindo a EJA, na perspectiva da pedagogia freiriana, da educação problematizadora, e isso a gente faz pouco". Percebe que "há pessoas dentro do fórum que avançam, mas, acho que coletivamente, o Movimento ainda precisa avançar muito" (M. E. S. – Universidade Federal de Pernambuco (UFPE/CE/Cátedra Paulo Freire)).

A representante da ONG/CPFreire diz perceber a presença do pensamento de Paulo Freire no fórum da EJA PE, através da influência do seu pensamento "em muitos discursos, na organização do trabalho do fórum, mas não há repercussão das ideias freirianas na prática do cotidiano. Muitas vezes, ocorre o oposto. A ideia fica presa no discurso sem qualquer reflexão sobre a prática e, muito menos, reconstrução da mesma" (M. N. S. L. – Organização Não Governamental (ONG/CPFreire)).

O representante da CUT avalia que percebe "a presença de Paulo Freire no fórum da EJA PE, nos *folders*, nos textos dos convites para participação, mas as práticas foram abandonadas. Precisamos do pensamento de Paulo Freire vivo, pulsante!" (A. D. R. P. – Movimento Social (CUT)).

A representante do segmento dos/as coordenadores/as da EJA da Rede Municipal de Educação, representando a Secretaria de Educação de Olinda (Sedo) revela: "não percebemos no fórum da EJA PE traços do pensamento de Paulo Freire. O que percebemos é uma disputa pelo poder, ou para aparecer. O fórum não faculta sequer o diálogo horizontal. O perfil do fórum da EJA não tem sido estimulador para seus membros se manterem animados em estar no coletivo" (M. C. P. – Coordenação da EJA/Redes Municipais de Educação (Sedo)).

O representante da coordenação do fórum da EJA PE diz que "à época em que frequentava o fórum até 2006, se percebia [sic] sim traços do pensamento de Paulo Freire nas ações do fórum". Vejamos o texto que segue, quando ele diz:

> Todos que estavam no espaço do fórum bebiam do referencial freiriano para o investimento na EJA. [...] Os Encontros apresentavam semelhanças ao pensamento de Paulo Freire. Os debates que ali eram travados, a forma de debater era de colegiado dialógico. Havia a ideia de que a distribuição de tarefas e de responsabilidades entre os entes federados se desse de forma solidária e fraterna com diálogo horizontal. (J. E. O. L. – Coordenação do fórum da EJA PE (SME-Vicência/CPFreire/SEE-PE(Sede))

A representante da UPE considera que, sim, "o fórum conseguia pôr em prática algumas características que são cravadas no referencial freiriano". Pelo menos durante sua passagem pelo fórum

> [...] percebia a presença de Paulo Freire no momento em que o fórum tentava consolidar a prática do diálogo buscando afirmar as ideias freirianas. Todavia, o fórum tem instituições que, embora atuem com o ensino da EJA, trazem a concepção educativa do mercado. E o fórum não pode se negar da sua tarefa que é promover o debate, porém há necessidade da pluralidade de sujeitos para realizar o debate com enfrentamento de algumas questões necessárias para tentar modificar a realidade do nosso aluno, para que não se perca a luta. (W. L. C. – Universidade Estadual de Pernambuco (UPE – Campus Garanhuns))

O representante da SEE-PE/Gejai avalia que "em alguns momentos, o fórum expressa de alguma maneira em sua prática alguns traços do referencial freiriano nas temáticas, nas escolhas dos palestrantes, porém, no dia a dia, as vaidades ainda se sobrepõem ao principal objetivo". Percebe que "ainda há muita centralidade de informações e o diálogo ainda não acontece de forma horizontal e plural". Lembra o entrevistado que

FÓRUM DA EJA DE PERNAMBUCO

"é prática do fórum da EJA PE a disputa pelo poder e certa desvalorização da presença do/a estudante" (M. T. A. – Secretaria Estadual de Educação (SEE-PE/Gejai(Sede)).

A representante do Serviço Social da Indústria (Sesi) diz que "a presença de Paulo Freire era percebida com mais frequência nos discursos do que nas práticas cotidianas do fórum da EJA PE". Percebe que "havia distorção entre a fala e a prática" (L. R. A. A. – Sistema S (Sesi)).

O representante da Undime-PE percebe que "havia um desejo, mas não conseguimos perceber sua concretude". Há uma "limitação nesse sentido, se considerarmos a origem do fórum da EJA PE" (F. M. O. – União dos Dirigentes Municipais de Pernambuco (Undime-PE)).

O representante da Secadi/MEC diz acreditar que o fórum da EJA PE "não está alicerçado nos referenciais freirianos" pelas seguintes razões:

> A gente se afasta um pouco desse princípio freiriano porque a gente fica falando de Paulo Freire e tecendo críticas às vezes até um pouco fora da realidade. Porém, não esqueçamos que Paulo Freire já foi gestor Público na Secretaria de Educação em São Paulo e, também, teve um período importante da sua vida atuando no SESI, instituição privada... Os fóruns da EJA de uma maneira geral tentam, se esforçam, mas, ainda, é muito discreta a corporeificação da teoria freiriana. Entretanto, isso também faz parte do processo de aprendizagens e tem a ver com as nossas inconclusões. (M. J. S. – Ministério da Educação (Secadi/MEC))

A representante dos/as professores/as das Redes Municipais de Educação diz que "não se entende esse espaço sem que as pessoas compreendam o pensamento freiriano". Percebe que "há pessoas no fórum da EJA PE que até conhecem o pensamento de Paulo Freire, mas, as posturas..., e eu tenho muito medo disso". Afirma que o fórum da EJA PE, por sua origem, "deveria ter mais pessoas compartilhando desse pensamento, entretanto, ainda falta aflorar mais essa prática". Contudo, diz reconhecer que, "apesar de não ser posto em prática o referencial freiriano, foi no fórum da EJA PE que eu passei a compreender melhor o pensamento de Paulo Freire, pois, na Academia, a gente ouve falar sobre Paulo Freire de forma mais partida" (R. D. – Professora da EJA/Redes Municipais de Educação (Olinda/Sedo)).

O representante do segmento dos/as professores/as da Rede Estadual de Educação revela que "a prática do fórum da EJA PE está ancorada nas ideias de Paulo Freire, pois é o nosso referencial". Entende que "é o que move o fórum da EJA PE". Destaca ainda que "nas reuniões ordinárias, sempre fazem menção a Freire". O entrevistado avalia que "não dá para pensar na EJA sem pensarmos em Paulo Freire". Diz entender que "Paulo Freire é a base da pirâmide e suas ideias ainda são muito vivas". Compreende o entrevistado que "o público de Paulo Freire está vivo até na Academia". E que "se quisermos uma ação libertadora, vamos beber das concepções e ideias freirianas porque possibilitam mudança social" (A.

A. L. – Professor da EJA/Rede Estadual de Ensino (SEE-PE/Unidades Prisionais)).

O representante da ONG/CPFreire considera que Paulo Freire propunha uma educação libertadora, e, portanto:

> Profundamente marcada por certa ideologia democrática socialista em que preserva a pessoa humana, antes mesmo de qualquer ato produtivo. Pensa a educação de maneira centrada no ser humano, enquanto expressão coletiva na busca de uma emancipação transformadora. É um dos marcos teóricos desta reflexão para dar sustentação às políticas públicas de Educação no Estado e, de certo modo, no país. (A.S.R. – Organização Não Governamental (CPFreire))

A representante dos/as estudantes da EJA diz: "tenho me inspirado muito no referencial freiriano, tentando inclusive, pautar minhas ações diárias". Revela que, "de acordo com Paulo Freire, a gente aprende ao ensinar, e ensina ao aprender, e na medida em que eu vou te explicar, eu vou aprender e vou ensinar ao mesmo tempo, e, assim, vice e versa". Diz entender que é positivo nas relações humanas, uma vez que traz o conhecimento e que do contrário, eu fico na zona de conforto, e não vou nem para frente nem para trás".

A representante do Nupep/UFPE avalia que há uma dimensão freiriana presente no fórum da EJA PE, "porque as origens desse fórum da EJA PE foram criadas em cima do referencial freiriano, até porque, nasce daí. Nasce da ansiedade de se ter uma real transformação/mudança, a teoria freiriana "estimula o pensamento crítico e reconhece o conflito como algo

da população". A vigência do pensamento de Paulo Freire, entre outros, "é essa possibilidade do diálogo, do aprendizado nessas mobilizações". A entrevistada revela que:

> [...] foi fundamento da gente o referencial freiriano. O coletivo de formadores/as do NUPEP-CEJA-Olinda, que compunha a Articulação Pernambucana pela EJA, tinham como prática se debruçar sobre algumas obras de Freire. Cada área tinha seus teóricos que qualificava o grupo que participava da Articulação Pernambucana pela EJA e, posteriormente, do fórum da EJA PE, pois se trabalhava muito com Gestalt, Boal, mas, todos em diálogo com Paulo Freire. (B. B. M. S. – Universidade Federal de Pernambuco (UFPE/CE/NUPEP))

Atendendo a uma das questões investigadas no que se refere à relação entre as ações/práticas do fórum da EJA PE e o pensamento de Paulo Freire, analisada pelas pessoas entrevistadas, ancoradas em várias considerações conceituais sobre o referencial teórico de Paulo Freire, é importante destacar que das 17 pessoas respondentes, uma não se posicionou com clareza. Restando das 16 pessoas, 13 delas, acreditam que a Articulação Pernambucana pela EJA e o fórum da EJA PE foram criados alicerçados nos referenciais freirianos, inclusive, com formações sistemáticas; e que outrora se percebia a horizontalidade das relações com traços vivos da solidariedade entre os membros do fórum da EJA PE, em uma época em que o diálogo não era trunfo para alguns. Ao contrário! Era quase uma condição de estar no fórum da EJA de Pernambuco, o diálogo horizontal. Revelam que as vaidades e as disputas pelo poder, eram menos presentes do que nos últimos tempos.

Entendem que atualmente o fórum da EJA PE mantém o nome de Paulo Freire nas palestras, nas temáticas, nos folders, através de frases que são colocadas nos textos dos convites para participação no fórum da EJA PE, nas escolhas dos palestrantes, entretanto, as práticas, lamentavelmente, perderam-se com o tempo. Revelam ainda perceber a influência do seu pensamento em muitos discursos, na organização do trabalho do fórum da EJA PE, mas que não há repercussão das ideias freirianas na prática do cotidiano, sobretudo, porque há muita "centralidade de informações e o diálogo ainda não acontece de forma horizontal e plural".

Consideram que o fórum da EJA PE tem uma inspiração freiriana na concepção de EJA, todavia, "nos afastamos de Paulo Freire apesar de trazer as frases freirianas". Entendem que: "não podemos trabalhar na EJA sem ter como referência as contribuições de Paulo Freire, que propôs outro jeito de fazer educação". Nesse sentido, reconhecem que há um desejo, que se tenta efetivar, todavia, não conseguem perceber sua concretude.

Há uma "limitação nesse sentido, se considerarmos a origem do fórum". Alguns dizem lamentar ter que reconhecer que "é mais um discurso do que uma prática". Creem que a principal forma de atuação do fórum da EJA de Pernambuco, se dá através do diálogo, e que o diálogo horizontal no fórum da EJA PE está prejudicado.

Dissonâncias

Duas pessoas acreditam que a prática do fórum da EJA de Pernambuco está alicerçada nos referenciais freirianos. "Paulo Freire é o nosso referencial. É o que move o fórum. Paulo Freire é a base da pirâmide e suas ideias ainda são muito vivas nas ações do fórum".

Exemplificam com destaque que a distribuição de tarefas e de responsabilidades entre os entes federados se dava de forma solidária e fraterna com diálogo horizontal.

Diferente

Uma entrevistada apresenta um elemento diferente ao assumir que contraditoriamente, "apesar de não ser posto em prática, muitas vezes, a corporificação da palavra pelo exemplo, foi no fórum da EJA PE que eu passei a compreender melhor o pensamento de Paulo Freire". O fórum "foi o lugar onde eu melhor compreendi Freire", pois "na Academia, a gente ouve falar sobre Paulo Freire de forma mais partida".

Obedecendo evidentemente à ausência da intenção de completude ou esgotamento do tema, reconhecemos o importante legado da contribuição do educador Paulo Freire para a EJA, originalmente a partir de Pernambuco, estendendo-se para o Brasil e para o mundo, quando, a partir de sua teoria, mudou a lógica de interpretação da EJA, passando a pensá-la com o propósito de romper com uma educação pronta para atender ao propósito de uma educação bancária (Freire, 1987). Na concepção de educação bancária, "a única mensagem de ação que se oferece aos/as educandos/as é a de receberem os depósitos, guardá-los e arquivá-los" (p. 58). O Educador propôs, entre outras reflexões, a educação, pautada na dimensão humana da educação, como constituídos por uma máquina impulsionadora para alimentar a ação educativa dos/as professores/as democráticos/as ao permite-lhes uma crença no ser humano como indivíduo histórico e na cultura como fazer humano e, portanto, passível de transformação, de um "vir a ser" (p. 99).

Os resultados colhidos e transcritos revelam, todavia, que os/as participantes da pesquisa percebem a falta da presença de Paulo Freire nas atitudes cotidianas das pessoas membros participantes do fórum da EJA PE de forma vivida/experimentada, corporeificada. Indicam, portanto, que a relação entre a EJA, o fórum da EJA PE e o pensamento freiriano, como processo de libertação das pessoas, precisa estar mais latente no fórum. Para tanto, o fórum da EJA PE precisa estar mais atento à sua prática com base nesse referencial. Foi reiterada a necessidade de cada vez mais investir na EJA como ação libertadora e autoral, dentro da sua própria condição social.

Entendemos que não é demais reiterar que cada pessoa convidada a refletir sobre a forma como o fórum da EJA PE se organiza, seja através das entrevistas, ou questionário on-line, se colocou a partir do olhar, não da ação do outro ou outra pessoa, mas sim a partir da concepção do nós, da nossa ação coletiva enquanto membros ativos, independentemente de ainda estarmos atuando ou não nesse universo do fórum da EJA PE, ou da função que exercemos dentro deste espaço de luta permanente, que atua como mecanismo de *advoacy* e controle social, o que é importante e registra ganhos expressivos no campo da EJA em Pernambuco, apesar das fragilidades a serem vencidas, sem tampouco buscarmos a ideia de perfeição. Afinal, somos seres inacabados, inconclusos.

5.2 PARTE B: ORGANIZAÇÃO DO FÓRUM DA EJA PE

5.2.1 Tema 3: como se dá a organização do fórum da EJA PE

5.2.1.1 Tópico: a) concepção e prática

Iniciamos esta construção através das considerações tecidas pelo representante do MST a partir conceito de que o fórum da EJA PE é "um espaço de articulação entre as diversas instituições, segmentos da socie-dade e movimentos que constroem e debatem a necessidade do acesso à educação". Entende o fórum da EJA PE "como uma organização que pauta o debate e pauta a necessidade de que seja sanado esse déficit educacional histórico". Avalia que a prática das ações do fórum da EJA PE é

> [...] importante porque coloca no centro do debate as ques-tões e as contradições pelas quais passam os sujeitos que

são atendidos pelas políticas e pelos programas da EJA. Acaba por construir a unidade de espaços que dialogam sobre a necessidade que se tem de avançar em direção ao déficit educacional que nós temos no Brasil. Déficit histórico da própria natureza da sociedade que nós temos. (P.H.S. – Movimento Social (MST-Caruaru))

Para a representante da UFPE/Cátedra Paulo Freire, a prática do fórum da EJA PE "é um espaço de exercício democrático porque ele é plural. E não só plural nas instituições, é plural nas ideias" (M. E. S. – Universidade Pública Federal de Pernambuco (UFPE/CE/Cátedra Paulo Freire)).

A representante do Sintepe diz que o fórum da EJA PE

[...] tenta, insistentemente, com a pauta permanente sobre a EJA, muitas vezes sem muito sucesso, sobretudo, pela incompreensão de alguns gestores públicos. Entendo que, neste caso, trata-se de um desafio permanente e, por essa razão, é importante investir na sensibilização dos gestores, o que é uma tarefa muito difícil, porém, necessária. Os gestores poderão ser ou não grandes aliados da EJA nas Redes Municipais e Estadual de Educação, daí a importância do investimento sistemático na formação de novos quadros e mobilização permanente. (C. B. – Sindicato (Sintepe))

A representante do segmento dos/as coordenadores/as da EJA da Rede Municipal de Educação e membro fundadora, da Articulação Pernambucana pela EJA, entende que "o fórum da EJA PE privilegia momentos de discussões críticas no campo da EJA", que é um "lugar onde se pode ter perspectivas de avanços, de reflexão, de estudos e de discussões nos dando a impressão que nós nos tornamos maiores do que de fato somos". Reconhece o fórum da EJA PE "como um corpo de movimentos sociais e pedagógicos" e um "espaço de formação" (M. C. P. – Coordenação da EJA/ Redes Municipais de Educação (Sedo)).

O representante da CUT afirma que na atualidade "o fórum da EJA PE não é oficina formativa. É oficina mecânica. É oficina, mas para consertar, e não para construir". Na sua visão, o fórum da EJA PE "não consegue ser oficina pedagógica e didática formativa", sobretudo, porque "umas pessoas falam e as outras só escutam". Dessa forma "a dinâmica de diálogo vai se esvaziando". "Permitimos que em torno de cinco a seis pessoas se coloquem, ou façam perguntas relativamente às quais os/as iluminados/as respondem e pronto". Avalia, também, que com essa prática "a categoria diálogo fica restrita a poucos (A. D. R. P. – Movimento Social (CUT)).

O representante da Undime-PE entende que o fórum da EJA PE "tem um papel muito estratégico e importante para aglutinar forças e entidades" que contribuem "para que as pessoas possam enxergar, naquele espaço de discussão, um caminho para fortalecer a EJA". O fórum da EJA PE "é um espaço de formação e de mobilização social". Pondera que "o fórum da EJA PE sobrevive muito mais pelo esforço, empenho e dedicação das pessoas" e que, "a falta de recursos próprios para concretizar toda a sua agenda anual, prejudica em certa medida, a sua autonomia e, consequentemente, as ações que se realizam terminam por serem um pouco prejudicadas" (F. M. O. – União dos Dirigentes Municipais de Pernambuco (Undime-PE)).

O representante da Secadi/MEC, também fundador da Articulação Pernambucana pela EJA/fórum da EJA PE, diz "entendo que o fórum da EJA PE é um pouco mais que uma articulação, porque ele cria alguns espaços de confronto/embate/debate/enfrentamento em defesa da EJA na perspectiva do direito à educação de pessoas" (M. J. S. – Ministério da Educação (Secadi/MEC)).

A representante do segmento dos/as professores/as das Redes Municipais de Educação ancora suas argumentações com as palavras a seguir "o fórum da EJA PE foi e é uma grande escola. Eu aprendo, seja aquilo que é para fazer, como também coisas que jamais devem ser feitas" (R. D. – Professora da EJA/Redes Municipais de Educação (Olinda/Sedo)).

O segmento dos/as professores/as da Rede Estadual de Educação diz que se colocará primeiro a partir do chão de sua própria casa, ao dizer que reconhece que

> [...] o fórum da EJA da Região do Sertão de Moxotó-Ipanema é um lugar de reciprocidade, interação, socialização de saberes, para estimular novos saberes e novas turmas da EJA". Revela que o fórum da EJA PE "ajuda a mobilizar, motivar ainda mais as parcerias" e que "o coração do Sertão tem pulsado com muito mais vigor". Entende que "toda essa conquista e avanço no campo da EJA e nas Unidades Prisionais são frutos das bandeiras de luta através dos fóruns da EJA PE". Que, "mesmo com todos os cortes e as retiradas de direitos a nível nacional e estadual, estamos seguindo em frente. (A. A. L. – Professor da EJA/Rede Estadual de Ensino (SEE-PE/Unidades Prisionais))

A representante do segmento dos/as estudantes da EJA revela que nos espaços do fórum da EJA PE se sentia um pouco diminuída por sua condição de estudante, porque "existe um estereótipo em mim. Um rótulo do/a estudante considerado/a que é conteúdo zero". Acredita que a prática e ações do fórum da EJA PE deveriam, sim, "ter estimulado o/a estudante a estar ali e respeitar o seu saber, e que, se tivessem estimulado meu/seu saber – saber do/a estudante –, a gente já teria atingido muita gente, oportunizando a autonomia". Considera que "participar do fórum da EJA PE na condição de estudante é muito difícil porque não sou/somos tratados/as como iguais". A estudante considera que para o seu segmento é pouco oportunizada a fala com escuta atenta.

> [...] quando esse indivíduo vai falar, os corpos começam a mudar de posição. Os dedos vão para cima do celular. Dá uma sede brava. Dá um problema de retenção e aí tem gente que já começa a querer ir ao banheiro. Vai atender ao telefonema, não sei de quem, e deixa aquele indivíduo lá na frente. Não estão interessados/as! Acham que não vamos falar nada que acrescente. E aí você vê o desprezo... Você percebe... e desanima... Desanima... (A. S. L. – Estudante da EJA (IFPE Campus Vitória de Santo Antão))

A representante dos estudantes segue fazendo um apanhado de sua passagem pelo fórum da EJA de Pernambuco e nos conta que "muitas vezes eu e meus colegas nos sentíamos mal com a forma como as coisas estavam sendo conduzidas no fórum da EJA PE"[42]. E demonstra certa tristeza ao citar que: "o fórum da EJA PE tem soado com essa última coordenação, como o lugar praticamente de um ringue". "Um espaço para medir força de quem sabe mais, de quem pode mais" (A. S. L. – Estudante da EJA (IFPE – Campus Vitória de Santo Antão)).

5.2.1.2 Tópico: b) organização/composição

A representante da ONG/CPFreire entende que o coletivo do fórum da EJA PE, "na sua composição atual, pouco diversificada, tem favorecido a sua dinâmica centralizada, representando apenas uma parcela da sociedade". Às vezes, "se perde muito tempo por conta de muitas arestas que não foram superadas". Sugere que "uma autoavaliação é importante para identificar caminhos e formas de como caminhar para alcançar os objetivos e as metas deste coletivo" (M. N. S. L. – Organização Não Governamental (ONG/CPFreire)).

---

[42] Nesse momento da entrevista, a estudante já havia deixado de acompanhar, presencialmente, as agendas do fórum da EJA Estadual.

FÓRUM DA EJA DE PERNAMBUCO

De acordo com o representante da CUT, os fóruns da EJA PE são "espaços de organização que devem ter em seu coletivo movimentos sociais que vão fazer as concepções das construções, do enfrentamento com o governo, que no momento, o fórum da EJA PE, não faz. Em ampla maioria o fórum está composto por representantes dos governos" (A. D. R. P. – Movimento Social/ CUT).

Considera, também, que há perdas para o fórum da EJA PE no momento em que, "a Coordenação do fórum Estadual e a do Metropolitano estão compostas apenas pelos segmentos dos gestores municipais e isso enfraquece o movimento, porque os gestores defendem o projeto político de seu governo, de sua gestão" (A. D. R. P. – Movimento Social (CUT)).

O representante do segmento dos/as Coordenadores/as do fórum da EJA PE diz compreender que, pelo menos até a sua permanência em 2006, o fórum da EJA PE desfrutava de uma composição solidária e de uma gestão compartilhada que prezava por uma "composição sempre rotativa, que se dava a partir da demanda do fórum da EJA PE e da disponibilidade de seus membros". Afirma ainda que "a renovação das gestões nos municípios afetava diretamente os representantes no colegiado do fórum da EJA (J. E. O. L. – Coordenação do fórum da EJA PE (SME-Vicência/CPFreire/SEE-PE(Sede)).

Os resultados apontam que a organização do fórum da EJA PE se constitui, sobretudo, em provocar as Redes de Educação para que o Sistema de Ensino seja mais comprometido com a EJA pública de qualidade. Destacam que o fórum da EJA PE aglutina diversos segmentos da sociedade civil, com pessoas mobilizadas em prol da defesa de uma causa, que é garantir a EJA para o público que não foi escolarizado na dita idade certa. O fórum aglutina forças e entidades objetivando fortalecer a EJA, ainda que se reconheça que o fórum está com uma participação muito tímida de outras instâncias da sociedade civil, para além dos governos.

Os/as entrevistados/as reconhecem que o movimento revela alguns traços de enfrentamento. Ele atua em rede buscando chegar aos lugares mais longínquos, onde existam pessoas que se interliguem com o pensar/fazer a Educação de Jovens e Adultos pública, gratuita e com qualidade social.

Dissonâncias

Há quem avalie que há pouco calor humano dentro do fórum da EJA PE. Entendem que "é um fórum bem sisudo". Que falta ao fórum da EJA PE "saber/dizer que o/a estudante e o/a professor/a valem a pena". Revelam que não se sente ou /percebe, na grande maioria das vezes, a amorosidade freiriana nas ações do fórum da EJA PE, dando a impressão de que seja um grande coletivo, mas que não se conecta em sua amplitude. Falta liga.

Revelam perceber/sentir que uma das marcas nas relações dentro do fórum da EJA PE **é a** constituição de pequenos grupos **cujos integrantes se relacionam apenas** entre eles mesmos. **Contudo, por tratar-se, na verdade, de um grande grupo, poderia se dizer** que estão juntos, entretanto estão separados. Percebe-se que as pessoas disputam muito o poder. Após o exposto, é importante, salientar, que apesar de reconhecer as fragilidades do fórum da EJA PE, nenhuma das pessoas, entrevistadas, com exceção das que já havia se afastando por diversas razões, com datas anteriores a esta pesquisa, considera a possibilidade de se afastar do fórum da EJA, por admitir que ele, o fórum, é relevante, e ter compromisso social, mesmo reconhecendo que o fórum da EJA de Pernambuco precisa de uma (re)estruturação.

5.2.2 Tema 4: fórum da EJA PE e a formação de seus membros

5.2.2.1 Tópico: fóruns da EJA como espaço de formação

O representante do MST avalia que o fórum da EJA PE "precisa ultrapassar o âmbito pedagógico e partir para ações mais concretas que venham a gerar (trans)formações sociais, com organização para o enfrentamento aos descasos que acometem a EJA". Entende que se "só ficarmos restritos ao âmbito pedagógico, a gente não vai conseguir incidir na prática pedagógica de forma que essa prática pedagógica seja transformadora". Não a transformação apenas das aparências da realidade, "mas do conteúdo que a realidade tem, portanto, uma transformação revolucionária" (P. H. S. – Movimento Social (MST-Caruaru)).

O representante da SEE-PE/Gejai diz reconhecer que "o fórum da EJA PE investe na formação crítica de seus membros através de suas temáticas (M.T.A. – Secretaria Estadual de Educação (SEE-PE/Gejai(Sede)).

A UFPE/Cátedra Paulo Freire entende que

> [...] o fórum é um espaço de Formação. Tem uma perspectiva formativa. Ele não só é reivindicativo. Ele não é só articulador. Ele faz formação permanente de seus membros e de

seus formadores/as. Não tem equilíbrio ou desequilíbrio de saberes, e sim saberes diferentes. As pessoas não estão no fórum da EJA PE, por níveis de conhecimento, mas, por segmentos sociais. O fórum da EJA PE faz formação permanente quando ele reivindica a política, quando faz o controle da política. (M. E. S. – Universidade Federal de Pernambuco (UFPE/CE/Cátedra Paulo Freire))

O representante da governo federal Secadi/MEC avalia que "há uma falta de formação nos fóruns da EJA de maneira geral, quando se refere à formação para o diálogo com os/as diferentes". Diz que se faz necessário "os fóruns da EJA avançarem nesse campo da formação no campo político do *advocacy*" e que

[...] estar na gestão nacional nos permite olhar algumas ações dos fóruns da EJA no seu dia a dia de forma muito específica. Poucos nos chamaram atenção nesse quadro de formação, de manter a discussão azeitada, e ajudar as gestões, mesmo compreendendo as enormes limitações que os gestores da EJA têm. Destaco a participação muito ativa do fórum da EJA de Santa Catarina e do Pará. O fórum da EJA do DF faz um trabalho próximo disso. Já os outros, eu acho que eles têm muita dificuldade em conversar. O fórum da EJA PE, também, faz mal isso. (M.J.S. – Ministério da Educação (Secadi/MEC))

O representante do segmento dos/as professores/as da Rede Estadual de Ensino avalia que o fórum da EJA PE tem cumprido bem esse papel de instância formadora, pois:

[...] investe muito na formação das pessoas, e isso tem contribuído muito na Região do Sertão do Moxotó-Ipanema. A participação qualificada dos sujeitos no fórum contribui para perceber a EJA com o olhar do direito do cidadão, e que essas experiências estão alicerçadas no campo da igualdade e equidade. Essa participação qualificada nos espaços do fórum da EJA PE possibilita e estimula a compreensão de que a EJA é um direito. (A. A. L. – Professor da EJA/Rede Estadual de Ensino (SEE-PE/Unidades Prisionais))

O representante da ONG/CPFreire avalia que o fórum da EJA PE "revela em suas ações uma atuação no campo da formação dos sujeitos como exercício didático-pedagógico-político de fazer-se coletivamente na diferença (A. S. R. – Organização Não Governamental (CPFreire)).

Destacamos que foi recorrente na fala das pessoas a compreensão de que o fórum da EJA PE aguçou nos seus membros o desejo de se debruçarem, sistematicamente, sobre a EJA, de estudar e perceber os males sociais que estavam sendo causados àquele povo – às pessoas jovens, adultas e idosas, das classes populares, que necessitam concluir seus estudos através da EJA –, de refletirem a respeito de ações compensatórias e assistenciais. Também foi recorrente a percepção de que, se a sociedade civil, não se mobilizasse organizadamente, em nada mudaria a realidade do campo educacional, pois, assim, a EJA continuaria a ser percebida apenas como benesse.

Dez pessoas reconhecem de forma geral, que o fórum da EJA PE é um lugar privilegiado da formação crítica e permanente, onde se pode ter perspectivas de avanços, de reflexão, de estudos e de discussões no campo da EJA com suas pautas demandadas via Reuniões Ordinárias, Encontros, Seminários, entre outros.

Nós nos juntamos a Freire ao compreender que ao/a educador/a democrático/a cabe a dupla função de caminhar para a sua completude de modo que, transformando-se individualmente, possa, também, fazê-lo coletivamente. Trata-se, portanto, da formação permanente de uma necessidade pedagógica e política (Feire, 2001).

Avaliam os/as entrevistados/as que a existência do fórum da EJA PE é "importante porque coloca, no centro do debate, as questões e as contradições pelas quais passam os sujeitos que são atendidos pelas políticas e pelos programas da EJA", o que acaba por construir a unidade de espaços que dialogam buscando superar os déficits educacionais existentes no Brasil. A ação é marcada "por um propósito de refletir, e de disponibilizar elementos argumentados, dentro da filosofia da educação", no sentido de uma formação para as políticas, objetivando, fundamentalmente, influenciar nas políticas públicas para esse segmento da educação.

Todas as pessoas entrevistadas avaliam ser de extrema importância que suas instituições se mantenham nesse espaço de debate, por entenderem que é nesse processo de articulação/mobilização formação permanente e crítica, que a sociedade civil organizada poderá contribuir com o movimento do fórum da EJA PE e, como tal, com a Educação de Jovens e Adultos de Pernambuco.

5.2.3 Tema 5: processo de participação da sociedade nas instâncias do fórum da EJA PE

5.2.3.1 Tópico: a) representação/participação/protagonismo

O representante do MST compreende que, no fórum da EJA PE, há "falta de participação dos/as estudantes, participação popular, protagonismo dos sujeitos que são atendidos pelas políticas e pelos programas da EJA, participação/representação de Organizações e Movimentos fortalecendo o fórum da EJA PE". Pondera que as representações por segmentos sociais estão um pouco desequilibradas, pois "quem mais tem participação são as instituições públicas e governamentais". Portanto:

> [...] o sujeito histórico ao qual há a necessidade de estar no fórum da EJA PE, não está, que são os/as trabalhadores/as; os/as educandos/as e a representação ou o conjunto dos trabalhadores/as do campo e da cidade. O fórum tem um grande desafio que é se tornar um espaço popular onde o povo e os/as trabalhadores/as organizados/as construam um processo rico e organizativo. Não há participação popular no fórum, e sim, institucional. A importância de que se mudem as regras do jogo é fundamental, porque do contrário o fórum da EJA PE se transformará, apenas, em um espaço institucional. (P. H. S. – Movimento Social (MST-Caruaru))

O entrevistado revela que: "nós entendemos que o protagonismo dos sujeitos é forjado, potencializado pelos próprios sujeitos", todavia, ainda segundo ele, "é necessário que haja estímulo para isso". Reitera o entrevistado que a classe trabalhadora não constrói o fórum da EJA PE.

> Quem constrói são as instituições governamentais e públicas, Secretarias e Universidades. Tem a representação da categoria de educadores/as e de estudantes em número mínimo. A categoria da classe trabalhadora em si, não está no fórum. O fórum da EJA só faz sentido, se o conjunto da classe trabalhadora se debruçar por sobre sua construção, e se as tensões vivenciadas na realidade forem trazidas para dentro do fórum da EJA PE, e este conseguir canalizar essas tensões sociais e conseguir apontar um caminho para essas resoluções, contudo, um caminho que supere as contradições existentes, tendo como centralidade o processo da formação, da organização e da luta. Esse tripé é extremamente importante. (P. H. S. – Movimento Social (MST-Caruaru))

A representante da ONG/CPFreire percebe que há ausência de participação por parte de muitos segmentos que compõem o fórum da EJA PE e predominância das representações dos governos:

> Esse fórum deve se articular mais, sobretudo, trazendo de volta os parceiros que se distanciaram e outros presentes na sociedade que estão trabalhando com a EJA. O desafio para o fórum da EJA PE é ser agregador. Uma de suas maiores fragilidades, no momento, é a desarticulação que existe entre os próprios fóruns da EJA Estadual/Regionais/Municipais gerando ausência de espaço para os municípios e instituições divulgarem suas experiências exitosas. Isso enfraquece a luta e, nos fragiliza nas ações de enfrentamento em defesa da EJA em nosso estado. (M. N. S. L. – Organização Não Governamental (ONG/CPFreire))

Entende a entrevistada que o fórum da EJA PE "precisa (re)avaliar suas estratégias de luta, que passa pela mobilização, articulação e fomento às instituições e pessoas, para estarem nessa militância". Acredita ainda que se faz necessária "uma avaliação para não passar pelas situações sem serem exploradas as razões determinantes delas, e não agir como se não houvesse diferença, quando seu alicerce chega a ser antagônico". A entrevistada entende que, ao rever suas bases, "o fórum poderá abrir espaço para a socialização destas e de outras experiências pela afinidade, sobretudo, junto aos outros/as estudantes da EJA", além de construir "unidade no discurso utilizado" por "semelhanças das necessidades, desejos e expectativas" (M. N. S. L. – Organização Não Governamental (ONG/CPFreire)).

A representante da Coordenação da EJA da Rede Municipal avalia como negativa para o fórum da EJA PE a "ausência das demais Secretarias de Educação e a participação tímida dos/as professores/as e dos/as estudantes da EJA". Destaca que "não há investimento na formação de novos militantes ou novos quadros para atuar no fórum da EJA PE, e que nos seus territórios não se renovam os atores" (M. C. P. – Coordenação da EJA/Redes Municipais de Educação (Sedo)).

A representante do Sesi avalia "ser de extrema relevância a abertura da participação social no fórum da EJA PE, independentemente de estarem nas esferas públicas ou privadas, a fim de contribuir de alguma maneira para que as instituições possam se debruçar sobre suas ações". A entrevistada, ao se deparar com essa questão, avalia que "pessoalmente minha participação no fórum da EJA PE resultou em ganhos, no que se refere ao meu trabalho qualificado no campo da EJA".

Avalia que sua participação enquanto representante de uma instituição privada em um ambiente cuja linguagem e diálogo estão centrados, majoritariamente, na esfera pública (educação pública) a ajudou a compreender melhor todas as amarras, desafios, possibilidades, limites e, sobretudo, as questões que engessam o sistema.

> Muitas das discussões se davam em torno da educação pública, e eu não tinha essa aproximação de reflexão em torno dessas questões, pois eu representava uma instituição privada. A minha estadia no fórum da EJA PE resultou em muitos aprendizados, pela linguagem utilizada no campo da EJA, reconhecendo todos os limites das ações neste campo educacional e alguns limites que nos engessam como questões que envolvem objetivamente a própria Rede de Ensino. Era importante estar naquele campo de debate sobre a EJA para tentar compreender como estavam sendo conduzidas as suas ações e diálogos. (L. R. A. A. – Sistema S (Sesi))

O representante da Secadi/MEC, que já ocupou o lugar de coordenador do fórum da EJA PE no período, aproximadamente, de 2006 a 2007, tece o seguinte comentário:

> Não consigo compreender um fórum da EJA onde você tem uma pessoa que domina o fórum. Que impede a participação educativa das pessoas. Num pensamento educativo freiriano, você jamais tolheria a participação de quem quer que seja. Você não humilha. Você não expulsa. Você não afasta. Você acolhe, traz para a roda, e trata as diferenças na roda. A dialogicidade, o espaço do diálogo, ele é feito para isso, para que a gente exponha as nossas contradições, ache as nossas interseções e trabalhe na perspectiva de se aproximar. (M. J. S. – Ministério da Educação (Secadi/MEC))

As pessoas entrevistadas avaliam que o fórum da EJA PE, almejando uma organização com participação mais plural diante dos desafios de seu contexto social-histórico, precisará fazer uma reflexão crítica num diálogo horizontal com sua base em busca de soluções para transformar a realidade imposta à EJA, a partir do olhar para si mesmo e de seus objetivos, para encontrar mecanismos de mobilização social para avançar nas ações em defesa da Educação de Jovens e Adultos em Pernambuco.

Justifica-se, a partir da tomada de consciência de seus membros participantes desta pesquisa, a percepção de que este é um dos maiores desafios impostos ao fórum da EJA de Pernambuco: a "falta de participação dos/as estudantes, professores/as, participação popular e protagonismo dos sujeitos que são atendidos pelas políticas e pelos programas da EJA, da participação/representação de Organizações e Movimentos Sociais para fortalecer o fórum da EJA PE", em busca de dar corpo ao fórum da EJA PE, mais especificamente como agente de mudança revelador de um processo coletivo que, segundo Paulo Freire, inclui, também, o/a trabalhador/a social. Não existe num processo coletivo um único agente de mudança, mas, sim, uma pluralidade de agentes. Freire nos alerta de que "[...] se sua opção é pela humanização, não pode então aceitar que seja o 'agente da mudança', mas um de seus agentes" (Freire, 1983, p. 52).

5.2.3.2 Tópico: b) Presença/ausência dos segmentos dos/as professores/as e estudantes da EJA no fórum da EJA PE

O representante do MST avalia que "no fórum da EJA PE praticamente não aparece a figura do professor e da professora da EJA". Percebe que "essa representação se dá em número mínimo e que o sujeito histórico o qual há a necessidade de estar no fórum da EJA PE, não está [...]" (P. H. S. – Movimento Social (MST-Caruaru)).

A representante do segmento dos/as Coordenadores/as da EJA das Redes Municipais de Educação considera "que há pouca participação dos/as professores/as da EJA" ao avaliar que:

> [...]não estimulamos, preparamos, ou damos espaço para os/as estudantes nem os/as professores/as assumirem esse lugar no seio do fórum da EJA PE. Eles/as têm que ter protagonismos e autonomia de sua atuação junto ao coletivo. Não é o fórum da EJA PE que eu vi nascer! (M. C. P. – Coordenação da EJA/ Redes Municipais de Educação (Sedo))

O representante da Undime-PE avalia que "os/as estudantes e os/as professores/as da EJA estão na condição muito parecida. É uma categoria muito importante, mas na mesma condição de invisibilidade e até ausente do fórum da EJA PE. Esses segmentos não têm protagonismo". Avalia que "é preciso possibilitar essa participação qualificada dos/as estudantes e dos/as professores/as nos espaços do fórum da EJA PE" (F. M. O. – União dos Dirigentes Municipais (Undime-PE)).

A representante do segmento dos/as professores/as da EJA das Redes Municipais de Ensino diz "lamentar muito por perceber que estes segmentos ainda não têm o reconhecimento que a categoria precisa". A EJA ainda "é um território que fica, normalmente, para os/as professores/as que estão mais próximos de suas aposentadorias e/ou estressados/as". A entrevistada compreende "que se trata de práticas marcadas por resquícios da educação compensatória" (R. D. – Professora da EJA/Redes Municipais de Educação (Olinda/Sedo)).

O representante da ONG/CPFreire considera que a pouca presença desses segmentos no fórum da EJA PE revela:

> Uma Lógica da sociedade fechada. O lugar que eles/as frequentaram como estudantes do ensino básico ao ensino superior, na grande maioria, orientada por uma educação conservadora de orientação positivista, para a qual a mudança é inaceitável. Esse/a professor/a e esse/a estudante, eles/as não se diferem nisso.
>
> Vêm dessa trajetória de uma educação brasileira, predominantemente marcada pelos olhares mais conservadores da educação, calcada no positivismo das coisas mais cartesianas. [...] se tivéssemos a presença das várias representações, seria muito interessante. Eu estou convencido de que esse é o caminho [...]. (A. S. R. – Organização Não Governamental (CPFreire))

O representante da CUT, ao se debruçar sobre a atual conjuntura do Brasil, avalia que:

> É intenção dessas políticas enfraquecer todas essas instâncias de mobilização, tipo fóruns da EJA e Conferências. Instâncias que foram organizadas desde as décadas de 70 e 80, a partir da luta permanente e da busca de alternativas de enfrentamento aos desmandos dos Governos e da negação histórica do direito à educação. Diante da conjuntura atual do país, precisamos formar parlamentares ao nosso lado, professores/as ao nosso lado, padres ao nosso lado, pastores/as ao nosso lado, estudantes ao nosso lado. (A. D. R. P. – Movimento Social (CUT))

Avalia o entrevistado que "é tempo de virada de século e nos exige o repensar das estratégias para uma retomada ou continuidade da luta e da militância". Reforça a ideia de que "precisamos juntar a população para que eles/as compreendam que o interesse de ocupar os espaços das escolas que é, sobretudo, deles e delas como direito constituído e criar a consciência de que sozinhos/as não vamos conseguir virar esse jogo".

Diz entender que o fórum da EJA PE precisa "estar nesses espaços como posicionamento político, de denúncia, preocupado em defender o projeto político de nosso povo". E que é necessário ainda, segundo o entrevistado, "estar dentro dos fóruns da EJA e das Conferências junto com os/as professores/as e estudantes para podermos fazer o embate com o poder público através de ações de resistência" (A. D. R. P. – Movimento Social (CUT)).

Uma das questões caras investigadas nesta pesquisa pela própria natureza do fórum da EJA PE, diz respeito ao objetivo de tentar perceber como os membros do fórum da EJA PE enxergam a participação dos sujeitos da EJA. Essa questão teve convergências unânimes entre as pessoas entrevistadas ao reconhecerem que não há protagonismo dos/as estudantes e professores/as da EJA nos espaços do fórum da EJA PE.

Os/as 17 respondentes concordam que há uma participação tímida tanto no que se refere ao número de participantes desses dois segmentos, quanto à qualidade da participação. Reconhecem que há uma ausência da participação dos/as estudantes e professores/as e que os que chegam lá, salvo raríssimas exceções, são escolhidos/as devido à sua simpatia com quem os/as levam/permitem que estejam nesse espaço. No fórum da EJA PE, "os/as estudantes e professores/as ainda ocupam o lugar da plateia". Acreditam as pessoas entrevistadas que essa participação precisa ser mais valorizada e que o fórum da EJA PE precisa encontrar caminhos para ouvir os próprios segmentos a esse respeito. Consideram que a participação política desses segmentos da EJA ainda está "na fase apenas de ouvir dentro desse processo".

Especificamente os casos dos/as estudantes que são convidados/as a compor as mesas de abertura dos diversos Eventos do fórum da EJA PE são interpretados, segundo as pessoas entrevistadas, apenas como atos simbólicos para ocupar espaços figurativos. Não participam efetivamente dos debates, tampouco, ocupam espaços privilegiados de expositores/as, ou protagonistas dos debates promovidos pelo fórum da EJA de PE, assim como guardadas as proporções os/as professores/as da EJA. Essa questão converge com o que foi percebido tanto através da observação participante, constante do capítulo 4 deste livro, quanto, por meio das respostas de 22,22% dos/as respondentes do questionário on-line.

Dissonâncias

Os resultados apurados com o questionário on-line, de acordo com o Gráfico 5, apurou que mais da metade dos/as respondentes, 52,77% (colunas 4 e 5) concordam que há participação ativa dos/as estudantes da EJA, nas ações do fórum da EJA de Pernambuco.

5.2.4 Tema 6: a condução do diálogo no fórum da EJA PE

5.2.4.1 Tópico: espaço de escuta, espaço de fala

O representante do MST avalia que "o fórum da EJA PE não estimula o diálogo horizontal com os membros participantes" (P. H. S. – Movimento Social (MST-Caruaru)).

A CUT pondera que o fórum da EJA PE tem dificuldade em pôr em prática o diálogo cultural ancorado no referencial freiriano, pois no fórum da EJA PE não há diálogo. "A sua própria metodologia é contraditória. A categoria diálogo fica restrita a poucos. O diálogo deveria surgir das inquietações da grande plateia presente, com rodas de diálogo cultural. Com respeito aos diversos saberes ali presentes". Entende que isso revela uma das fragilidades do fórum da EJA PE, se considerarmos que "a educação como prática da liberdade, de acordo com Freire (1987), diferencia-se da simples transmissão de informações e vem no sentido de produzir um senso crítico com o propósito de causar a ampliação da visão de mundo, e isso acontece quando essa relação é intermediada a favor do diálogo de A com B, e não de A para B" (A. D. R. P. – Movimento Social (CUT)).

O representante do governo federal (Secadi/MEC) avalia que, em certa medida, a categoria diálogo fica um pouco comprometida no fórum no fórum da EJA PE e em suas relações, uma vez que

> A gestão pensa muito na gestão dela. Os fóruns da EJA pensam muito neles mesmos, e ninguém estabelece um nível de ascensão dos confrontos de ideias que possam fazer a EJA avançar. Numa gestão onde possibilitaram efetivamente um diálogo mais constante e mais franco com os fóruns da EJA, a incompreensão dos fóruns da EJA desse momento que nós vivemos, impossibilitou que avançássemos nesse processo. (M.J.S. – Ministério da Educação (Secadi/MEC))

A representante da ONG/CPFreire discorre a esse respeito ao dizer que o diálogo ancorado nos referenciais freirianos::

> Não nega o/a outro/a e não quer o/a outro/a fora só porque pensa diferente. É outra maneira de estar nas relações. Outra lógica de humanidade. Assim como eu, politicamente, criticamente, desejo me posicionar, o meu ato de ser humano, na relação da qual participo, é, também, de querer que o/a outro/a exerça semelhante dinamismo político. Modo de ver o mundo numa perspectiva problematizadora crítica, uma dimensão que se faz mediada por argumentos sólidos de uma humanização, naquilo que dá sustentação, que são os valores, os princípios que o fundamenta, a maneira de querer estar na sociedade como coletivo social. (A.S.R. – Organização Não Governamental (CPFreire))

A representante dos/as estudantes da EJA, ao pensar como se dá a participação/diálogo no fórum da EJA PE, faz as seguintes considerações:

> [...] a participação no fórum da EJA PE é assim: quando você chegar lá, vai ter uma pessoa falando... É só você ficar lá escutando, ou pega um celular ou um livro e fica lá. E, eu fico lá como lagartixa, balançando a cabeça e dizendo amém a tudo e a todos? Foi aberta uma fenda para os estudantes da EJA, no fórum da EJA PE, mas a parte acadêmica ainda é supervalorizada, desconsiderando a fala dos/as estudantes da EJA [...]. (A.S.L. – Estudante da EJA (IFPE – Campus Vitória de Santo Antão))

Para a representante do Nupep/UFPE, o diálogo sempre foi uma das bases mais sólidas entre os componentes da Articulação Pernambucana pela EJA/fórum da EJA PE, como principal objetivo entre os sujeitos que era formar grupos para se debruçarem de forma organizada em torno da EJA juntando a teoria e a prática, traduzindo o objetivo que o professor João Francisco esperava. Revela a entrevistada que "o diálogo começou a se adensar quando veio a demanda não só dos movimentos sociais, mas da percepção de que se fazia necessário estreitar o diálogo entre o governos e os Movimentos como MST e Fetape, entre outros". A entrevistada reitera que "o professor João Francisco de Souza, sentia essa necessidade de diálogo para instituir em Pernambuco, de forma organizada, pautas permanentes em torno das questões da EJA". O professor João Francisco, segundo a entrevistada:

> [...] não queria simplesmente, assumir com o coletivo que havíamos desenvolvido uma metodologia ou uma abordagem. Ele queria o diálogo. Ele queria sentar junto e conversar. Lembro muito da ênfase que ele dava ao dizer que era importante que cada um fosse construindo seus caminhos. Ele sentia uma necessidade profunda de que esse grupo tivesse um corpo-aporte teórico para discutir os problemas que acometiam a EJA em Pernambuco. (B. B. M. S. – Universidade Federal de Pernambuco (UFPE/CE/Nupep))

A entrevistada revela que o professor João Francisco prezava tanto pelo diálogo "que houve até certo mal-estar, partindo de algumas poucas pessoas, por não entenderem, a princípio, a insistência do professor João Francisco para que as pessoas dialogassem". Informa ainda a entrevista que algumas pessoas chegaram a questionar o "tempo utilizado 'gasto' para que as pessoas expressassem seus pensamentos". Lembra a entrevistada ainda que:

> Muitas vezes algumas pessoas entendiam que aquele tempo usado nas discussões era perda de tempo. Contudo, o que se esperava era o protagonismo de todos/as na construção de um caminho. Era construir um caminho entre teoria e prática. Nesse grupo sob a coordenação do Professor João Francisco de Souza, maestro da história, nesse primeiro momento de Articulação Pernambucana pela EJA/fórum da EJA PE, nós conseguimos sim, o atendimento/alcance destes objetivos, que nós nos propusemos. (B. B. M. S. – Universidade Federal de Pernambuco (UFPE/CE/Nupep))

Avalia a entrevistada que "conseguimos mesmo com a Articulação Pernambucana pela EJA/fórum da EJA PE, naquele momento, atingir os objetivos, que era manter o espaço de diálogo. Não era seguir regra. Não era construir em nenhum momento um modelo da EJA". Reitera que o "objetivo do coletivo era de estabelecer um espaço de diálogo. Um espaço de escuta. Um espaço de fala. Às vezes, o grupo ficava até um pouco mais irritado porque o professor João Francisco instigava a fala de cada um/a". Conclui a entrevistada sua análise ao dizer que, "embora possa parecer simples, manter uma mesa permanente de diálogo não é fácil". E diz ainda que, apesar do esforço, o fórum da EJA PE, talvez pela própria ausência do papel importante de articulação que o professor João Francisco fazia, demonstra "a dificuldade de pluralizar a discussão [...], em trazer outros parceiros". Reforça a entrevistada que atualmente "você não consegue trazer para a mesa de debate grupos de movimentos sociais". O fórum da EJA PE, "no final das contas, acaba atendendo às demandas, aos documentos, mas não há um aprofundamento entre o local e o regional". Ou seja, a entrevistada, entende que "há dificuldade de diálogo/articulação, inclusive, entre alguns fóruns da EJA que compõem o próprio fórum Estadual".

O diálogo aqui abordado, segundo Paulo Freire, refere-se à possibilidade de as pessoas se aproximarem umas das outras desprovidas de qualquer preconceito. No intuito de estabelecer um diálogo, não se recomenda que uns ditem as normas e as outras pessoas, simplesmente, as absorvam. O diálogo estabelecido entre as pessoas, sobretudo em um coletivo, representa a chance do "não isolamento", oportunizando a compreensão do pensamento da outra pessoa. "É por fim, o espaço onde se expressa o pensar verdadeiro, esperançoso, amoroso, e confiante". Para Freire (1987), "o diálogo é uma exigência existencial, [...] é o encontro em que se solidarizam o refletir e o agir de seus sujeitos, endereçados ao mundo a ser transformado e humanizado [...]" (p. 79).

Ao nos apoiarmos na triangulação dos dados com as recolhas dos resultados da Observação Participante, apuramos que os resultados convergem com as entrevistas ao constatarmos que, nas sete reuniões da OP, o diálogo/debate se dava marcadamente, e, apenas, majoritariamente, com as mesmas instituições e/ou pessoas, e como consequência, o diálogo/debate contemplava os pontos de vistas limitados, em torno de uma média de cinco a oito instituições/pessoas. Diante desse quadro, naturalmente, o maior número de membros do fórum da EJA PE presentes às reuniões não participou de nenhum diálogo/debate; pelo contrário, em muitos casos, a maioria não se manifestou sequer para se apresentar, uma vez que, em nenhuma das reuniões da OP, houve espaço para tal.

Divergentes

Com a intenção de tentar darmos um alcance maior para essa questão, facultamos aos membros do fórum respondê-la, também, através do inquérito por questionário on-line. Solicitamos suas opiniões sobre se compreendiam haver nos espaços do fórum da EJA PE diálogo horizontal, plural, entre seus membros a partir de diferentes pontos de vista. A pesquisa apurou que os/as respondentes compreendem que sim, que, no fórum da EJA PE, há diálogo estabelecido, facultado e estimulado de maneira horizontal e, plural. Esse resultado revelou um número bastante expressivo, pois 74, 36% dos/as respondentes concordam que, nos espaços do fórum da EJA de Pernambuco, o diálogo acontece (Gráfico 3).

5.3 PARTE C: IDENTIDADE DO FÓRUM DA EJA PERNAMBUCO

5.3.1 Tema 7: fórum da EJA PE como um Movimento Social (MS)

5.3.1.1 Tópico: A influência do fórum da EJA PE na construção de políticas públicas para a EJA através do controle social

O representante do MST diz que não "reconhece o fórum como um MS, mas sim, como um espaço de articulação e de luta unitária". Compreende que para ser reconhecido como um MS:

> É preciso que haja uma mobilização de massas e eu não consigo enxergar o fórum da EJA PE como esse espaço que pauta processo de luta, de enfrentamento, que apresente uma plataforma política, que se reconheça num programa maior que ele, e que nesse programa, que é maior que o fórum, coloque a necessidade de se ter um avanço nas questões da política nacional. (P. H. S. – Movimento Social (MST-Caruaru))

A representante da UFPE/Cátedra Paulo Freire compreende que "a natureza do fórum, pela sua própria constituição se caracteriza como um dos movimentos que fazem parte do MS", então, "só posso vê-lo como um MS", todavia, nos últimos tempos, o fórum EJA PE:

> Ganhou uma feição mais governamental e uma representação muito mais governamental e, por isso, ele se afasta transitoriamente, não pela sua natureza, mas, pelo modo de agir, de um Movimento Social. O Movimento Social tem uma importância muito grande para as definições das políticas sociais e educacionais. Estão na luta pela garantia de direitos políticos e sociais que hoje se coloca como uma urgência, e essa urgência tem que ficar visível no fórum da EJA PE. Uma política social é uma questão da política de Educação. (M. E. S. – Universidade Federal de Pernambuco (UFPE-Cátedra Paulo Freire))

A representante do Sintepe diz que o fórum da EJA "está atuante e mais presente de forma institucional, do que mesmo como MS", pois o

fórum ainda "não despertou para termos um fórum da EJA de Pernambuco que rompa com a institucionalidade" (C. B. – Sindicato (Sintepe)).
O representante da CUT entende que o fórum da EJA não é um MS.

> É um espaço em que os MS se encontram para consolidar as propostas de políticas, através da sociedade civil organizada, para brigar por políticas públicas. Os fóruns perdem sua essência de militância e atuação porque passaram a ser o espaço privilegiado das gestões públicas. Instâncias como o fórum da EJA PE estão meio capengas. Atualmente não têm mobilizado outros movimentos sociais para estarem presentes. O fórum tem tomado medidas que são contraditórias à sua missão. (A. D. R. P. – Movimento Social (CUT))

A representante dos/as Coordenadores/as da EJA das Redes Municipais de Educação diz não compreender os fóruns, sobretudo na atualidade, como um MS e que:

> No período em que os Professores João Francisco, Paulo Rosas e a Professora Eliete Santiago participavam do fórum da EJA PE, ele se apresentava com mais característica pela luta social dos movimentos sociais. Eles tinham outro olhar pedagógico e um olhar de luta social. Na atualidade os fóruns passaram a se estruturar em torno de um olhar mais pedagógico e não discutimos políticas públicas. O Professor João Francisco atuou no fórum da EJA PE, possibilitando um novo olhar para o campo da EJA. O diálogo com o coletivo de formadores/as, o olhar pedagógico, olhar de luta social e popular que o Professor João estimulou no fórum, veio dos movimentos de cultura popular. (M. C. P. – Coordenação da EJA/Redes Municipais de Educação (Sedo))

O representante da Coordenação do fórum da EJA PE compreende que o fórum "não se caracteriza como MS porque ele é frágil. Não é orgânico. É mais passivo do que ativo nessas relações. Somos muito mais político-pedagógico do que político-ideológico para fortalecer a EJA" (J. E. O. L. – Coordenação do fórum da EJA PE (SME-Vicência/CPFreire/SEE-PE(Sede)).O representante do governo estadual SEE-PE/Gejai/Sede revela que "não enxerga o fórum como um MS".

> Os fóruns da EJA têm feito costuras importantes com representação de vários segmentos, de várias instituições, discutindo um ponto comum, e pensando na melhoria da qualidade operacional e institucional da EJA. Entendemos

> o fórum da EJA PE, como um grande movimento pedagógico que tomou um rumo que é ouvir a voz da comunidade daquela localidade, daquela região, diante de tentar acompanhar as ações em torno das políticas públicas de atendimento para a EJA. (M. T. A. – Secretaria Estadual de Educação. (SEE-PE/Gejai(Sede))

O mesmo tipo de posição é revelado pelo representante do governo federal ao dizer que não compreende o fórum como um MS.

> O fórum é outro tipo de organização e lida com os movimentos sociais mais estruturados. O fórum não tem as características de luta, de inserção com a comunidade como a gente enxerga nos movimentos sociais. Isso não diminui a importância dele não. Ele não é só uma rede de articulação, mas ele, o fórum da EJA PE, não é um movimento social. (M. J. S. – Ministério da Educação (Secadi/MEC))

A representante do segmento dos/as professores/as da Rede Municipal de Ensino diz compreender que o fórum:

> É um movimento social. Funciona como controle social e se preocupa com a qualidade da EJA de como essa educação está chegando, e se preocupa com os resquícios históricos. Isso é um movimento social. Um grupo com várias representações que está se incomodando, se mobilizando, se fazendo presente, se posicionando, dizendo da sua compreensão do que se propõe para a EJA. Discordando de algumas políticas e/ou concordando com as políticas, mesmo que necessite de alguns ajustes. (R. D. – Professora da EJA/Redes Municipais de Educação (Olinda/Sedo))

O representante dos/as professores/as da Rede Estadual de Ensino entende que o fórum "é sim. É um MS independente, que agrega os mais diversos segmentos sociais, de construção compartilhada dos desejos, das ações e enfrenta os desafios impostos pela sociedade" (A. A. L. – Professor da EJA/Rede Estadual de Ensino (SEE-PE/Unidades Prisionais)).

A representante dos/as estudante da EJA considera que "o fórum é, sim, um MS". É um "lugar onde é um ponto de encontro dessas pessoas que não têm espaços para falar o que pensam" (A. S. L. – Estudante da EJA (IFPE Campus Vitória de Santo Antão)).

A representante do Nupep/UFPE compreende que "não é um MS, mas antes um percurso social".

> Ele é um espaço social, mas, não o entendo como um movimento social. É um percurso [...]. É um caminho. A Articulação como uma possibilidade. [...] Um espaço de construção do saber que acontece nesse espaço entre a tua informação que é um conhecimento teu, ao que eu recebo e constituo, e as minhas reações. Espaço que existe quase que a gente pode tocar na sua concretude, mas que só vai se constituindo a partir da interação entre eu e os outros. (B. B. M. S. – Universidade Federal de Pernambuco (UFPE/CE/Nupep))

A temática da identidade do fórum da EJA PE é uma de nossas questões de pesquisa motivadas através do Movimento Nacional dos fóruns da EJA, ainda que ele não saiba, uma vez que não é consenso entre os estados e o DF. E no caso de Pernambuco, após termos percebido essa mesma problemática, então, entendemos ser relevante como contribuição ao Movimento, já que se trata de uma pesquisa pioneira, ao oportunizar, através desta investigação, o início desse debate internamente, podendo ser aprofundado caso o fórum da EJA PE entenda ser importante.

Gohn (2014) entende que o papel dos movimentos sociais na sociedade contemporânea continua sendo importante.

> Pensamos que os movimentos sociais continuam sendo atores centrais (ainda que logicamente não exclusivos nem portadores da "melhor" ou "única" mensagem transformadora) dos processos e dinâmicas de protestos e luta por mudanças e justiça social no mundo contemporâneo. Uma questão de fundo tem a ver com a própria definição de que os diferentes atores e agentes sociais, que se apresentam como movimento social (ou ressignificando alguma prática social como movimento. (p. 11)

Das 17 pessoas/instituições entrevistadas, 14 avaliam que o fórum da EJA de Pernambuco não traz em sua identidade características de um MS. Entendem que nos últimos tempos ele ganhou uma feição mais governamental, com representação muito mais governamental; e que na atualidade o fórum da EJA PE, passou a se estruturar em torno de um olhar mais pedagógico, formativo e que de uma forma geral não se discutem nos seus espaços de debates políticas públicas.

Percebem que o fórum da EJA de Pernambuco tem sido "mais passivo e político-pedagógico do que político-ideológico para fortalecer a EJA".

Consideram o fórum da EJA como outro tipo de organização que lida com os movimentos sociais mais estruturados, mesmo que no momento haja poucas representações de movimentos sociais atuando no fórum da EJA PE.

Entendem que na maioria das vezes o fórum da EJA PE não guarda as características de luta e de inserção com a comunidade como se percebe nos Movimentos Sociais, todavia ele cria alguns espaços de confronto/embate/debate em defesa da EJA na perspectiva do direito à educação de pessoas. Essa posição de não reconhecer o fórum da EJA PE como um MS converge com os 13,89% pessoas respondentes ao questionários on-line.

Dissonâncias

Três pessoas entrevistadas, representantes dos segmentos dos/as estudantes da EJA e dos/as professores/as das Redes Municipais e Estadual de Educação, compreendem que o fórum da EJA PE apresenta em sua identidade características marcadas por um MS. Segundo elas, o fórum da EJA PE, funciona como "controle social e se preocupa com a qualidade da EJA, de como essa educação está chegando, e com os resquícios históricos". Entendem que o fórum da EJA PE "é composto por um grupo com várias representações que estão se incomodando, se mobilizando, se fazendo presentes, se posicionando, dizendo da sua compreensão do que se propõe para a EJA, portanto, o fórum da EJA, sim, é um MS de construção compartilhada dos desejos, das ações e enfrenta os desafios impostos pela sociedade".

A posição dessas três pessoas entrevistadas concordantes de que a identidade do fórum da EJA PE guarda elementos de um MS converge com os resultados alcançados através do inquérito por questionário on-line com um número bastante expressivo de respondentes – 86,11% (Gráfico 1) – que também concordam que o fórum da EJA PE é um MS. Vale lembrar que o questionário on-line alcançou 12 Regionais da Educação, sendo um número muito relevante se considerarmos o total de 16 Regionais. Convergem, também, com o grupo de discussão descrito no capítulo 4 da OP ao entenderem que o fórum da EJA PE apresenta características que o identificam como um MS.

5.3.2 Tema 8: Contribuição do fórum da EJA PE para influenciar nas políticas sociais/políticas públicas para a EJA em Pernambuco

5.3.2.1 Tópico: a) luta e influência dos fóruns da EJA na efetivação de políticas públicas para a EJA através do controle social

A representante do Sesi entende que, apesar de reconhecer que "ainda temos muito a fazer no que se refere à organização e mobilização da sociedade, houve, sim, contribuições".

> Já colhemos frutos dessa contribuição: a EJA tornou-se uma modalidade da educação, a elaboração do material didático específico para a EJA, a questão da merenda, o mobiliário da EJA. Todavia, nossa força é transparente quando nos unimos nacionalmente. As ações no campo da EJA nos obrigam a perceber que, a depender das gestões governamentais, damos um passo para frente e/ou dois para trás. Há um avanço e às vezes há retrocessos. O fórum da EJA PE tem que amadurecer muito nessa relação, de pressionar o governo, por políticas públicas de Estado e não de Governo. (L. R. A. A. – Sistema S (Sesi))

O representante do MST, ao avaliar o percurso e atuação do fórum, sobretudo, nos últimos anos, entende que:

> O trabalho que o fórum da EJA PE faz é um trabalho importante do ponto de vista da costura, da articulação, mas, do ponto de vista da intervenção real e concreta na política, entendida aqui como força social, e força social é povo, é massa mobilizada, no qual ela atinge as demandas desse povo e do conjunto desse povo, então, o fórum da EJA PE ainda tem esse ponto a avançar, que é saber como incidir na política estadual e nacional. (P. H. S. – Movimento Social (MST-Caruaru))

O entrevistado avalia que:

> Há um esvaziamento político dentro do processo de construção do fórum da EJA PE e, naturalmente, a prática também vai ser vazia. Mesmo que o fórum da EJA PE tenha sido construído para discutir as questões da EJA, ainda estamos num nível de discussão em que o debate está centrado na

> prática pedagógica, e não como essa prática pedagógica está ligada e consegue interferir no conjunto da política. Se não estamos conseguindo incidir na política geral, significa que a gente está canalizando as nossas forças de forma equivocada. Para incidir na política real, é preciso fazer luta e fazer luta é o enfrentamento político, é mobilizar a base. (P. H. S. – Movimento Social (MST-Caruaru))

A representante da UFPE/Cátedra Paulo Freire avalia que o fórum da EJA PE tem "contribuído para a construção das políticas públicas para a EJA. O que não quer dizer que não valha a pena o fórum fazer uma autoanálise para melhor avaliar suas estratégias de mobilização, atuação e luta".

Segundo a entrevistada:

> A EJA que assumiu um lugar na CONFINTEA, um lugar no Ministério de Educação e um lugar no Plano Nacional de Educação, tem muito a ver com a luta dos Movimentos Sociais e de modo particular, dos fóruns da Educação de Jovens e Adultos. O fórum da EJA PE é a grande força que a gente tem de reivindicar, propor e fazer o controle social da política. (M. E. S. – Universidade Pública Federal (UFPE/CE/Cátedra Paulo Freire))

A representante do Sintepe avalia que "o fórum da EJA PE tenta insistentemente com a pauta permanente sobre a EJA". Todavia, diz a entrevistada que:

> Por serem finalizados os Encontros Estaduais da EJA e, não chegar para os membros e participantes em geral, um resultado do que foi feito com os documentos reivindicativos/propositivos que têm sido construídos ao longo dos anos, então, não conseguimos perceber quem de fato está influenciando nas políticas públicas para a EJA em Pernambuco. (C. B. – Sindicato (Sintepe))

Destaca a representante do Sindicato que o fórum da EJA PE precisa encontrar seu caminho de autonomia:

> É preciso que tenha uma autonomia. Uma independência, para que a gente possa reivindicar denunciar, gritar. No fórum da EJA PE, não se concretiza ou materializa alguma ação de enfrentamento. O fórum da EJA PE tem que ser dialético, entretanto, não pode ser tomado apenas, ou em sua maioria, pela perspectiva do interesse do Governo. O fórum da EJA é um espaço de confronto de ideias e de

posicionamento e no fórum da EJA PE as pessoas não se confrontam pra construir políticas públicas. (C. B. – Sindicato (Sintepe))

A representante da ONG/CPFreire diz compreender que no momento o fórum da EJA PE:

> Não está cumprindo com esse papel de influenciar nas políticas públicas, quando atua isoladamente em Pernambuco. Tem se procurado pouco a Secretaria Estadual de Educação levando propostas. Tem se procurado pouco as representações políticas de Pernambuco levando proposições e cobranças. O fórum da EJA PE deveria ser mais incisivo neste confronto. Precisa estar mais estruturado, e ser plural. Não estamos sabendo como atuar para nos fazer ouvir e se perdem muitos espaços. (M. N. S. L. – Organização Não Governamental (ONG/CPFreire))

Conclui a entrevistada ao dizer que "deveríamos ir à luta com mais organização e organicidade. O fórum da EJA PE parece estar adormecido. Ele foi criado para atuar permanentemente" (M. N. S. L. – Organização Não Governamental (ONG/CPFreire)).

O representante da CUT avalia que

> O fórum da EJA PE não intervém porque os Encontros e reuniões do fórum da EJA PE transformaram-se em espaços de lamentações e lamúrias de sala de aula. Não nos reunimos para propor intervenções ou para propor políticas interventivas. Não nos posicionamos sequer frente ao Governo de Pernambuco, que é meritocrata. (A. D. R. P. – Movimento Social (CUT))

A representante do segmento dos/as Coordenadores/as da EJA da Rede Municipal avalia que o fórum da EJA PE "é um espaço privilegiado para discutir políticas públicas para a EJA no estado e nos municípios, mas não contribui para implementar políticas públicas porque nós perdemos o objetivo maior que é discutir a EJA".

> As ações têm estado pautadas em cima de coisas que já estão muito viciadas. Não se renovam os atores e não há espaço para socializar ações no campo da EJA. Vamos perdendo nossas referências no fórum da EJA PE. É preciso novas ideias, novos olhares sem deixar para trás o seu alicerce. O papel do fórum da EJA PE é formar novos militantes com o

> pensamento de uma base construída com a projeção para o futuro. Não discutimos os problemas de raiz da EJA. Temos que ir à raiz do problema. (M. C. P. – Coordenação da EJA/ Redes Municipais de Educação (Sedo))

O representante dos/as Coordenadores/as do fórum da EJA diz que o fórum da EJA PE tem uma atuação passiva. "Uma existência que se localiza numa ideia mais didático-pedagógica. De influenciar nas políticas, não. O fórum da EJA não é legitimado para isso. Nunca tivemos essa força de realizar movimentos nas ruas e audiências" (J. E. O. L. – Coordenação do fórum da EJA PE (SME – Vicência/CPFreire/SEE-PE(Sede)).

A representante da UPE avalia que "só o fato do fórum da EJA PE existir já representa uma grande contribuição para influenciar nas políticas por pautar a EJA permanentemente". Entende que, sendo de "atuação permanente é importante para Pernambuco". Compreende que "suas ações irão provocar discussões que pautarão a EJA e a responsabilidade de seus atores". Nessa articulação, visa "contribuir com a construção das políticas públicas para a EJA como instrumento de pressão para influir nas políticas e apontar caminhos, através de sua voz e de sua representação e significado social", porque entende que "o fórum da EJA PE é um espaço de denúncia, de anúncio, proposições, organização e participação social". A entrevistada destaca como uma ação importante para essa contribuição:

> O esforço de descentralização dos Encontros Estaduais da EJA, buscando dar visibilidade às ações da EJA através do fórum da EJA PE. A primeira vez que saíra da capital para o interior de Pernambuco, no ano de 2008, para o Agreste Meridional (Garanhuns), mobilizou cerca de 260 pessoas na Região e conseguiu trazer para o debate com o coletivo à época o então Diretor de Políticas Públicas para EJA do MEC/Secadi, a fim de pautar políticas públicas para a EJA em Pernambuco e no Brasil. O esforço de descentralização dos encontros, além de democratizar o acesso às ações do fórum da EJA PE, intencionava azeitar as discussões e a participação dos membros daquela região. (W. L. C. – Universidade Pública Estadual (UPE Campus Garanhuns))

A entrevistada reitera a importância do pioneirismo em Pernambuco na descentralização dos Encontros, por reconhecer que, naquela oportunidade, em Garanhuns, ainda em 2008:

> Houve uma grande participação estudantil, muito importante naquele Encontro, em número e qualidade da presença, revelando uma contribuição significativa para dar visibilidade à EJA nas Regiões junto aos seus respectivos municípios, além de dar unidade e facultar nos reconhecermos, enquanto membros militantes do segmento, para além da Capital e Região Metropolitana. (W. L. C. – Universidade Pública Estadual (UPE Campus Garanhuns))

A entrevistada aprofunda a sua reflexão ao dizer que essa ação significou ganho para o fortalecimento do fórum da EJA de Pernambuco, pois contribuiu para a compreensão dos membros de que o fórum da EJA PE:

> Não é mérito da Capital, nem da Região Metropolitana. Ele deverá chegar aonde houver escolas que atuem na EJA e que as distâncias territoriais não lhes impeçam de serem ouvidos. Serviu, também, para possibilitar que outras vozes fossem ouvidas. E sendo o fórum da EJA PE uma entidade que é de Pernambuco, é de todas as Regiões do estado. E assim o fórum da EJA PE se tornou itinerante. (W. L. C. – Universidade Estadual de Pernambuco (UPE – Campus Garanhuns))

Avalia ainda a entrevistada que o fórum da EJA PE "é um espaço de controle social". Entretanto, diz ela, que mesmo reconhecendo esse avanço, tem que admitir que "pressionamos muito dentro do próprio grupo" e que "não conseguimos atingir a visibilidade necessária do nosso fazer enquanto fórum da EJA de Pernambuco Entende que "as forças das ideias do fórum da EJA PE ainda não são visíveis o suficiente enquanto controle social" e que "em Pernambuco as questões da EJA ainda não são latentes para a sociedade" (W. L. C. – Universidade de Pernambuco (UPE Campus Garanhuns)).

O representante da SEE-PE/Gejai/Sede avalia que o fórum da EJA PE, entre outros aspectos, "serve como um termômetro avaliativo das ações da própria Secretaria".

> Contribui com essa relação, porque convida todos/as para o diálogo permanente em torno da EJA. É um espaço que a gente tem para estar discutindo as políticas, acompanhar e avaliar as políticas públicas. Participamos avaliando e propondo cada vez mais, a qualificação do profissional. É um espaço de discussão de debate de melhorias para qualificar a Alfabetização e Educação de Jovens e Adultos (M. T. A. – Secretaria Estadual de Educação. (SEE-PE/Gejai(Sede))

Acredita que o fórum da EJA PE tem cumprido o seu papel e que:

> A SEE-PE através de sua Gerência da EJA entende que tem que assegurar esse espaço com o fórum da EJA PE porque é um espaço plural, para ouvir atentamente o coletivo do fórum da EJA PE e tentar encontrar coletivamente sugestões e críticas, que possam possibilitar à SEEPE/Gejai/Sede implementar políticas públicas. Reconhecemos que nos ajuda a perceber nossos acertos e fracassos e, assim, contribui com a implementação das políticas públicas para a EJA devido à sua vigilância constante. (M. T. A. – Secretaria Estadual de Educação (SEE-PE/Gejai(Sede))

O entrevistado encerra suas considerações a esse respeito ao revelar que "acompanhamos maciçamente o trabalho do fórum da EJA PE", por ser um "espaço de discussão e que pode vir a vislumbrar políticas públicas Pernambuco". A partir desse entendimento, a SEE-PE/Gejai tem "oportunizado aos nossos técnicos locais, e das Regionais, que possam estar participando ativamente das atividades oferecidas pelos Foruns da EJA Municipais, Regionais, e o Estadual, porque acreditamos que o trabalho que o fórum da EJA de Pernambuco faz pode melhorar de fato, a EJA em Pernambuco" (M. T. A. – Secretaria Estadual de Educação de Pernambuco (SEE-PE/Gejai (Sede)).

O representante da Undime-PE avalia que o papel do fórum da EJA PE é importante na construção das políticas públicas:

> Porque dá uma contribuição para que as Redes Municipais e Estadual de Educação possam estar se debruçando sobre a temática da EJA, para que o sistema de ensino seja mais comprometido com a EJA pública de qualidade. Lamentavelmente, pode-se constatar que, em determinadas Secretarias Municipais de Educação, dos 365 dias do ano "gastos" com a educação, apenas 65 dias seriam destinados às ações da EJA, e neste sentido, o fórum da EJA PE mobiliza, traz ideias e provoca as Redes de Ensino para dar a devida importância que deveriam dar para termos uma política pública efetiva, com ações de qualidade social, permanente e sustentável para a EJA. (F. M. O. – União dos Dirigentes Municipais (Undime-PE))

O entrevistado conclui seu pensamento a esse respeito ao dizer que:

> O fórum da EJA PE aglutina diversos segmentos e pessoas mobilizadas em prol da defesa de uma causa, que é garantir

> a EJA para o público que não foi escolarizado na dita idade certa. Tem um papel muito estratégico e importante para aglutinar forças e entidades para que as pessoas possam enxergar naquele espaço de discussão um caminho para fortalecer a EJA. É um espaço de formação, é um espaço de mobilização social. (F. M. O. – União dos Dirigentes Municipais de Pernambuco (Undime-PE))

O representante do governo federal (Secadi/MEC) avalia que, mesmo "reconhecendo todos os limites de atuação do fórum da EJA PE, entende que contribuem sim para programar políticas públicas, através do processo permanente de formação" (M. J. S. – Ministério da Educação (Secadi/MEC)).

O representante dos/as professores/as da Rede Estadual de Educação diz compreender que o fórum da EJA PE "tem contribuído porque mantém a discussão permanentemente" (SEEPE/Unidades Prisionais).

O representante da ONG/CPFreire diz estar convencido de que o fórum da EJA PE:

> [...] guarda alguns elementos de enfrentamento. Está em todos os lugares e se situa onde há pessoas que se vinculam com o ideal e com o movimento de querer pensar uma Educação com jovens e adultos, no sentido de uma formação para as políticas, movida por um profundo desejo coletivo, de ser útil à sociedade ocupando um espaço de orientação para as políticas públicas. (A. S. R. – Organização Não Governamental (CPFreire))

Compreende o entrevistado que o fórum da EJA PE:

> É necessário como um contraponto à organização das políticas públicas. Sua existência já é de grande contribuição à sociedade em que participa e contribui de várias frentes: ao propor políticas; no campo da formação política do sujeito membro do fórum da EJA para ir se reconhecendo sujeito no processo das proposições dessas políticas; no processo da reconstrução de como essas políticas são feitas e das forças internas contraditórias, conflituosas. (A. S. R. – Organização Não Governamental (CPFreire))

O entrevistado aprofunda sua reflexão ao pensar na inter-relação entre o fórum da EJA PE e os governos ao dizer que

> O governo faz aquilo que em uma lógica de uma sociedade neoliberal costuma fazer, explorar. Tenta coibir tudo aquilo

> que diverge da sua posição de uma lógica de administrar a dimensão das políticas públicas. Naquele governo em que haja uma tendência das pessoas serem mais favoráveis a uma abertura ao chamado do povo para a discussão, com planejamento estratégico participativo, o fórum da EJA PE ganham uma representatividade e uma força mais expressiva. Nos governos como o que nós temos agora, que é repressor, é intencionalmente feita uma desarticulação, de todos os movimentos de representação de base e desarticulação de grupos de trabalhadores/as. (A. S. R. – Organização Não Governamental (CPFreire))

Lembra o entrevistado que como estratégia de mobilização e contribuição em defesa da EJA em Pernambuco:

> Temos fóruns da EJA do litoral ao sertão. E, é com esse público diversificado, que varia, que se modifica, porque a cada quatro anos muda a gestão, porque muda a política, o órgão gestor central se modifica, e, modificando a sua maneira de pensar a política e a bandeira partidária, mudam também as várias pessoas no fórum da EJA PE. É dessa forma que vamos nos movendo nessa militância política. (A. S. R. – Organização Não Governamental (CPFreire))

A representante do Nupep/UFPE avalia que, ao longo dos anos, o fórum da EJA PE:

> Contribui para impulsionar políticas públicas, mas tem que ter o exercício constante de mudar de perspectiva ou de questionar sempre a perspectiva utilizada, como processo de avaliar e questionar que caminhos nós estamos trilhando. A avaliação precisa ser anualmente, semestralmente, porque com muita facilidade a gente se assenta. A gente se acomoda. E aí se deixa de fato de ter um rodízio saudável. Um movimento de fórum da EJA não pode ser sempre o mesmo. Tem que ter perspectivas e ao mesmo tempo um questionamento constante sobre o que de fato a gente está fazendo. (B. B. M. S. – Universidade Federal de Pernambuco (UFPE/CE/Nupep))

Recorda a entrevistada que "um dos primeiros documentos coletivos que marcou a história da vigilância/posição política do movimento de Articulação Pernambucana pela EJA/fórum da EJA PE foi a construção de um documento chamado de Carta de Pernambuco"[43]. Contou-nos que

---

[43] Constante no capítulo 1, Figura 1 – Compromissos da Carta de Pernambuco (2000) e figura 2 – Recomendações da Carta de Pernambuco (2002).

essa carta foi construída "a partir de várias mãos e mentes com o público presente nos Encontros entre 1999 e 2002, e foi utilizada por muito tempo na Articulação Pernambucana pela EJA como posicionamento político". A carta foi encaminhada aos vários representantes governamentais. "Esse manifesto/carta deixava alguns pontos delimitados, sem ser muito fechado, e nele apontávamos alguns cuidados que a gente deveria ter com o processo educacional da EJA" (B. B. M. S. – Universidade Federal de Pernambuco (UFPE/CE/Nupep)).

O representante da coordenação do fórum da EJA PE revela que ele, pessoalmente, atuou na disseminação da Carta de Pernambuco.

> Fui um dos principais responsáveis por fazer a Carta de Pernambuco chegar o mais longe possível representando a posição política de Pernambuco, entre os anos de 2002 e 2004. Entregue ao MEC como estratégia de mobilização, e através das estruturas da SEE-PE, foi encaminhada para todas as Regionais de Educação de Pernambuco com a orientação de que fosse disseminada em todas as instâncias que se vinculassem ao campo da EJA em Pernambuco, a fim de reafirmar a posição do Estado de Pernambuco através do controle social das políticas públicas. (J. E. O. L. – Coordenação do fórum da EJA PE (SME-Vicência/CPFreire/SEE-PE (Sede))

Essa é mais uma das questões caras que atenderam a um dos principais objetivos da pesquisa. Compreender, como os membros do fórum da EJA de Pernambuco, desde o seu surgimento, enquanto Articulação Pernambucana pela EJA, compreendem a organização e contribuição do fórum da EJA PE para implementar/influenciar nas políticas públicas para a Educação de Jovens e Adultos, em Pernambuco. A análise nos levou ao resultado de que das 17 pessoas respondentes, quatro acreditam que o fórum da EJA PE não atende esse a objetivo, convergindo com o questionário on-line, utilizado com a expectativa de atingir o máximo de respostas (Gráfico 2), revelando que 15,72% dos respondentes estão mais próximos do *score* 1 (discordo totalmente), ou seja, de não concordarem que o fórum da EJA PE tem influenciado na construção da política para a EJA no Estado.

Divergentes

Treze pessoas entrevistadas acreditam que o fórum da EJA PE contribui com o desenho das políticas públicas para a EJA no estado no que se refere à formação permanente de sua base e à mobilização da sociedade com pautas permanentemente críticas sobre a EJA. Esse resultado converge com a outra parte das respostas obtidas no questionário on-line, uma vez que mais da metade dos/as respondentes (56,14%) concordam que o fórum da Educação de Jovens e Adultos de Pernambuco tem influenciado no redireccionamento das políticas públicas da EJA no estado de Pernambuco. Vale lembrar que o grupo de discussão da observação participante, capítulo 4, também concorda que o fórum da EJA PE contribui com a construção das políticas para a EJA de Pernambuco na perspectiva de mobilizar atores para pensar sobre questões importantes da EJA.

Diferente

Uma pessoa entrevistada se posiciona de forma diferente, afirmando não ter elementos suficientes para dar essa resposta, pelo fato de não ser facultado aos membros participantes do fórum o acompanhamento dos documentos encaminhados à SEE-PE que resultam das reivindicações dos Encontros Estaduais do fórum ao longo dos anos. Afirma também não ter acesso aos possíveis retornos dados pela Secretaria Estadual de Educação aos pleitos do fórum da EJA PE.

5.3.2.2 Tópico: b) exercício democrático/segmento governo(s) federal, estadual e municipais como membros participantes do fórum da EJA PE

O representante do MST diz que "não vejo problemas em termos os governos atuando como membro do fórum da EJA PE. Os sujeitos envolvidos é que têm que ter a consciência do papel de cada um dentro dos espaços do fórum da EJA PE e não esquecermos qual é a finalidade do fórum da EJA PE" (P. H. S. – Movimento Social (MST-Caruaru)).

A representante da UFPE/Cátedra Paulo Freire diz que não vê problemas em termos os governos participando com assentos no fórum da EJA PE.

> Temos e teremos instâncias governamentais que terão perspectivas manipuladoras, e instâncias governamentais que terão perspectivas emancipatórias. Cabe ao grupo na sua composição perceber quando há uma perspectiva de manipulação, para quando isso ocorrer, perceber, analisar e se confrontar. Isso é um exercício democrático. (M. E. S. – Universidade Federal de Pernambuco (UFPE/CE/Cátedra Paulo Freire))

Segue refletindo a entrevistada ao dizer que o fórum da EJA PE é um exercício democrático porque ele é plural:

> Todo espaço/lugar democrático tem conflito. Se a gente tem a predominância do projeto que está voltado para a defesa dos direitos da EJA na perspectiva da justiça, vamos ter esse avanço, do contrário, a gente tem recuo. Por serem organizações plurais, acolhem todos os segmentos e, de um modo geral, isso é paritário para se trabalhar com equilíbrio. O fórum da EJA PE terá cada vez mais que lutar para garantir aquilo que foi conquistado a duras penas. (M. E. S. – Universidade Pública Federal (UFPE/CE/Cátedra Paulo Freire))

A representante do Sintepe diz que "a participação do governo oscila de acordo com as gestões governamentais e que isso termina por inviabilizar algumas concretizações de ações no fórum da EJA PE. Essa situação causa uma instabilidade tanto nas representações quanto nas ações oriundas de sua organização porque requer uma participação e a dinâmica do governo, pela sua substituição, que implica na substituição de sua base aliada, inviabiliza essa concretude no fórum da EJA PE" (C. B. – Sindicato (Sintepe)).

A representante da ONG/CPFreire avalia que "é importante a variedade de segmentos da sociedade no fórum da EJA PE. É fundamental a presença do governo no fórum da EJA PE, entretanto, o fórum não poderá ser constituído em sua maioria pelo governo". Reitera que a "função do fórum é propositiva" e que é "importante tentar mobilizar as escolas à participação". A entrevistada encerra a sua fala ao dizer que "uma autoavaliação ajudaria a tentar perceber quais as dificuldades que estão enfrentando ao manter o segmento do governo no seio do fórum e se estão enfrentando" (M. N. S. L. – Organização Não Governamental (ONG/CPFreire)).

O representante da CUT avalia que "os nossos fóruns da EJA estão enfraquecidos, porque a maioria das pessoas e instituições que compõem o fórum da EJA PE está ligada às instâncias governamentais, municipais e estadual de educação". Avalia o entrevistado que faltam esforços para mobilizar outros parceiros como movimentos sociais, associações, organizações etc. "Os Movimentos Sociais estão fora desse embate, desse debate. Fala-se muito mais enquanto gestão municipal do que enquanto demanda social" (A. D. R. P. – Movimento Social (CUT)).

FÓRUM DA EJA DE PERNAMBUCO

A representante da Coordenação da EJA das Redes Municipais de Educação avalia que "a presença dos governos estadual e municipais com suas Secretarias de Educação possibilita compartilhar experiências entre os municípios. O fórum da EJA PE "é um ambiente onde se pode discutir políticas públicas para a EJA" (M. C. P. – Coordenação da EJA/ Redes Municipais de Educação (Sedo)).

O representante da Coordenação do fórum da EJA PE diz que "as representações governamentais têm que estar presentes no fórum da EJA PE porque elas são as executoras das políticas". Elas que "vão gerir o dinheiro público, e fazer a EJA acontecer". Têm que estar no fórum "para ouvir, participar do debate e gerar demandas em suas ações particulares e saber que o fórum da EJA PE está acompanhando". Elas que "promoverão junto com as pessoas solidárias a difusão do pensamento do fórum da EJA PE" (J. E. O. L. – Coordenação do fórum da EJA PE (SME-Vicência/ CPFreire/SEE-PE(Sede)).

A representante da UPE avalia que "é importante a participação do governo nos espaços do fórum da EJA PE, porque têm que ser democráticos. Cabe ao coletivo saber lidar com todos os sujeitos presentes no fóruns da EJA e cobrar quando tiver que cobrar" (W. L. C. – Universidade Pública Estadual (UPE Campus Garanhuns)).

O representante da SEE-PE/Gejai entende que é importante estar nos fóruns da EJA participando do debate.

> A SEE-PE através de sua Gerência da EJA entende que tem que assegurar esse espaço com os fóruns da EJA para ouvir atentamente o coletivo dos fóruns da EJA e encontrar coletivamente sugestões e críticas que possam possibilitar a SEE-PE/GEJAI a programar políticas públicas. Isso nos ajuda a perceber nossos acertos e fracassos e contribuir com a implementação das políticas públicas para a EJA devido à sua vigilância constante. (M. T. A. – Secretaria Estadual de Educação de Pernambuco (SEE-PE/GEJAI (Sede))

O representante da Undime-PE diz perceber que, apesar do número de participantes dos governos, "a participação ainda é muito tímida, pois são poucas as cidades que buscam estarem presentes acompanhando o debate, e que tenham uma política em sua cidade e em sua região voltada para a EJA". O entrevistado entende que é necessário:

> Um caminhar muito grande para desenvolvermos uma consciência cidadã política. Uma tomada de decisão por parte dos municípios para podermos enfrentar com mais qualidade os desafios impostos à EJA. A presença da Undime é fundamental para efetivarmos as demandas oriundas e provocadas pelo fórum da EJA PE, pautadas em políticas públicas com ações de qualidade social para a Educação de Jovens e Adultos em Pernambuco. (F. M. O. – União dos Dirigentes Municipais de Pernambuco (Undime/PE))

O representante do governo federal Secadi/MEC diz que "é muito difícil ser/estar no governo".

> Tem uma série de amarras que, mesmo tendo passado pelo processo de militância, sobretudo no campo das educação popular e dos fóruns da EJA, inclusive, como representante do de Pernambuco, tais amarras nos impedem de avançar como nós gostaríamos nas nossas ideias. A gente acredita que tudo é possível, mas, chegando lá no MEC, a gente percebe que quase "nada" é possível. Essa briga para tentar descobrir como quebrar essas amarras e como sair dos limites que a gestão pública impõe e avançar, além de todas as dificuldades políticas e ideológicas que se tem sobre a EJA, é muito difícil. Tanto os gestores quanto os fóruns da EJA precisam compreender que não necessariamente estão em lados opostos. (M. J. S. – Ministério da Educação (Secadi/MEC))

O entrevistado, ao se debruçar sobre a relação entre a gestão pública e fóruns da EJA, através do diálogo e confronto de ideias, conclui que:

> A gestão pensa muito na gestão dela. Os fóruns da EJA pensam muito neles mesmos. E ninguém estabelece um nível de ascensão dos confrontos de ideias que possam fazer a EJA avançar. Nas gestões onde possibilitaram, efetivamente, um diálogo mais constante e mais franco com os fóruns da EJA, foi impossibilitado de avanços nesse processo, algumas vezes, pela incompreensão dos fóruns da EJA, desse momento que nós vivemos. (M. J. S. – Ministério da Educação (Secadi/MEC))

O entrevistado avalia que já esteve dos dois lados – quando militante, lidava com os governos em defesa da EJA; como gestor público, com o mesmo afinco, militava e imprimia esforço em defesa da EJA. A diferença é que agora estava sentado do outro lado do birô.

> Mesmo durante o período de Governo, eu pude estabelecer um diálogo muito respeitoso com os fóruns da EJA. Divergindo quando tinha que divergir, concordando quando tinha que concordar, é que se constituiu numa escuta mútua e de um respeito muito grande. É possível essa interação entre Governo e fóruns da EJA, de forma que se trabalhe junto em prol do mesmo objetivo, sem, necessariamente, estar concordando o tempo inteiro e sem um grupo dominar o outro. (M. J. S. – Ministério da Educação (Secadi/MEC))

O representante do segmento dos/as professores/as da Rede Estadual de Ensino avalia de forma muito positiva a participação dos governos municipais, sobretudo, nos últimos anos.

> Os novos Secretários de Educação da maioria dos municípios da Região do Sertão do Moxotó-Ipanema demonstram ter um olhar mais sensível para a EJA. Têm incentivado seus quadros de professores/as a participarem do fórum da EJA. Têm procurado a coordenação para tirar dúvidas com relação à formação de turmas e está existindo toda uma afinação para atender a esse público da EJA, nas Redes Municipais e Estadual. Mas as políticas públicas para a EJA ainda caminham a passos lentos. (A. A. L. – Professor da EJA/ Rede Estadual de Ensino (SEE-PE/Unidades Prisionais))

O representante da ONG/CPFreire entende que:

> Os fóruns da EJA são fortemente influenciados por pessoas dos vários setores governamentais. Talvez, se não fosse por isso, os fóruns da EJA de Pernambuco já tivessem seu fim decretado. Os fóruns da EJA não teriam força política suficiente de expansão e quedariam. Temos a interiorização dos fóruns da EJA porque temos os ambientes da Gestão Pública Governamental que é onde nós estamos atuando. (A. S. R. – Organização Não Governamental (CPFreire))

Tentando ampliar o alcance a essa questão que consta nos objetivos de nossa investigação, utilizamo-nos também desta recolha através do inquérito por questionário on-line. Com base nisso, lançamos mão da triangulação dos dados para tentarmos perceber de maneira mais abrangente o entendimento das pessoas, procurando apurar se concordam ou não com a participação do segmento do governo como membros do fórum da EJA de Pernambuco. Apuramos como resultado que 81,36% dos respondentes concordam com a participação desse segmento governamental no fórum da EJA PE, de acordo com o Gráfico 4.

Gráfico 4 – *Os membros do fórum da EJA PE concordam com a participação do segmento do governo no fórum da EJA PE?*

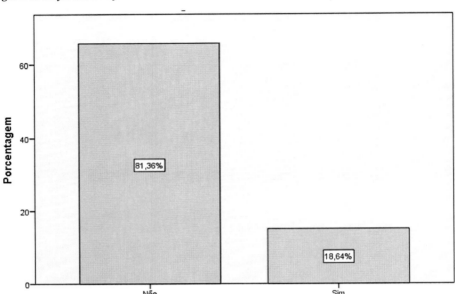

Fonte: Criado pela pesquisadora, através do *Google Forms*, de acordo com os dados apurados através do inquérito por questionário on-line.

A representante do Nupep/UFPE compreende que "o governo e o poder público, comitê gestor, os grupos de coordenadores/as têm que estar lá nos espaços dos fóruns da EJA, mas não pode ser apenas uma meta política. Tem que apontar caminhos para o diálogo". Avalia a entrevistada que "os fóruns da EJA têm que ser fórum e não esperar apenas pelo governo ou poder público para a delimitação". Entende que "o governo tem que entrar nos fóruns da EJA com o segmento dele, com as questões deles, mas o fórum da EJA PE tem que ter pessoas/instituições/movimentos sociais que estejam representando a sociedade de maneira significativa" (B. B. M. S. – Universidade Federal de Pernambuco (UFPE/CE/Nupep)).

O fórum da EJA é um movimento marcadamente contraditório e essa questão da participação dos governos no fórum revelou-se, no início da pesquisa, como importante e, por isso, consta dos nossos objetivos, tendo sido confirmada através da recolha dos resultados como uma relevante contribuição para com a organização do fórum da EJA de Pernambuco.

Foi unânime o reconhecimento dos/as entrevistados/as da importância de ter e manter esse assento no coletivo do fórum da EJA PE, por entenderem que o fórum é um espaço de exercício democrático que implica, a partir do referencial freiriano, "na concretização da unidade na diversidade que possibilita a convivência pautada na liberdade conquistada e no direito assegurado de diferentes num mesmo espaço". Portanto, o fórum da EJA, sendo um espaço plural nas instituições e ideias, deve acolher todos os segmentos da sociedade que atuam no campo da EJA, o que, de um modo geral, "é paritário para se trabalhar com equilíbrio".

Partilham por unanimidade, também, da ideia de que faltam esforços do fórum da EJA PE para mobilizar outros parceiros, como movimentos sociais, organizações, igrejas, associações de bairros, representações estudantis, entre outros, e que isso enfraquece o movimento, porque entendem que, naturalmente, "os/as representantes dos governos defendem o projeto político de seu governo, de sua gestão".

Compreendem ainda que, "na maioria das vezes, o fórum perde sua essência de militância e atuação porque passou a ser o espaço privilegiado das gestões públicas em detrimento da demanda social". Avaliam também que "é fundamental a presença dos governos no fórum, porque eles são os executores das políticas, portanto, os responsáveis por garantir que as ações em defesa da EJA, no que tangem à efetivação dos direitos no sentido mais amplo da palavra, sejam concretizadas". Pelas razões expostas, entendem que "é importante o governo estar no fórum da EJA PE participando do debate e gerando demandas em suas ações particulares em benefício da EJA".

Reconheceram que "o fórum da EJA PE não está sabendo lidar com essa importante participação dos governos no fórum, o que leva, inevitavelmente, a se perderem oportunidades de pautar as questões essenciais da EJA com esse segmento", mesmo tendo os governos, dentro de sua própria casa.

Houve quem nos alertasse, também, de que

> [...] a participação do governo oscila de acordo com as gestões governamentais, e que, implica na substituição de sua base aliada, nesse caso, causando uma instabilidade, tanto nas representações, quanto nas ações oriundas de sua organização, afetando diretamente, tanto os fóruns da EJA Municipais, Regionais, quanto o Estadual, inviabilizando,

muitas vezes, as concretizações de diversas das ações no fórum da EJA PE. (A. S. R. – Organização Não Governamental (CPFreire)).

Dissonâncias

Há ainda quem não só reconheça que a presença dos governos é importante e deva ser mantida no movimento, como também acredite, inclusive, que, "se não fosse a presença constante dos governos, os fóruns não teriam se consolidado, pois, desde o seu nascedouro, houve a presença muito marcante dos governos, até mesmo, para possibilitar a mobilização nas Regionais de Educação". Houve ocasião em que "o fórum da EJA PE utilizou-se da própria estrutura logística da Secretaria Estadual de Educação para apoiar o fórum da EJA PE na instalação dos fóruns Regionais, à época nas dezessete Regionais da Educação, mais fortemente de 1997 a 2004". Possivelmente, "se não fosse pela presença dos Governos Municipais e Estadual que representam, literalmente, a ampla maioria no fórum da EJA PE, este já não existisse mais".

Com a palavra o governo de Pernambuco:

> O espaço do fórum da EJA tem que ser democrático. Cabe ao coletivo saber como lidar com todos os sujeitos presentes no fórum da EJA PE e cobrar quando tiver que cobrar. A SEE-PE através de sua Gerência da EJA entende que tem que assegurar esse espaço no fórum da EJA PE para, junto com o coletivo, encontrarmos caminhos que nos ajudem a construir a EJA em Pernambuco. Isso auxilia a SEE-PE/Gejai a perceber acertos e fracassos e contribui para influenciar nas políticas públicas para a EJA, devido à vigilância constante do fórum da EJA PE. (M. T. A. – Secretaria Estadual de Educação (SEE-PE/Gejai (Sede))

CAPÍTULO 6

A PARTICIPAÇÃO DOS/AS ESTUDANTES DA EJA NO FÓRUM DA EJA DE PERNAMBUCO

6.1 PARTE A: PARTICIPAÇÃO DOS/AS ESTUDANTES DA EJA E SUAS AUSÊNCIAS

À opção de uma ação social coletiva, plural nas suas bases, se faz impositiva avaliações permanentes sobre o papel específico de seus segmentos participantes, a fim de (re)pensar o papel dos sujeitos/membros em busca de uma melhor qualidade da participação, objetivando contribuir para a superação das barreiras culturais que permanecem reproduzindo as correlações de forças nas relações que emergem a partir das relações sociais.

A partir do objetivo que une os segmentos que compõem o fórum da EJA PE de influenciar na construção de políticas públicas para a EJA, espera-se a participação qualificada, a partir do lugar de cada segmento. Nesse caso em específico, os fóruns da EJA contam com a prerrogativa da participação dos/as estudantes da EJA.

Facultar aos/às estudantes da EJA assento no seio do fórum da EJA PE, qualificado, democrático e inclusivo, justifica-se, sobretudo, por ser um espaço democrático e pelo fato de o/a estudante da EJA ser o sujeito mais indicado para contribuir na reflexão junto com as demais representações do movimento, indicando questões específicas que acometem seu segmento, a partir de seu próprio lugar de fala, sejam estas, sobre avanços, retrocessos, negação do direito, principais dificuldades de acesso, permanência, estrutura física, material didático, transporte escolar, entre outros, num diálogo horizontal e crítico, fraterno e solidário, objetivando propor e defender políticas públicas para o seu segmento, legitimado a partir do seu viver/sentir/agir, do chão de sua própria experiência chamada de escola, ou pela falta dela, enquanto um dos seus direitos essenciais à vida – a educação.

6.1.1 Estudantes da EJA: desafios e possibilidades

A partir dos resultados encontrados nesta pesquisa, torna-se necessário um olhar um pouco mais aprofundado sobre a participação dos/as estudantes da EJA no fórum da EJA PE, sem, no entanto, a pretensão de esgotar a discussão. Pelo contrário! Pretende-se, como contribuição ao movimento, provocar o debate sobre essa questão, a fim de que o fórum possa, como resultado do reconhecimento de seus próprios membros, sobretudo, com base nas compreensões dos/as participantes, tentar perceber como se dá, de fato, no seu cotidiano, na forma como se organiza a participação dos/as estudantes no seio do fórum da EJA de Pernambuco e tentar encontrar alternativas que facultem a superação dos entraves e desafios impostos a esse espaço, como consta nos resultados encontrados com essa pesquisa, marcadamente, ao longo de sua história.

Em busca de tais respostas e análises por parte das pessoas envolvidas nesta pesquisa, buscamos a compreensão dos membros sobre a participação dos/as estudantes no fórum da EJA PE. Para tanto, utilizamo-nos de estratégias de recolha, como já percebido no capítulo 3 deste livro, que trata da metodologia da pesquisa, através dos instrumentos, tais como a observação participante, entrevistas individuais semiestruturadas e questionário on-line, através dos quais iremos dar continuidade ao abordar essa temática.

Por entendermos a importância de ouvirmos um maior número possível de membros do fórum da EJA PE, lançamos mão do questionário on-line abrangendo as diversas Gerências Regionais de Educação e os mais diversos segmentos com assento nesse fórum, sobre diversas temáticas. Entre elas, nós investigamos as questões inerentes à participação dos/as estudantes da EJA, como, por exemplo, se os/as respondentes entendem que o fórum da EJA PE possibilita a participação ativa dos estudantes.

Gráfico 5 – *Os/as estudantes da EJA têm participação ativa no fórum da EJA?*

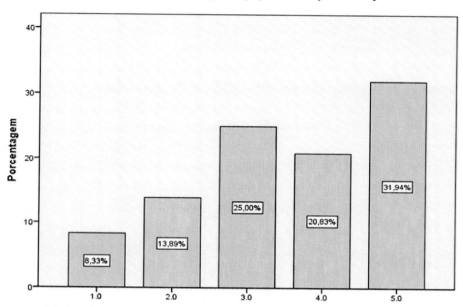

Fonte: Criado pela pesquisadora, através do *Google Forms*, de acordo com os dados apurados através do inquérito por questionário on-line.

Através de escala Likert (1–5), apuramos que 52,77% dos/as respondentes (colunas 4 e 5) entendem que, sim, há participação ativa dos/as estudantes nas ações do fórum da EJA PE, em detrimento de 22,22% (colunas 1 e 2) que estão mais propensos à concordância de que os/as estudantes não participam ativamente do fórum da EJA PE. Investigamos também se o fórum tem sabido manter-se próximo dos públicos da EJA.

Gráfico 6 – *Aproximação do fórum da EJA do público da EJA*

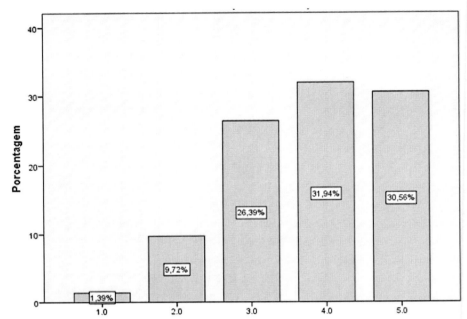

Fonte: Criado pela pesquisadora, através do Google Forms, de acordo com os dados apurados através do inquérito por questionário on-line.

O resultado apurado através do Gráfico 6 mostra que mais de 62% (colunas 4 e 5) compreendem que o fórum da EJA tem conseguido se manter próximo do público da EJA, representando um número bem expressivo de concordância.

Mantendo o intuito de possibilitar aos membros refletir com mais atenção sobre a participação dos/as estudantes no fórum da EJA de Pernambuco, que está instituído e em pleno funcionamento há 29 anos, questionamos os/as respondentes se o fato de o Movimento do fórum passar a ter um/a estudante da EJA compondo o coletivo de coordenadores/as do fórum o fragilizaria.

Gráfico 7 – *Estudantes da EJA compondo o coletivo de coordenadores/as do fórum o fragiliza?*

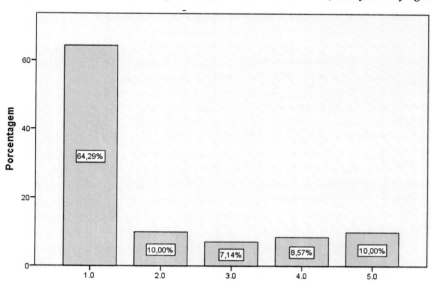

Fonte: Criado pela pesquisadora, através do Google Forms, de acordo com os dados apurados através do inquérito por questionário on-line.

Organizada em escala Likert (1–5), em que o *score* 1 é pouco frequente e o *score* 5 é muito frequente, apuramos que, em média, 64,29% (colunas 1) não concordam com essa questão e que, em média, 10% acreditam que fragilizaria (coluna 5) de acordo com o Gráfico 7. Nessa mesma direção, questionamos, de acordo com o (Gráfico 8), se é legítimo um/a estudante da EJA compor o coletivo de coordenadores/as do fórum da EJA PE.

Gráfico 8 – *A coordenação do fórum da EJA composta, também, por estudantes é legítima?*

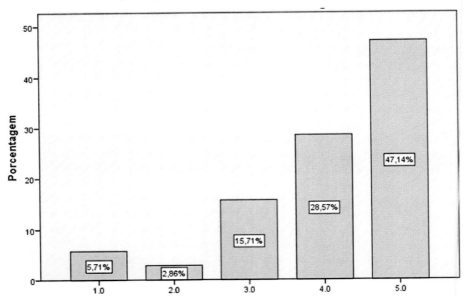

Fonte: Criado pela pesquisadora, através do Google Forms, de acordo com os dados apurados através do inquérito por questionário on-line.

Com relação a essa questão, verificamos um percentual bem expressivo de concordância, revelando que, em média, 75,71% (colunas 4 e 5) dos/as respondentes concordam com essa possibilidade. Ao passo que menos de 8% (colunas 1 e 2) tendem a não concordar. Como vimos, os resultados apontam que a maioria dos/as respondentes concorda que os/as estudantes possam ocupar a função colegiada de coordenadores/as do fórum da EJA PE, entendendo que não fragilizaria o movimento, e mais, que é legítimo tal segmento ocupar esse espaço no fórum da EJA Pernambuco, de acordo com os Gráficos 7 e 8.

Como o fórum da EJA PE é composto por diversos fóruns Municipais e Regionais, isso nos motivou a tentar perceber se em algumas das regiões do estado já tivemos algum estudante eleito para compor a gestão colegiada de coordenadores/as dos diversos fóruns, uma vez que já dispúnhamos da informação de que no fórum da EJA PE nunca um/a estudante exerceu tal função. Começamos pelas Redes Municipais ao questionarmos: No fórum Municipal da EJA da Região em que você participa algum/a estudante já foi eleito/a para integrar a coordenação do fórum?

Gráfico 9 – *Algum/a estudante da EJA dos fóruns Municipais de sua Região foi eleito/a para integrar a coordenação dos fóruns?*

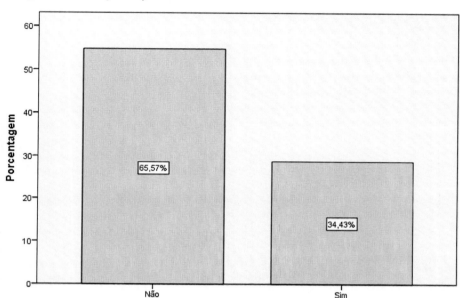

Fonte: Criado pela pesquisadora, através do Google Forms, de acordo com os dados apurados através do inquérito por questionário on-line.

Essa pergunta foi elaborada com resposta objetiva "sim" ou "não", e de acordo com o gráfico 9, os resultados apurados apontam que 34,43% dos/as respondentes concordaram que, sim, em suas regiões já haviam sido eleitos/as estudantes da EJA para compor a coordenação colegiada do fórum da EJA. Em contrapartida, percebemos que essa questão continua sendo um desafio, também nos fóruns municipais, uma vez que 65,57%, dos/as respondentes, ou seja, quase dois terços dos respondentes afirmam que nunca um/a estudante foi eleito/a para essa função em um fórum Municipal da EJA, da sua região.

Aplicamos a mesma questão para os fóruns Regionais da EJA da seguinte forma: no fórum da região em que você participa algum/a estudante já foi eleito/a para integrar a coordenação do fórum Regional?

Gráfico 10 – *No fórum Municipal da EJA de sua Região algum/a estudante já foi eleito/a para integrar a coordenação do fórum Regional?*

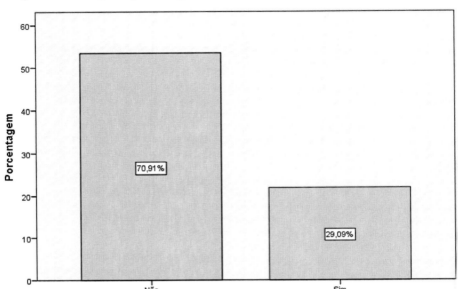

Fonte: Criado pela pesquisadora, através do Google Forms, de acordo com os dados apurados através do inquérito por questionário on-line.

Ao analisarmos essa questão, pudemos verificar que nos fóruns Regionais apenas 29,09% concordam afirmativamente que já houve a eleição da coordenação do fórum da EJA com algum/a participação de estudantes da EJA, ao passo que 70,91% afirmam, ao contrário, ao responderem que em suas regiões nunca houve a eleição de estudantes da EJA para compor a coordenação colegiada do fórum Regional da EJA (Gráfico 10).

Com relação às respostas dos gráficos 9 e 10, fica claro que o fórum da EJA PE precisará conversar com sua base para tentar perceber por que os fóruns Regionais e Municipais demonstram esforços para incluir os/as estudantes na coordenação colegiada, ao passo que no fórum da EJA Estadual isso ainda não ocorreu, apesar de haver uma concordância significativa de seus membros entendendo que, se essa composição colegiada se concretizasse, além de ser legítima, não fragilizaria o movimento.

6.1.2 A participação figurativa dos/as estudantes da EJA: presença/ausência

Divergências

Na contramão dos resultados apresentados através do inquérito por questionário on-line (Gráficos 5 e 6) constantes deste capítulo, a análise das entrevistas revela por unanimidade que não há participação efetiva dos/as estudantes nos espaços do fórum da EJA PE e que esse mesmo fórum não tem sabido lidar com a presença desse segmento. A recolha de dados através da Observação Participante em sete reuniões ordinárias do fórum da EJA PE, em regiões diferentes e contando com a diversidade de públicos, confirma o que as pessoas entrevistadas afirmam: que nos espaços do fórum da EJA de Pernambuco os/as estudantes da EJA não têm tido sua participação efetivada, apesar de terem seus assentos assegurados e se fazerem presentes ainda que em pequena quantidade em muitas ocasiões.

Tanto a análise das entrevistas quanto a Observação Participante revelaram que a participação do segmento dos/as estudantes da EJA tem se dado de forma muito acanhada, no sentido literal da palavra. Percebe-se uma presença maior nos Encontros Estaduais e/ou Municipais, entretanto não significa dizer que têm assumido um lugar de sujeito protagonista do processo ou que tenham participação ativa, constatando-se, no entanto, que se configura, na imensa maioria das vezes, como uma participação figurativa, por estarem ausentes dos debates e diálogos, apesar de fisicamente presentes.

Em seis das sete reuniões de Observação Participante, confirmamos o que pensam as pessoas entrevistadas: essa presença torna-se praticamente uma ausência pelo número inexpressivo de participação. E, sobretudo, pela falta da participação ativa. Nas 6 das 7 reuniões da OP, os/as poucos/as estudantes presentes às reuniões entraram e saíram calados. Ou seja, ainda, quando há participação, essa se dá, na imensa maioria das vezes, pautada no silêncio verbal, literalmente. Ou ainda, dá-se uma presença, que muitas vezes não é sequer percebida, por conta, entre outros motivos, da metodologia assumida rotineiramente no fórum da EJA de Pernambuco —através de palestras sendo a centralidade para provocar o diálogo/debate, opção metodológica que não tem estimulado os poucos e as poucas estudantes que chegam aos espaços do fórum da EJA PE a se sentirem sujeitos do processo. Assim, essa forma metodológica centrada em palestras contribui para que os/as poucos/as estudantes presentes sejam, inevitavelmente, silenciados/as.

Como poderá ser confirmado com a Figura 11, a metodologia da observação participantes percorreu as Regiões Metropolitana do Recife, Mata Centro, Mata Norte, Agreste Centro Norte e Sertão do Moxotó-Ipanema, além da própria capital do estado, por duas vezes e em nenhuma delas foi encontrado um número de estudantes que acompanhem regularmente as ações do fórum da EJA PE superior a quatro, exceto pela presença de alguns estudantes da Aesa/Cesa, na reunião realizada em Arcoverde e na reunião realizada na capital do estado em 17 de fevereiro, quando estiveram presentes estudantes da Faculdade Orígenes Lessa (Facol). Em ambos os casos, os/as estudantes foram identificados/as pelo fardamento que usavam. Vale destacar que, apesar das observações anteriormente citadas, isso não significa dizer sob hipótese alguma que não houvesse outros/as estudantes nas reuniões citadas. Significa dizer que, ainda que lá estivessem, não foram percebidos/as.

Observemos que apenas na reunião realizada em 29 de julho de 2016, na Região da Mata Centro em Vitória de Santo Antão, destacada na Figura 11 com a cor verde, não por acaso, houve a participação do/a estudante ao se posicionar criticamente diante do público.

Figura 11 – *Registro de participação dos/as estudantes nas reuniões de OP*

Registro de participação dos estudantes nas reuniões de OP

Primeira reunião: 18 de março de 2016 **Região Metropolitana do Recife - Olinda**	• Registramos a presença de dois estudantes da EJA do Instituto Federal de Pernambuco (IFPE) – Campus Vitória de Santo, membros do Fórum da Região da **Mata Centro**. Não houve participação do/a estudantes. Como não houve espaço para que as pessoas se apresentassem, possivelmente, não foram percebidos/as, por todas as pessoas.
Segunda reunião: 16 de junho de 2016 **Agreste Centro Norte - Caruaru**	• A reunião contou com a participação de quatro estudantes, sendo dois da Região do **Agreste Centro Norte**: Caruaru e Toritama e os mesmos do IFPE - Campus Vitória de Santo Antão. Também não se manifestaram em nenhum momento e, inclusive, como não houve espaço para que as pessoas se apresentassem, possivelmente, não foram percebidos/as por todas as pessoas.
Terceira reunião: 29 de julho de 2016 **Agreste Centro Norte - Caruaru**	• Nessa reunião havia a presença dos mesmos estudantes do IFPE Campus Vitória de Santo Antão e, desta vez, assumiram suas posições política de membros do Fórum da EJA, fazendo uso de seus direitos de fala para denunciar uma situação vivida em suas instituições de ensino, agindo ele e ela, em suas próprias defesas.
Quarta reunião: 30 de setembro de 2016 **Capital - Recife**	• Percebemos a presença dos mesmos estudantes do IFPE-Campus Vitória de Santo Antão. Todavia, não se colocaram publicamente em nenhum momento. Se haviam outros estudantes não sabemos, pois também não houve espaço para apresentação das pessoas.
Quinta reunião: 20 de dezembro de 2016 **Sertão de Moxotó – Ipanema - Arcoverde**	• Nessa reunião, também havia a presença de três estudantes da EJA. Uma delas era do Município de Toritama e os outros eram os mesmos do IFPE – Campus Vitória de Santo Antão. Mais uma vez o/as estudantes não se colocaram e, possivelmente, não foram percebidos/as por todas as pessoas. Havia, também, a presença de alguns/mas estudantes da Graduação da AESA/CESA percebidos/as pelo uso do fardamento. Também não houve espaço para que as pessoas se apresentassem.
Sexta reunião: 17 de fevereiro de 2017 **Capital - Recife**	• Havia a presença dos mesmos estudantes do IFPE- Campus Vitória de Santo Antão. Havia ainda a presença de estudantes da FACOL, identificados pelo fardamento. Provavelmente, não foram percebidos/as por todas as pessoas, porque igualmente não houve espaço para que as pessoas se apresentassem, assim como, nenhum/a estudante se manifestou no momento do debate.
Sétima reunião: 31 de março de 2017 **Mata Norte – Nazaré da Mata**	• Percebemos a presença de estudantes, daquela região, através do uso de seus fardamentos. Não visualizamos o/a estudante do IFPE – Campus Vitória de Santo Antão e não houve espaço para que as pessoas se apresentassem, assim como, também nenhum/a estudante se pronunciou publicamente.

Fonte: Criado pela pesquisadora.

A reunião realizada na Mata Centro, em Vitória de Santo Antão, no IFPE[44], localizado na Propriedade Terra Preta, S/N, Zona Rural, revela uma ação muito importante do fórum da EJA por ter sido realizada numa Região de Zona Rural, o que pode ser interpretado como um esforço a mais para incluir as diversas regiões do estado de forma democrática no debate, o que não quer dizer que tenha ocorrido pela primeira vez no fórum da EJA PE.

Nessa reunião conseguimos perceber que havia um clima tenso no público ali presente, embora não tenha sido declarado o que de fato ocorria. Esse clima se acentuou no momento do item da pauta que abordou a avaliação das ações do biênio do fórum da EJA PE, mesmo que não tenha havido de fato uma avaliação tecida pelos membros presentes, mas, sim, uma exposição feita por um dos Coordenadores do fórum da EJA PE.

Nessa reunião, foi possível registrar algo marcante na trajetória do fórum da EJA PE, pois foi a primeira vez na história de uma Reunião Ordinária do Movimento do fórum da EJA PE, que os/as estudantes tomaram a palavra e agiram em suas próprias defesas. Sem querermos entrar no mérito da questão, o que importava naquele momento não era o que ou como denunciavam, mas que denunciavam. Sendo assim, interpretamos como extremamente relevante, uma vez que, enquanto representantes do segmento dos/as estudantes da EJA no fórum da EJA PE, tenham, finalmente, tomado consciência de que aquele espaço é tão deles/delas quanto de qualquer outra pessoa membro do fórum da EJA PE, ou coragem para vencer as barreiras, ainda que esse caso se refira a apenas dois estudantes.

Vale destacar ainda que esses mesmos estudantes vinham acompanhando, sistematicamente, as reuniões ordinárias do fórum Estadual da EJA, além do fórum da EJA de suas regiões. Já participaram de Encontros Estaduais, Regionais, Nacional e da Confintea Brasil +6, mesmo que não necessariamente os dois estivessem, ao mesmo tempo, nos mesmos ambientes. Vale também destacar que o e a estudante se manifestaram justamente dentro do espaço físico de suas instituições de ensino, assim como na Região do fórum da EJA de onde são oriundos. Ou seja, nos seus ambientes cotidianos.

Salientamos que, na maioria das vezes, para que a participação dos/as estudantes aconteça nas diversas instâncias do fórum, faz-se necessário que a Coordenação do fórum Municipal, Estadual e/ou Regional, em parceria com outras instituições, assuma a responsabilidade logística para

---

[44] Instituto Federal de Educação, Ciência e Tecnologia de Pernambuco.

esse fim. Esse fato revela o quanto é importante e necessário para os/as estudantes receberem apoio de suas regiões e instituições de ensino, pois a exemplo destes, que têm tido uma participação sistemática nas reuniões ordinárias dos fóruns da Região da Mata Centro, do fórum Estadual, em alguns encontros como Ereja, e nos demais encontros já citados anteriormente, é fruto do apoio que têm recebido, na imensa maioria das vezes da coordenação do fórum da EJA local.

Essas ações de parceria para assegurar a presença dos/as estudantes nas atividades dos diversos fóruns são importantes para a formação política desse segmento, contribuindo para qualificar o debate das suas bases. Portanto, notadamente, percebe-se a relevância dessa participação contínua nas diversas instâncias dos fóruns da EJA, ao percebermos que, não por acaso, foram esses mesmos estudantes que acompanham o fórum da EJA, sistematicamente que conseguiram romper com seus silêncios ao incluir na pauta do dia do fórum da EJA de Pernambuco, ainda que não oficialmente algo que lhes dizia respeito e afetava, diretamente, pedindo a palavra que lhes garantiu naquele momento a participação horizontal e crítica como segmento de estudantes. Esse caso pode se traduzir em avanço no que diz respeito à qualidade da participação e compreensão política daquele espaço.

Como vimos por seis reuniões consecutivas, os/as estudantes não tinham sido, na maioria das vezes, sequer percebidos/as pela maior parte dos membros presentes, salvo raríssimas exceções. Sendo assim, essa questão também reforçou a ideia de que foi importante pautar esse assunto nas recolhas dos dados através do inquérito por questionário on-line, entrevistas individuais e da Observação Participante.

Mais uma vez apoiados/as na categoria participação do segmento dos/as estudantes da EJA com assento no fórum da EJA PE, constatamos que, na maioria das vezes, suas presenças tornam-se praticamente ausências, se considerarmos que das sete reuniões observadas apenas em uma delas os/as estudantes presentes se posicionaram publicamente diante da plateia.

Registramos que investigamos essa questão junto aos membros do fórum da EJA PE, fossem eles e elas atuantes ou não, e constatamos que ao longo da sua história o fórum tem enfrentado o desafio de (con)viver com os/as estudantes, sujeitos da EJA, e de dar concretude à participação ativa desse segmento. Os resultados apresentados mostram que os/as estudantes ainda não conseguiram no coletivo do fórum da EJA de Pernambuco, lugar de protagonismo e que, portanto, a efetiva participação desse segmento continua no campo das possibilidades. Eventualmente, em um ou outro Encontro, o fórum da EJA conta com a presença em número relativamente expressivo dos/as estudantes oriundos dos vários locais de Pernambuco, no entanto, isso não tem sido o suficiente para garantir sua efetiva participação, mantendo-os, reiteradamente, de maneira simbólica nos eventos, seja para adentrarem nos auditórios de abertura dos Encontros segurando as bandeiras de suas regiões, seja para compor uma mesa de abertura, contudo ocupando repetidamente os espaços da figuração.

6.1.3 A falta de protagonismo dos/as estudantes da EJA

No que tange às pessoas entrevistadas, esses resultados se confirmam com as falas apresentadas a seguir, a começar pelo segmento da representante dos/as Coordenadores/as da EJA das Redes Municipais de Ensino (MCP): "Apesar de sua longevidade de existência, o fórum da EJA PE ainda tem esse ponto a avançar com o segmento dos/as estudantes, por ter uma participação muito tímida". A entrevistada entende que no fórum "não se renovam os atores. Não estamos formando novos militantes ou novos quadros para atuar no fórum e nos seus territórios". Entende a entrevistada que essa situação não pode se perpetuar no fórum da EJA PE.

> Os estudantes têm que ter protagonismos e autonomia de sua atuação junto ao coletivo. Esse não é o fórum da EJA PE que eu vi nascer! Temos que ver os estudantes como iguais nessa militância e não adianta mantermos um discurso de igualdade de assento no fórum da EJA PE, se julgamos que o nosso saber nessa luta é mais relevante que o saber dos próprios atores interessados no processo. É importante que ocupem esse espaço, também na coordenação do próprio fórum da EJA PE. (M. C.P. – Coordenação da EJA/ Redes Municipais de Educação (Sedo))

O representante da ONG/CPFreire diz perceber claramente que "no fórum da EJA PE os/as estudantes não têm protagonismo". Em convergência com a posição da ONG, o representante da CUT revela perceber que "os/as estudantes da EJA, assim como os/as professores/as, estão ausentes dos espaços do fórum, se considerarmos a pouca presença física", ainda que reconheça que "os/as poucos/as que por lá aparecem, é como se não estivessem lá".

> Os/as estudantes não têm protagonismo algum no espaço do fórum da EJA PE. Há uma ausência da participação do/a estudante e os/as que chegam lá são escolhidos/as devido à sua simpatia com quem os leva/permite que estejam nesse espaço. Não é pelo reconhecimento de que eles e elas são os personagens principais do fórum. Deveria ser estimulado o seu protagonismo e autonomia. (A. D. R. P. – Movimento Social (CUT))

O segmento do Sesi, aqui representado, avalia que a participação dos/as estudantes no fórum da EJA PE ainda é muito tímida, literalmente e compreende que:

> [...] deveria ter espaço para a voz dos/as estudantes, mas, na realidade prática do fórum da EJA, não tem. Eu nunca percebia espaço de voz para eles/as. Pouca oportunidade de fato para eles/as serem protagonistas, mesmo que saibamos que o fórum da EJA PE existe por conta deles/as. (L. R. A. A. – Sistema S (Sesi))

A representante dos/das estudantes da EJA avalia que no fórum da EJA PE "não há protagonismo de seu segmento".

> Não vejo o estudante como protagonista desse fórum da EJA PE. A participação no fórum é assim: quando você chegar lá, vai ter uma pessoa falando e é só você ficar lá escutando, ou pegar um celular ou um livro e ficar lá. E eu fico lá como lagartixa, balançando a cabeça e dizendo amém a tudo e a todos? Foi aberta uma fenda para os estudantes no fórum da EJA PE, mas, a parte acadêmica ainda é supervalorizada, desconsiderando a fala do trabalhador braçal, porque o/a estudante nada mais é do que um/a trabalhador/a braçal. (A. S. L. – Estudante da EJA (IFPE Campus Vitória de Santo Antão))

6.1.4 A não participação e/ou a invisibilidade dos/as estudantes da EJA

Considerando que a organização do fórum da EJA se dá, eminentemente, através do diálogo entre os seus membros e que através deste busca-se intervir na realidade que acomete a Educação de Jovens e Adultos em Pernambuco, tentamos perceber como se dá o diálogo com os/as estudantes da EJA através de suas participações no seio do próprio movimento. Encontramos reveladores resultados, a partir da Observação Participante e das entrevistas, de que no fórum da EJA PE, os/as estudantes não participam dos debates e que não há, por parte do próprio fórum da EJA PE, estímulo nesse sentido. Como ilustração, apoiamo-nos nas reflexões tecidas pelo representante da CUT ao analisar a participação efetiva do segmento dos/as estudantes.

> Os/as estudantes não participam efetivamente dos debates, tampouco, ocupam espaços privilegiados de expositores ou protagonistas dos debates promovidos pelo fórum da EJA PE. No fórum, os estudantes ainda ocupam o lugar da plateia. São convidados a ir para a mesa de abertura só para ocupar um espaço figurativo. (A. D. R. P. – Movimento Social/CUT)

O entrevistado representante do SEE-PE/Gejai contribuiu com essa avaliação e inicia sua fala lançando mão do pensamento de Paulo Freire para reforçar que "as pessoas não devem ser avaliadas pelo seu grau de formação acadêmica". Segundo ele, de acordo com Paulo Freire:

> Não há saber nem mais nem menos, há saberes diferentes. Cada um na sua instituição pode contribuir muito, e o/a estudante também, dentro da sua vivência e da sua compreensão, poderá estar contribuindo nessa gama de discussão para apontar caminhos que possam ser favoráveis para eles/as e para os outros também. (M. T. A. – Secretaria Estadual de Educação (SEE-PE/Gejai(Sede))

O segmento da Undime-PE diz ter percebido, durante sua permanência no fórum da EJA PE, que a presença dos/as estudantes era sempre representada por uma pequena parcela da sociedade e que

> A grande maioria dos/as estudantes que estão sendo escolarizados na EJA representa ainda uma presença muito pequena no fórum. Representa uma grande lacuna e um grande desafio para o futuro das ações do fórum da EJA PE. Percebemos apenas três. Eu vejo no fórum da EJA PE três ou quatro estudantes e sempre os/as mesmos/as que acompanhavam o fórum. De fato não se envolvem e não têm uma posição política dentro do fórum da EJA PE. Estão na condição de invisibilidade. (F. M. O. – União dos Dirigentes Municipais (Undime/PE))

O representante do segmento dos/as Coordenadores/as do fórum da EJA PE avalia que, na trajetória do fórum da EJA PE, a participação dos/as estudantes sempre foi muito acanhada.

> Não é prática comum a presença dos/as estudantes da EJA e nem dos/as professores/as nas reuniões ordinárias. Quem vem é o/a representante da coordenação. Porque isso demandaria assumir tais despesas, além de serem alunos/as trabalhadores/as que não dispunham de recursos e nem do tempo livre para cumprir as agendas dos fóruns da EJA de Pernambuco. Não é prática comum a presença da pessoa lá da ponta da EJA. (J. E. O. L. – Coordenação do fórum da EJA PE. (SME-Vicência/CPFreire/SEE-PE(Sede))

6.1.5 A necessidade de maior participação dos/as estudantes, representatividade e diversidade

Ao nos debruçarmos sobre a questão de a coordenação colegiada do fórum da EJA PE ser composta, também, pelo segmento dos/as estudantes da EJA como expressão da isonomia de participar no movimento, o inquérito por questionário on-line (Gráfico 8) apresentou resultado bastante expressivo, com 75,71% dos/as respondentes tendo concordado que é legítimo que os/as estudantes assumam, também, esse lugar no fórum da EJA PE. No que se refere às pessoas entrevistadas, foi unânime a concordância de que essa questão precisa ser superada no fórum da EJA de Pernambuco e que esse segmento deve ter o mesmo tratamento e direitos que os demais membros.

A ONG/CPFreire, ao referir-se sobre a democratização do acesso ao colegiado de coordenadores/as representantes do fórum da EJA PE, diz entender que a presença dos/as estudantes na coordenação colegiada:

> Possibilita olhar a ação com o olhar que o/a gestor/a e o/a professor/a não conseguem ver. Se tivéssemos a presença das várias representações seria muito interessante. Aliás, eu estou convencido de que esse é o caminho. Mas isso não se fará sem muita luta e sem muita aprendizagem do próprio coletivo. Que seja um ato um tanto quanto revolucionário do próprio fórum da EJA PE. Essa coordenação colegiada de representação atribuiria ao fórum da EJA PE uma coordenação plural e democrática que daria ao/à estudante ou

> a qualquer outro membro do fórum da EJA PE sua atuação e a sua legitimidade da atuação. (A. S. R. – Organização Não Governamental (CPFreire))

O entrevistado do MST diz compreender perfeitamente que essa composição colegiada de coordenadores/as do fórum da EJA com os/as estudantes da EJA é legítima.

> É legítima, e fortaleceria o fórum da EJA PE. E não acharmos que a diferença de saber entre os que passaram pela academia e os/as estudantes seja um ponto negativo. Há muito tempo já deveria estar sendo garantido a todos/as em igualdade de condições. No fórum da EJA PE não é para termos ações diferenciadas entre as pessoas. Todos/as lá estão na mesma condição de direito e de deveres. Eles/as sabem o que querem o que precisam, e o nosso desafio é construir com eles/as, o que eles/as precisam, da melhor maneira possível. Ele/a é o protagonista do processo, embora no fórum da EJA PE não seja. No fórum é muito visível o individualismo no processo de construção, e retrata um elemento da falta de participação nos espaços que tenham estrutura organizativa. (P. H. S. – Movimento Social (MST-Caruaru))

A esse respeito, o representante da Secretaria Estadual de Educação considera que "a participação dos/as estudantes e dos/as professores/as junto ao coletivo de coordenadores/as do fórum da EJA PE é importante porque a gente não pode pensar em política a partir de um único olhar" (M. T. A. – Secretaria Estadual de Educação (SEE-PE/Gejai (Sede)).

O representante da Undime-PE entende que os/as estudantes devem colaborar dialogando sobre as "suas próprias concepções a fim de contribuir com o fórum para melhor influenciar nas políticas públicas para a EJA". Em convergência com essa posição, o representante da CUT entende que "sendo os/as estudantes os principais sujeitos da EJA, deveriam ser eles/ elas os/as principais protagonistas, inclusive, a estar à frente do fórum da EJA de Pernambuco". Reitera o entrevistado que "temos que nos esforçar para os/as estudantes ocuparem esse espaço, também na coordenação colegiada do fórum da EJA PE".

A ONG/CPFreire analisa que a participação política dos/as estudantes no fórum da EJA PE "ainda está na fase de ouvir dentro desse processo. Esse segmento ainda não percebeu a dimensão de sua participação política nem os/as outros/as parceiros/as do fórum da EJA PE em relação a eles e elas" (M. N. S. L. – Organização Não Governamental (ONG/CPFreire))

6.1.6 Necessidade de construir para/com os/as estudantes da EJA um lugar empoderado

O entrevistado da ONG/CPFreire, ao analisar essa questão, diz que tanto o/a estudante quanto os/as professores não têm expressão de participação no fórum da EJA PE e, "para que a pessoas se tornem sujeitos autênticos, pressupõem um reconhecimento das pessoas como autênticas". Revela que essa tem sido uma das fragilidades do fórum da EJA PE com relação aos seus integrantes "é fruto de uma educação conservadora de orientação positivista numa lógica da sociedade fechada", portanto. Portanto, ainda segundo o entrevistado:

> O lugar que eles/as frequentaram como estudante do ensino básico ao ensino superior é na grande maioria orientada por uma educação conservadora de orientação positivista, para a qual a mudança é inaceitável. Esse/a professor/a e esse/a estudante, não se diferem nisso. Eles/as vêm dessa trajetória de uma educação brasileira, predominantemente marcada pelos olhares mais conservadores da educação, calcada no positivismo, das coisas mais cartesianas. (A. S. R. – Organização Não Governamental (CPFreire))

A representante da UFPE/Cátedra Paulo Freire acredita que "a participação dos/as estudantes no fórum da EJA PE precisa ser mais valorizada e que o fórum da EJA PE tem que estar apresentando, promovendo e vendo como é que a gente vê a fala dos/as estudantes". Lembra a entrevistada que "Paulo Freire praticou isso, tanto nas assembleias pedagógicas, quanto nos congressos de alfabetização, e é lá que a gente tem que recorrer" (M. E. S. – Universidade Pública Federal (UFPE/CE/Cátedra Paulo Freire)).

A UPE, ao refletir sobre a aproximação do fórum da EJA PE aos sujeitos da EJA, avalia que "esquecemo-nos de nos aproximar dos/as estudantes da EJA, membros do fórum da EJA PE." A entrevistada reconhece que isso representa "uma falha histórica da organização do fórum". A entrevistada considera ser essencial "encontrar um caminho nessa trajetória do fórum da EJA PE para podermos permitir que os/as estudantes digam sua palavra, com a sua palavra, e, sobretudo, como eles/as enxergam o próprio fórum da EJA PE. E mais, o que eles/as esperam do fórum da EJA PE" (W. L. C. – Universidade Pública Estadual (UPE Campus Garanhuns)).

A representante do Sintepe avalia que a participação dos/as estudantes no fórum da EJA PE "ainda não se deu em sua plenitude". Segundo ela,

> Ainda se percebe como alguém que está recebendo uma benesse por estar ocupando aquele espaço. Ainda não se percebe como sujeito de direito. A EJA tem que ser pensada com os/as estudantes da EJA e não para os/as estudantes da EJA. Devemos discutir as políticas com quem precisa das próprias políticas. Como exercício de cidadania, dar às pessoas a autonomia. Esse o grande desafio, mas que tem todas as possibilidades de dar certo. (C. B. – Sindicato (Sintepe))

O representante do governo federal Secadi/MEC diz que "historicamente a participação dos/as estudantes da EJA sempre foi muito pequena e não há protagonismo dos/as estudantes do fórum da EJA de Pernambuco". Espera o entrevistado que "um dia esse quadro mude e possamos ver os/as estudantes ocupando esse espaço que é deles, e também nosso" (M. J. S. – Ministério da Educação (Secadi/MEC)).

A representante dos/as professores/as das Redes Municipais de Ensino entende que "o/a estudante da EJA, no fórum da EJA PE, não é reconhecido/a e tratado/a com igualdade". Compreende que "a participação dos/as estudantes no fórum da EJA PE deveria ter mais voz e vez, porque eles têm muito a dizer". O fórum da EJA PE não deve incluir os/as estudantes apenas nas mesas de abertura, ou para ler uma poesia ou para mostrar que já aprenderam a ler.

> Poderiam ter um olhar mais fortalecedor de empoderamento. Isso passa por uma construção de cultura e, também, por quem está à frente da coordenação que se preocupa em convidar doutor sicrano ou beltrano, e o camarada que está aqui, que é doutor também na vida, no seu dia a dia, que tem muito para dizer, a gente não ouve. (R. D. – Professora da EJA/Redes Municipais de Educação (Olinda/Sedo))

A professora entrevistada reflete um pouco mais sobre a composição colegiada de coordenadores/as do fórum da EJA PE, no que se refere ao fato de nunca um/a estudante ter composto esse coletivo e revela, de acordo com sua compreensão, que "vai ter quem manda e quem obedece", porque "é uma balança desequilibrada". Mas, "enquanto nós estivermos falando para nós mesmos, não vamos conseguir avançar". A entrevistada entende que "é preciso ouvir quem está sentindo na pele. É legítimo que o estudante ocupe este espaço também na coordenação" e que, mesmo "com as limitações do seu próprio caminhar, ele/ela poderá partilhar esse aprendizado no fórum da EJA PE" (R. D. – Professora da EJA/Redes Municipais de Educação (Olinda/Sedo)).

A estudante da EJA, ao avaliar a participação dos/as estudantes no fórum da EJA PE, pontuou que, nas poucas vezes em que ela teve oportunidade de falar para o grande grupo, não sentiu sua fala respeitada por muitas pessoas integrantes do fórum da EJA PE.

> Quando esse indivíduo vai falar, os corpos começam a mudar de posição. Os dedos vão para cima do celular. Dá uma sede brava. Dá um problema de retenção...e tem gente que já começa a querer ir ao banheiro. Vai atender ao telefonema não sei de quem e deixa aquele indivíduo lá na frente. Não estão interessados. Acham que não vamos falar nada que acrescente. E aí você vê o desprezo. Você percebe. E desanima. Desanima. (A. S. L. – Estudante da EJA (IFPE – Campus Vitória de Santo Antão))

Revela a estudante que ela, em particular, manteve-se no fórum da EJA PE, muitas vezes, "não por não se sentir reconhecida pelos membros do fórum, mas como uma forma de resistência". Portanto, segundo a representante dos/as estudantes da EJA do fórum da EJA PE, ao revelar que manteve a sua presença no seio deste fórum como um ato de resistência, um ato limite, recorro ao pensamento de Paulo Freire (1988), para tecer uma analogia, a partir de uma das categorias fundantes de seu pensamento: como um ato-limite que: "[...] implica uma postura decisória frente ao mundo, do qual o ser se depara, objetivando com sua ação a transformação da situação-limite (p. 91)". Ato-limite entendido como uma "resposta" diante da situação-limite imposta, historicamente, pelo fórum da EJA PE ao seu segmento, que ela, a estudante da EJA, com seu jeito, na sua resistência, decidiu enfrentar., ainda que de maneira "silenciosa".

> Eu amo estar na minha resistência. Eu amei ter aberto espaço para o/a estudante falar no fórum da EJA PE, para dizer de onde ele/a está vendo o sol. Porque a gente pode estar vendo o mesmo sol, mas vendo de posições diferentes. O fórum da EJA PE deu a oportunidade da gente dizer que, o que vocês estão dizendo que é bom para a gente, não é não. (A. S. L. – Estudante da EJA (IFPE Campus Vitória de Santo Antão))

A estudante avalia que o fórum da EJA PE é um espaço importante e necessário à sociedade, "todavia o/a estudante ainda é pouco valorizado naquele espaço".

> Existe certo grau de igualdade, mas ainda é muito pouco. Eu como pessoa, como intelecto, eu cresci muito. De certa forma, ele é esse espaço que falta na nossa sociedade. Mas no fórum da EJA a gente sente aquele escanteamento com relação àqueles que não têm aquele letramento. Não nos veem como um ser humano. É uma educação que é desumana. Não lhe torna um ser humano. Te desumaniza. Te deixa numa educação metálica desumaniza. Te deixa numa educação metálica. (A. S. L. – Estudante da EJA (IFPE Campus Vitória de Santo Antão))

O pensamento de Freire revela a importância da superação de uma condição de desumanização. A educação nesse contexto aporta marcas de um dos instrumentos de luta. Uma educação como práxis ou uma prática educativa precisa estar ancorada no processo de humanização dos homens e mulheres. Portanto se faz impositivo "aos sujeitos que atuam na EJA trazer em suas práticas pedagógicas, a emancipação desses sujeitos e a transformação de sua realidade". Ainda de acordo com Freire (2001), "uma preocupação que me tem tomado todo sempre – a de me entregar a uma prática educativa e a uma reflexão pedagógica, fundadas ambas no sonho por um mundo menos malvado, menos feio, menos autoritário, mais democrático, mais humano" (p. 31).

Faz-se necessário o fórum da EJA PE estimular a chegada, permanência e protagonismos dos/as estudantes, estimulando as suas autonomias, como ação formativa, pedagógica e democrática, reconhecendo o desafio de estimular nos/as estudantes, através de uma ação coletiva, o ato de aprender politicamente e coletivamente a fazer luta, sua luta, e luta de todos/as que compõem o movimento, desenvolvendo conhecimentos (com) partilhados nos espaços do movimento, para impulsioná-los/as a compreender melhor o seu lugar como estudantes em defesa de uma educação de qualidade, que pese o alcance a todos os sujeitos, independentemente da idade, gênero, território etc. Autonomia como processo gradativo de amadurecimento do próprio movimento. Autonomia, enquanto "amadurecimento do ser para si, é processo, é vir a ser. Não ocorre em data marcada. É neste sentido que uma pedagogia da autonomia tem de estar centrada em experiências estimuladoras da decisão e da responsabilidade" (Freire, 1996, p. 121).

No que concerne ao conhecimento produzido coletivamente, esse poderá, cada vez mais, propiciar crescimento para o movimento. Como afirma Freire (1967, p. 84), "as pessoas se educam em comunhão, e não se

FÓRUM DA EJA DE PERNAMBUCO

faz de A sobre B, mas de A com B, mediatizados pelo mundo", dinâmica através da qual os saberes de experiências feitos e as práticas são considerados tão valiosos quanto os acadêmicos.

6.2 PARTE B: POSSÍVEIS MUDANÇAS NO HORIZONTE

6.2.1 Esforços – o que pode e tem sido feito para superar o desafio e incluir os/as Estudantes da EJA como partícipes dos fóruns da EJA PE

O objetivo desta seção é adentrar um pouco na discussão de como alguns fóruns Regionais e/ou Municipais têm conseguido superar o desafio de incluir os/as estudantes da EJA, membros dos fóruns da EJA como participantes ativos no seio do movimento. Tendo em vista os objetivos e limites deste trabalho, pela falta do acesso e conhecimento das experiências de outras regiões do estado, abordaremos as vivências/experiências das regiões com as quais tomamos conhecimento e tivemos o privilégio e honra de participar de algumas delas para, a partir delas, podermos contribuir com o movimento, possibilitando-lhes uma maior visibilidade no que tange às questões já mencionadas.

O fórum da EJA PE, como já dito de forma detalhada nos capítulos iniciais deste livro, é formado por fóruns Regionais e Municipais da EJA atuantes nas diversas regiões de Pernambuco. Esses fóruns, apesar de seguirem uma orientação do fórum da EJA Estadual, têm autonomia para se organizarem e elegerem as suas pautas para atender as demandas específicas de suas regiões, ou ainda, elegerem temas de seus interesses mais específicos interligados ao campo da Educação de Jovens e Adultos.

Por fidelidade à história, faremos uma breve apresentação das reflexões/atuações das pessoas envolvidas num outro jeito de realizarem as ações dos fóruns Municipais e Regionais da EJA, no que se refere à participação do segmento dos/as estudantes com relação às suas experiências de (con)vivências nesses fóruns. Compreendemos os fóruns de EJA como espaços em que se geram momentos de reflexão, discussão e convivência, portanto, vivência *com*, e não *para*, como processo formativo. Ressalta--se que tais experiências estão imbricadas com as noções da EJA como educação ao longo da vida e de respeito aos saberes dos/as educandos/as levando em consideração aspectos de suas formações, e de educação como um ato político a partir do referencial freiriano (Freire, 1996).

Como ilustração, nós seguiremos com a exposição de alguns trechos das falas de algumas pessoas entrevistadas que revelaram ora suas próprias experiências ora suas compreensões de maneira mais abrangente no tocante às possibilidades reais de envolvimento dos/as estudantes nas ações dos fóruns da EJA de forma efetiva.

O representante dos/as professores/as da Rede Estadual de Ensino posicionou seu olhar em dois pontos das ações do fórum da EJA PE: quando suas ações acontecem na capital e Região Metropolitana do Recife e no interior do estado, sobretudo, no Agreste e Sertão.

> No Sertão de Moxotó-Ipanema os/as estudantes são mais atuantes. Retrata um sentimento de pertencimento, fruto de agregação de valores, dos/as princípios de liberdade, igualdade e protagonismo. Fruto de alguns Encontros dos estudantes. Atuamos trabalhando coletivamente, entre os Municípios e o Estado. Nos Encontros Estaduais fora da capital e da Região Metropolitana, a gente consegue perceber tanto a presença, quanto a qualidade da participação dos/as estudantes. Já nas Reuniões Ordinárias só há presença de dois estudantes do IFPE de Vitória de Santo Antão com presença assídua. (A. A. L. – Professor da EJA/ Rede Estadual de Ensino (SEE-PE/Unidades Prisionais))

Ações como essas assumidas pelo Sertão do Moxotó-Ipanema são extremamente relevantes e precisam ser mais divulgadas para as outras regiões, utilizando os diversos meios de comunicação, mas, sobretudo, o Portal do fórum da EJA PE, cuja função é exatamente criar um ambiente de partilha entre os seus membros, nos âmbitos local, regional e nacional, de modo a possibilitar a "repetição" e multiplicação das experiências exitosas e diversas no campo da EJA procedentes das diversas regiões.

Faz-se importante relembrar que ao longo desta obra foi sendo registrado que a Região da Mata Centro, nomeadamente com o maior esforço do município de Vitória de Santo Antão, manteve por um longo período a presença permanente de dois estudantes da EJA acompanhando as Reuniões Ordinárias do fórum da EJA PE, além dos Encontros diversos, pois, normalmente, o fórum da EJA PE só conta com a presença dos/as estudantes nos Encontros, sejam eles Municipais, Estaduais, Regionais ou Nacionais, e ainda nos seminários.

FÓRUM DA EJA DE PERNAMBUCO

Essa ação orquestrada pelos membros parceiros do fórum da EJA da Mata Centro, contando com o apoio das várias instituições com assento naquele fórum Regional e Municipal, e, sobretudo, com a instituição de ensino ao qual o/a estudante se vincula, o IPFE, marca definitivamente a história da participação dos/as estudantes nas Reuniões Ordinárias do fórum da EJA de Pernambuco, por longo período devido à sua continuação regular. Ainda que reconheçamos que essa presença/participação se dê em pequeno número, e nem sempre tenha se dado de forma ativa, qualificada, torna-se uma contribuição muito relevante quando interpretados os desdobramentos que se podem alcançar para o segmento, no que se refere à contribuição para a formação política dos/as estudantes membros do fórum da EJA PE, a exemplo da estudante entrevistada nesta pesquisa, que nos parece, não por acaso, ser membro do fórum da EJA da Mata Centro.

Ainda sobre esse tema, apresentaremos algumas reflexões a partir do olhar das pessoas entrevistas, a exemplo da avaliação que a representante da ONG/CPFreire tece no que tange à falta da quantidade e da qualidade da participação dos/as estudantes no fórum da EJA é de que "há alguns indícios, em algumas regiões, como já vimos com a Região do Moxotó-Ipanema, de que essa dinâmica do fórum da EJA pode vir a mudar, pois já percebemos alguma abertura à mudança nos fóruns do Agreste Centro Norte e da Mata Centro". Essas regiões têm investido, sistematicamente, na participação qualificada do segmento dos/as estudantes, estimulando o seu protagonismo.

> Essa realidade começa a se modificar no Agreste Centro Norte e a forma de olhar dos/as estudantes começa a modificar suas atitudes de participação estudantil. Nos fóruns do Agreste, estão estimulando essa participação com certo equilíbrio, focado em direitos e deveres, e eles e elas, estudantes da EJA, começam a se perceberem como sujeitos de direito. Agreste Centro Norte como pioneiro e Mata Centro na sequência. (M. N. S. L. – Organização Não Governamental (ONG/CPFreire))

Com o mesmo cuidado, também damos relevo aos fóruns da EJA do Agreste Centro Norte, com destaque para o município de Caruaru, gênese na abertura de espaços para participação mais ativa dos/as estudantes da EJA, como membros do já citado fórum. Esse município é pioneiro na história dos fóruns Municipais da EJA em Pernambuco por estimular a participação cada vez mais crítica dos/as estudantes da EJA, inclusive, com a criação do primeiro fórum dos/as Estudantes da Educação de Jovens e Adultos e Idosos da Região do Agreste Centro Norte, com sede no já citado município. Caruaru tem estimulado os/as estudantes a superar a condição de invisibilidade, saindo do lugar da plateia de ouvintes para ocuparem a posição de provocadores/as das mesas de diálogo formadas nos seus Encontros.

Também destacamos os fóruns da EJA de Toritama, da mesma região, município que tem sido um parceiro incondicional de Caruaru, entre outros, e que muito tem feito no sentido de valorizar e estimular a participação dos/as estudantes da EJA nos fóruns daquela região. Esses municípios, reiteradamente, imprimem esforços para que os/as estudantes da EJA assumam o lugar de protagonistas do movimento do fórum da EJA das suas regiões.

O I fórum dos Estudantes da Educação de Jovens e Adultos e Idosos foi realizado no município de Caruaru, na Região do Agreste Centro Norte, tendo sido inaugurado no dia 18 de outubro de 2013. O convite para a participação apresentou a seguinte chamada: "Participe! Estudante que debate é estudante participativo e ativo, que garante seus direitos à cidadania".

A temática geral foi Educação de Jovens, Adultos e Idosos como um Direito Humano: Desafios e Perspectivas. Esse fórum foi composto por seis Grupos de Trabalho (GT) com os seguintes temas: GT 1 – A necessidade da qualificação profissional para a entrada no mundo do trabalho formal; GT 2 – O papel da educação escolar para jovens e adultos na sociedade contemporânea; GT 3 – A troca de experiência ocasionada pelas diversas faixas etárias nas turmas da EJA; GT 4 – A contribuição das aulas extraclasses para leitura do mundo na EJA; GT 5 – Estimular a frequência escolar e ajudar os estudantes a superar as dificuldades no processo de aprendizagem: um grande desafio que precisa ser vencido; GT 6 – A importância da informática como instrumento alfabetizador nas turmas da EJA.

O objetivo da criação do I fórum dos Estudantes esteve pautado em

> Colocar o nosso estudante para ter voz, e para isso é preciso que participe ativamente como sujeito. As discussões poderão acontecer em rodas de conversas, ou seja, preparar a sala em círculos para que cada um fique olhando um para o outro e possa contribuir com sua fala. Não é uma atividade de apenas uma disciplina, mas sim de todas, pois entendemos que tornar o estudante um ser pensante e crítico é dever de todos nós [...]. (fórum da EJA do município de Caruaru)

FÓRUM DA EJA DE PERNAMBUCO

Na sequência, foi instalado o I fórum dos Estudantes da Educação de Jovens, Adultos e Idosos do Agreste Centro Norte, em 12 de novembro de 2014, buscando ampliar o alcance da mobilização dos estudantes. Uma ação orquestrada entre os municípios de Toritama e Caruaru e os demais fóruns da região.

O tema geral foi EJA: seu papel social na perspectiva política libertadora. O Encontro contou com 4 GTs: GT1 – Educação Popular, Diversidade e EJA; GT2 – EJA e o mundo do trabalho, cidade e campo: desafios e possibilidades; GT3 – Educação Prisional e o Sistema Nacional de Socioeducação (Sinase) na EJA: o cenário atual; GT 4 – Controle social das políticas de financiamento para a EJA.

Na continuação ao fórum Regional dos Estudantes de EJA, entre outras atividades, foi realizado o I Seminário Regional dos Estudantes da EJA do Agreste Centro Norte, no dia 30 de novembro de 2016, na Escola Municipal Altair Porto, em Caruaru. Como percebemos, essa região do estado tem reiteradamente investido na formação crítica do quadro de estudantes da EJA. Espera-se, consequentemente, que se possa estimular as demais regiões e, especialmente, o fórum da EJA Estadual, a partir dos exemplos já citados, a enfrentar esse desafio e romper com essa lacuna para com seus membros do segmento dos/as estudantes.

Diante da crise econômica que acometia o país, muitas ações estavam sendo cerceadas por falta de verbas, e, como tal, alguns Encontros dos fóruns Regionais também foram atingidos sumariamente. Como alternativa para não deixarem de realizar seus Encontros Regionais por falta de verba, foi realizada, pela primeira vez na história do fórum da EJA de Pernambuco, em 10 de junho de 2016, no IFPE Campus Vitória de Santo Antão, a ação conjunta entre as Regiões do Agreste Centro Norte e Mata Centro. As duas regionais, portanto, realizaram juntas os seus encontros: o VIII Encontro do fórum Regional do Agreste Centro Norte e o IX Encontro do fórum Regional da Mata Centro, ambos adotando como tema: 20 anos da EJA como modalidade na LDB: e na prática?

Essa parceria revelou bastante maturidade no lidar com as questões da máquina pública, uma vez que, por trás dessas parcerias, estão as prefeituras municipais, o governo estadual, as instituições de ensino superior federais, entre outros. Tais instâncias entenderam que poderiam se unir e, ainda que reconhecendo seus limites, mantiveram suas agendas e realizaram seus Encontros dos fóruns da EJA como ato de resistência aos desmontes da Educação de Jovens e Adultos no país. Então, uniram-se literalmente esforços para encontrar estratégias, dividiram as responsabilidades e realizaram juntas os Encontros Regionais dos fóruns da EJA.

Ações como essas são reveladoras de que é possível ter esperanças, do verbo esperançar, e acreditar que os sujeitos conscientes, de acordo com Paulo Freire, fazem diferença no mundo em que vivemos. Essa forma de lidar com a educação promove processos de mudanças. "A realidade social objetiva não existe por acaso, é produto da ação dos homens e não se transforma por acaso. Os homens são produtores da realidade" (Freire, 2005, p. 41). Nós acrescentaríamos, nesse caso, que a realidade social é produto da ação dos homens e das mulheres que fazem o fórum da EJA Região do Agreste Centro Norte, da Região da Mata Centro e da Região do Sertão do Moxotó-Ipanema, reiterando que o fato de não terem sido citados outros exemplos, de outros fóruns Regionais, não significa que não existam. Significa que não conseguimos alcançar tais informações.

Como é comum acontecer com os diversos membros, nos Encontros dos fóruns da EJA tivemos a oportunidade, o prazer e a honra de mediar o grupo dos/as estudantes das já citadas regiões, juntas pela primeira vez, nas condições já descritas. A mediação foi partilhada com a companheira de fórum da EJA PE, e minha amiga, Nayde Lima. Essa escolha se deu pelo nosso interesse pessoal na temática da participação dos/as estudantes nos espaços do fórum da EJA PE. Acreditamos que por essa razão, as pessoas responsáveis pela realização dos Encontros dos fóruns daquelas regiões gentilmente nos convidaram para mediar o grupo de discussão com o segmento dos/as estudantes na EJA. Aos quais mais uma vez agradeço!

Imaginávamos e estávamos preparadas para propor e seguir um roteiro "previamente preparado", a fim de estimular o diálogo com questões provocativas, incentivando o protagonismo desejado dos sujeitos componentes do grupo. Todavia, foi uma grata surpresa para nós constatar de imediato que não teríamos a necessidade de interferir muito, pois alguns/as estudantes do grupo pareciam esperar aquele momento com ansiedade, a partir de seus próprios pontos de vista e da condução dos temas elencados por eles e elas.

Assim se deu aquele encontro sob a direção dos/as próprios/as estudantes. Nesse caso, deixamos cair por terra o que havíamos "programado" como mote para aquele encontro, deixando-nos conduzir pela dinâmica do círculo de cultura a partir das palavras na roda que surgiram livremente das inquietações e inquietudes dos/as estudantes da EJA.

FÓRUM DA EJA DE PERNAMBUCO

Para a pequena síntese desse encontro, contamos com a colaboração da ONG/CPFreire, através da Nayde Lima, minha parceira de mediação, ao sistematizar um pouco o vivido/sentido naquela oportunidade.

Na verdade, os/as estudantes desejavam comunicar suas observações, quanto à EJA, a partir de suas experiências. Não demorou muito para o grupo todo participar, principalmente, avaliando a organização das escolas e o desprestígio da EJA. A seguir segue algumas das denuncias/críticas tecidas por alguns estudantes, grafadas por Nayde lima.

> [...] quase sempre funcionando só no turno noturno; o encaminhamento dos jovens para turmas da EJA quando completavam 15 anos, mesmo que estivesse cursando o Ensino Regular; aliando-se a essas questões, o despreparo e descompromisso de alguns/mas professores/as para atuar na EJA. (ONG/CPFreire – Nayde Lima, 2017)

Alguns destaques importantes do encontro revelados a partir de alguns/mas estudantes que marcaram sua presença no grupo, mostrando conhecimento da legislação vigente sobre a EJA e chamando a atenção dos/as colegas para o compromisso social do/a estudante da EJA, inclusive, ao destacar o importante papel que lhes cabia na mobilização dos colegas quanto ao acesso à escola e sua permanência nela. Discutiram sobre a relevância de manterem-se atentos aos Encontros dos fóruns Municipais, Regionais e Estadual da EJA, além de recomendarem a ampliação de suas presenças e suas participações como segmento dos/as estudantes da EJA.

> Outra fala importante destacou a realização do Encontro dos Estudantes da EJA da Região do Agreste Centro Norte, mediada pelo fórum da EJA de Caruaru. Foi dada ênfase nessa fala ao conhecimento da Legislação Educacional pertinente à EJA e o uso do teatro como forma de mobilização dos/as companheiros/as. (ONG/CPFreire – Nayde Lima, 2017)

Entendendo ser uma ação historicamente marcante e importante para os fóruns da EJA em geral, sobretudo, para Pernambuco, e atendendo à solicitação dos/as estudantes presentes no grupo de discussão de incluirmos essa experiência na pesquisa aqui exposta, resolvemos agregar o resultado desse encontro a este capítulo desta obra, devido à peculiaridade e especificidade do tema dos/as estudantes assumindo o lugar de porta-vozes desse coletivo, conforme registro. Também, por marcar um momento fundamental para os fóruns da EJA, testemunhamos, ainda que por amostragem no nosso estado, três importantes regiões que acolhem o fórum ao abrirem espaços para o/a estudante da EJA assumir o lugar de protagonistas desse tão relevante movimento em sua própria defesa do direito à educação. Dessas vezes, como pudemos constatar, com ações que nos possibilitaram o encontro com eles e elas, estudantes da EJA, e não para eles e elas, ou ainda, sobre eles e elas. Ação ímpar!

O grupo de estudantes foi quem conduziu todo o desenrolar das discussões dialogadas, entre eles e elas, em formato de círculo de cultura, a partir de suas realidades locais. De maneira livre, iam se colocando e interagindo atentamente. Abordaram temas a partir de suas vivências e experiências como estudantes da EJA, traduzidas aqui como dificuldades. Todas as explanações foram tecidas livremente pelos/as estudantes a partir da inquietude da maioria dos/as presentes, tema gerador em torno de todas as temáticas já mencionadas. Outro ponto importante foi o fato de, por estarem essas duas regiões em ação coletiva pela primeira vez juntas, dialogando em um só coletivo de estudantes, então, resolveu-se criar um grupo nas redes sociais e um grupo no WhatsApp para manterem o diálogo, após o encontro[45].

Os/as estudantes levantaram uma série de questões e assumimos o compromisso de registrá-las na pesquisa em primeiro lugar em respeito a eles e elas, e, também, para que figurem na história, como expressão de respeito às suas falas, e se fazer conhecer as suas demandas e pensamentos. Sendo assim, neste momento tomamos essa pesquisa e registros nesta obra como mais uma forma de nos tornarmos porta a voz daqueles e daquelas estudantes da EJA das Regiões do Agreste Centro Norte e Mata Centro sermos fiel a história[46].

No círculo de cultura, os/as estudantes elencaram as seguintes situações/perguntas/reflexões a partir de suas vivências/experiências registradas no tópico a seguir.

---

[45] Grupo criado nas redes sociais: Facebook: I fórum Regional dos Estudantes da EJA das Regiões do Agreste Centro Norte e Mata Centro. Foi criado também um grupo no WhatsApp.

[46] Desde já, agradecemos todo o apoio de Aluízio Arruda, Alzenir Luz, Agostinho Rosas, Cleidimar Barbosa, Erivalda Torres, Joseane Duarte, Joseilda Grinauria, Mirian Maia, Nayde Lima, Wilson Rufino, Walfranki Severo e, em especial, ao coletivo de estudantes, que tanto nos ensinou nesse percurso.

Quadro 3 – *Questões elencadas pelos estudantes da EJA voltadas aos governantes do país*

Como classificar a faixa de idade dos alunos da EJA?
Como classificar a faixa etária de idade dos alunos da EJA por sala?
Por que falta a merenda escolar para os estudantes da EJA?
Como classificar a faixa etária de idade dos alunos da EJA por sala?
Qual a maior dificuldade de investir na EJA?
Por que falta compromisso dos gestores escolares com as turmas da EJA?
Por que não abrir cursos para capacitar os professores e professoras da EJA?
Por que falta material didático para os alunos da EJA?

Fonte: Criado pela pesquisadora.

Figura 12 – *Situações/perguntas/reflexões oriundas das vivências/experiências dos/as estudantes da EJA no círculo de cultura*

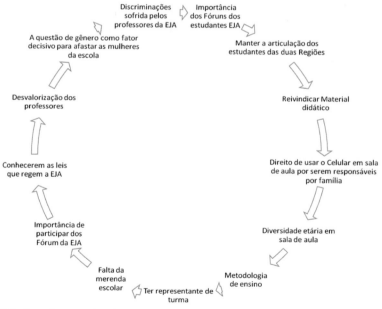

Fonte: Criado pela pesquisadora.

Curiosamente, ao contrário do que ocorre na organização do fórum da EJA PE, alguns fóruns Regionais e Municipais da EJA saem na frente do Estadual, ao darem alguns passos já na direção da superação da participação figurativa dos/as estudantes da EJA, em algumas diferentes regiões do estado. A pesquisa, a partir de seus resultados, apresenta para o fórum da EJA PE, no auge de quase duas gerações de sua existência, o desafio de superar a inexpressiva presença e participação dos/as estudantes da Educação de Jovens e Adultos nesse coletivo, como também a ausência dos grêmios estudantis.

Reiteramos que a participação do segmento dos/as estudantes nas Reuniões Ordinárias do fórum da EJA de Pernambuco e nas demais ações dos fóruns da EJA de Pernambuco, depende do apoio logístico das instituições mantenedoras dos fóruns de suas regiões. Por essa razão, pretende-se, como contribuição desta pesquisa, estimular os/as parceiros/as dos fóruns a pautar essa temática a fim de encontrar alternativas para preencher essa lacuna existente no fórum da EJA PE ao longo da sua história.

As experiências dos fóruns Regionais aqui apresentadas mostram que é possível romper com esses entraves. Para tal, o fórum da EJA PE, poderá "seguir" os exemplos dos fóruns Regionais/Municipais já mencionados, a fim de que os/as estudantes membros do fórum Estadual de Pernambuco deixem de figurar na invisibilidade e assumam o protagonismo tão desejado pelas pessoas entrevistadas nesta pesquisa e respondentes ao questionário on-line, e, na mesma proporção, ocupem também um lugar na Coordenação colegiada do fórum da EJA PE, expressão da concordância das pessoas respondentes do questionário on-line e das entrevistas.

Por último, mas não menos importante, destacamos a compreensão política dos dois estudantes da Região da Mata Centro – Vitória de Santo Antão, que não abriram mão de seus direitos de participação nas ações promovidas pelo fórum da EJA, marcando significativamente, a história da participação do segmento dos/as estudantes da EJA nas Reuniões Ordinárias do fórum da EJA de Pernambuco e no fórum das suas regiões de origem, deixando como legado o desafio de que, cada vez mais, os membros/instituições do movimento do fórum da EJA PE, consigam, coletivamente, encontrar caminhos que possibilitem sanar essa dívida histórica para com os/as estudantes da EJA e desenvolver a compreensão de que a todos os segmentos com assento no fórum da EJA PE deverão caber os mesmos direitos e deveres resguardados às suas especificidades.

Então, como percebemos, aos poucos vão aparecendo algumas ações que nos fazem acreditar que essa realidade de presença/ausência que acomete os/as estudantes da EJA no fórum Estadual da EJA poderá

FÓRUM DA EJA DE PERNAMBUCO

vir a ser superada, como nos alerta o segmento da ONG/CPFreire com o trecho da entrevista que segue:

> Em algumas Regiões as coisas vão ganhando outro movimento. Então aumenta o número de pessoas com essa dimensão humana de se reconhecer como um ser ético, como um ser de reflexão, como um ser da ação e, por isso, ele se destaca. Mas, isso não me possibilita assumir como sendo uma mudança no coletivo social dentro do fórum da EJA em Pernambuco. Possibilita-me ser sujeito de uma esperança epistêmica na direção de uma mudança possível. (A. S. R. – Organização Não Governamental (CPFreire))

Registre-se, mais uma vez, que o fato de não citarmos nesta pesquisa outros exemplos de fóruns Regionais e/ou Municipais da EJA com experiências de protagonismo de estudantes em seus espaços/fóruns da EJA, não significa dizer que não existam. Denota apenas que assumimos que não tivemos acesso a essas informações por nenhum meio.

CAPÍTULO 7

CONSIDERAÇÕES FINAIS

7.1 DIÁLOGO ENTRE O GOVERNO E A SOCIEDADE CIVIL

As políticas são historicamente construídas pelos sujeitos. A participação social, além de legítima, é legitimadora, porque inegavelmente fortalece a democracia e tem prestado notáveis serviços ao país, mais especificamente após a promulgação da Constituição de 1988.

Desde a década de 2000, sobretudo a partir de ano de 2003, no Brasil, a relação entre o governo federal e a sociedade civil organizada tem passado por algumas mudanças relevantes. Facultou-se o diálogo com a sociedade, motivado, inclusive, pelo governo federal. Ao longo desse período, foi sendo estabelecido diálogo com os diversos movimentos sociais, entre outros setores da sociedade civil, nomeadamente, através da Secretaria de Participação Social – Órgão da Secretaria Geral da Presidência da República do Brasil.

O principal objetivo dessa Secretaria era o acompanhamento dos vários instrumentos de participação e controle social existente no âmbito do governo federal: Conselhos, Conferências, Ouvidorias e Comissões de Políticas Públicas. Decisões estruturais foram sendo geridas e analisadas junto à sociedade civil através de alguns canais de interlocução. De acordo com o diretor dessa Secretaria, Pedro Pontual:

> Nessa gestão se trabalhava muito com ideia de participação e controle social, pois havia entendimento de que essa ação precisava virar método do governo. A gente lançou o Decreto de Política Nacional de Participação Social em 23 de maio de 2014. Foi em relação a este decreto que houve a primeira sinalização, talvez, mais forte dos setores conservadores do Congresso Nacional, de que iniciaria um embate forte contra o Governo. (Pontual, 2016[47])

---

[47] Entrevista cedida à pesquisadora durante a realização da Confintea (Conferência Internacional de Educação de Adultos) Brasil +6, realizada em Brasília (DF), no período de 25 a 27 de abril de 2016.

O Secretário da Secadi/MEC, ao ser questionado sobre esse diálogo entre o governo federal e os fóruns da EJA, teceu a seguinte consideração:

> Eu fiquei muito encantado com a ideia do fórum, pois me pareceu uma coisa muito potente, muito criativa e cidadã. Você ter um espaço de diálogo horizontal entre Organizações e pessoas da sociedade civil, do Estado, do poder público e da Universidade, que discutem o melhor encaminhamento para a Educação de Jovens e Adultos [...]. Reconheço o fórum da EJA do Brasil como uma das mobilizações mais criativas no campo educacional brasileiro, por ter essa capacidade de mobilizar diferentes atores. (Lázaro, 2016[48])

Essa experiência de participação social coroa o processo que se estabelece através da relação do Estado com a sociedade civil, conferindo plena efetividade aos princípios da democracia participativa previstos na Constituição Federal de 1988, reconhecidos como elementos fundamentais nessa luta em defesa das políticas públicas para a Educação de Jovens e Adultos em Pernambuco, embora não seja o suficiente para garantir que se efetivem todos os direitos negados à EJA historicamente, apesar dos muitos esforços[49].

Atendendo ao objetivo específico da pesquisa de entender como e se se efetiva a contribuição do fórum da EJA para influenciar nas políticas públicas para a Educação de Jovens e Adultos do Estado de Pernambuco, utilizamo-nos, como já detalhado no **capítulo 3** deste livro, das metodologias do tipo misto, de acordo com os apontamentos a seguir.

7.2 RELAÇÃO DA UFPE COM O FÓRUM DA EJA PE

A análise dos documentos apurou que se considera que o estado de Pernambuco passou a ter um novo olhar para a EJA, impulsionado pela Universidade Federal de Pernambuco, através dos Centros de Educação e de Ciências Sociais Aplicadas, e do Núcleo de Ensino, Pesquisa e Extensão em Educação Popular e Educação de Jovens e Adultos (Nupep), via coordenação do professor João Francisco de Souza e sua equipe, atores responsáveis por estimular Pernambuco a criar e manter uma Articulação

---

[48] Depoimento cedido à pesquisadora durante à realização da Confintea Brasil +6, realizada em Brasília (DF) no período de 25 a 27 de abril de 2016. André Lázaro foi secretário de Educação, Alfabetização, Diversidade e Inclusão do MEC no período de 2007 a 2011.

[49] Atualmente no Brasil, as relações entre a sociedade civil e o governo federal não estão aportadas em diálogos democráticos na busca da construção de políticas públicas. Ao contrário. Instalou-se um hiato.

Permanente em torno da temática da EJA, iniciada no ano de 1990, o que resultou numa ação coletiva com a sociedade civil organizada, atuante no estado há mais de duas décadas.

O fórum contou sempre com a relevante colaboração de vários membros do corpo docente da UFPE, principalmente, do Centro de Educação, contribuindo com a realização dos eventos promovidos pelo fórum da EJA PE, entre outros, através da mediação dos grupos de discussão dos eixos temáticos, com palestras, sistematizações e/ou com a logística, sendo essa uma ação contínua desde o nascedouro do fórum da EJA PE.

Os resultados revelam também que por longo período essa universidade foi sede do fórum da EJA PE, abrigando-o no prédio da Biblioteca Central de 2008 a 2011, aproximadamente. Essa ação foi tida como uma grande contribuição para manter a articulação entre os membros do fórum, pois, entre outros fatores, tratava-se de um endereço fixo e um espaço que facilitava o acesso das pessoas das diversas regiões do estado, possibilitando, inclusive, a participação mais efetiva dos seus membros nas reuniões ordinárias mensais do fórum.

Essa casa também abriga o fórum da EJA PE, através do uso dos auditórios dos diversos Centros Educacionais, entre outros, atendendo a demanda da Agenda do fórum da EJA de Pernambuco até os dias atuais.

Pode parecer contraditório, mas foi no seio dessa casa, portanto, dentro da Academia, que foram costuradas as principais ações de estruturação do fórum da EJA PE. Entre outros, podemos citar os anos de 1990, quando houve a criação como Articulação Estadual pela EJA; de 2004, quando em seu Encontro Estadual assumiu a nomenclatura de fórum da EJA de Pernambuco; e de 2011, quando instituiu o seu primeiro regimento formal.

Ao mesmo tempo, o fórum possibilitou à UFPE romper os seus muros e adentrar, também por essa via, nos diversos territórios, através das ações desse movimento, aliadas à inter-relação da cultura acadêmica em novos espaços de intervenção, de formação continuada, de interlocução permanente pela busca incessante do exercício da democracia, estimulando a liberdade de expressão, num exercício de horizontalidade nas relações de poder, buscando-se, nomeadamente, a qualidade social para a EJA, através das transformações político-sociais.

A UFPE tem cumprido um papel fundamental em todos os campos em que se dispõe a dialogar com a sociedade, seja através de projetos de extensão, produção, publicações, organizando e disseminando ideias, seja firmando diversas parcerias para a realização de encontros nacionais e internacionais, como o da Educação Popular, seminários, colóquios, além de parcerias com movimentos da sociedade, como a CUT e o Sintepe, possibilitando aos/às estudantes, professores/as e demais pessoas interessadas, o diálogo crítico problematizador.

Abriga instituições no Centro de Educação, que têm, ao longo de suas histórias, contribuído significativamente com o fórum da EJA PE, como é o caso do Centro Paulo Freire – Estudos e Pesquisas e da Cátedra Paulo Freire – este último é um Núcleo da própria UFPE –, ímpares no campo da formação crítica, do pensamento certo, que implica na disponibilidade e não superficialidade em busca da argumentação, fundamentalmente crítica e horizontal (Freire, 1996).

7.3 SÍNTESE DOS RESULTADOS

As entrevistas revelaram que, a partir da genealogia do fórum da EJA, a Educação de Jovens e Adultos no estado passou a ser pauta comum e sistemática, através de ações coletivas provocadas pelo fórum da EJA PE, articulado com as Universidades Públicas Federais e Estadual, Secretarias Municipais e Estadual de Educação, ONG (Centro Paulo Freire – Estudos e Pesquisas), Conselhos de Educação, Institutos Federais de Educação, União dos Dirigentes Municipais de Educação de Pernambuco (Undime-PE), Sistema S (Sesc, Sesi e Senai), Centro de Educação de Jovens e Adultos de Olinda[50], Movimentos Sociais (MST, CUT e Sintepe), Centro de Integração Empresa Escola de Pernambuco (CIEE-PE), sindicatos, entre outros, com suas representações.

Objetivando tensionar o poder público no sentido de trazer à cena política a pauta da EJA como direito, na busca incessante por políticas públicas de Estado para a EJA, a exemplo de garantir acesso e permanência, evolução no processo de ensino-aprendizagem, minimizar evasão e reprovação escolar, fornecimento da merenda escolar de qualidade, transporte escolar, materiais didáticos, formação inicial e continuada de professores/as, disponibilidade de recursos tecnológicos analógicos, digitais e as conexões via internet, entre outros, de que tratam casos específicos territoriais.

---

[50] Já extinto no município.

Diversas reflexões surgiram sobre a origem do histórico, concepção, prática, organização, representação e participação do fórum da EJA PE como estratégia de enfrentamento à realidade imposta a EJA, iniciada em Pernambuco em 1990.

Essa ação possibilitou que diversas instituições e pessoas passassem a compreender a EJA como direito, objetivando, num primeiro momento, a luta pela constituição do direito e, na sequência, pela efetivação desse direito como política púbica de Estado. Ação expressa por grupos de educadores/as dos mais diversos campos de atuação na EJA, que se fortaleceram e se aprofundaram no conhecimento em torno das questões oriundas da EJA enquanto ato político.

O objetivo principal pautou-se em contribuir com a ação de enfrentamento ao analfabetismo e subescolarização no âmbito do estado, alicerçado em um grande sonho, de que um dia as ações para esse segmento pudessem cuidar de dimensões para além da alfabetização.

Utilizaram-se, no primeiro momento, como estratégias de divulgação e mobilização das instituições e pessoas, de certa maneira pegando carona em fomentos destinados a alguns programas ofertados pelo governo da Educação de Pernambuco, para chegarem aos quatro cantos do estado, objetivando superar a oferta existente para a EJA, restrita a programas. Através dessa estratégia, buscou-se pautar o próprio governo por políticas públicas para além dos governos.

No entanto, essa articulação não se dava de modo aleatório, mas sim, ajustado em encontros de formações críticas sobre a EJA e alicerçado em alguns referenciais teóricos, com destaque para o aporte teórico de Paulo Freire, berço onde foi embalada toda a construção da Articulação Pernambucana pela EJA/fórum da EJA PE.

7.3.1 Diálogo/participação horizontal

Ao analisar os impactos individuais/políticos, os sentidos e significados atribuídos pelos sujeitos atores do fórum da EJA PE, com base nos seus próprios percursos de atuação num coletivo organizado com a finalidade de avaliar (autoavaliar) a forma como se organizam e se articulam, os resultados apurados revelam que, em sua maioria, as pessoas entrevistadas, atores representantes de todos os segmentos que compõem o fórum da EJA de Pernambuco, desde a sua fundação e na atualidade, foram enfáticas ao dizer que o diálogo fica prejudicado pela centralidade metodológica adotada através de palestras porque não estimula a grande maioria dos membros presentes a participar do debate, ficando este restrito a poucos, e, na maioria das vezes, concentrado nos mesmos atores, ainda que se reconheça a importância das palestras e do papel dessas pessoas que se disponibilizam a dialogar a partir desse formato.

Esta pesquisa aponta que é desejo das pessoas participantes desta investigação que essa metodologia não deveria ser a centralidade das ações/formações do fórum da EJA PE e que, portanto, o fórum precisa encontrar alternativas para tornar seus ambientes mais plurais nas ideias, mais dinâmicos e mais harmoniosos, rompendo com o formato e o "jeito sisudo e acadêmico", embora se reconheça a grande importância da Academia e dos diversos saberes por ela produzidos, principalmente, porque o fórum da EJA PE foi gestado dentro de uma universidade pública federal, no entanto, com os pés cravados no campo da Educação Popular.

Foi reforçada a necessidade de tornar a metodologia dos círculos de cultura temáticos a sua práxis, buscando, assim, que o fórum seja tomado pela centralidade da participação ativa de seus membros e não apenas por alguns, ainda que, reconhecidamente, esses membros tenham dado contribuições extremamente importantes ao longo de sua trajetória. O que se espera, portanto, é potencializar ainda mais essas contribuições, a partir da metodologia dos Círculos de Cultura, por ser também um formato mais condizente com a própria proposta de um fórum.

Nesse mesmo sentido, de acordo com Paulo Freire, reflexão e ação não se separam. A práxis é transformação do mundo. É conquista de sujeitos que se encontram em colaboração para exercerem uma análise crítica sobre a realidade (Freire, 1988).

Um importante princípio da teoria freiriana postula-se na ideia de que "ninguém educa ninguém e ninguém educa a si mesmo, os homens se educam entre si, mediatizados pelo mundo" (Freire, 1988, p. 68), porquanto a educação deve ser um ato coletivo e solidário. Brandão (1981), citando Freire, afirma que "educar" é uma tarefa de troca entre pessoas e não pode ser resultado do despejo de quem supõe que possui todo o saber, sobre aquele que, do outro lado, foi obrigado a pensar que não possui nenhum conhecimento.

7.3.2 Mobilização e diversidade do público participante

Uma das questões elencadas nesta pesquisa foi tentar perceber se o fórum da EJA PE tem sabido chegar próximo ao público da EJA, portanto, dos sujeitos da Educação de Jovens e Adultos: estudantes e professores, e, ainda, daqueles e daquelas que almejam se tornarem estudantes, ainda que da EJA, fruto das consequências da falta do acesso à escola pelos mais diversos motivos.

Foi constatado que o fórum da EJA PE, ao longo do tempo, tem se perdido no que tange à mobilização, sendo necessária a diversidade de segmentos, inclusive, na representação/coordenação do fórum, pois entende-se que o fórum precisa fazer uma autoavaliação na sua organização para, entre outros objetivos, criar estratégias de mobilização eficazes para incentivar novos sujeitos a participarem do fórum, descentralizar as informações e investir no Portal do fórum da EJA PE.

Mesmo reconhecendo a inegável relevância e contribuição de todas as composições das chapas de representação/coordenação que já passaram pelo fórum da EJA, é imprescindível um esforço para diversificar, cada vez mais, a composição dos sujeitos representantes/coordenadores/as, através da diversidade de segmentos, com a composição cada vez mais democrática-representativa de seus membros, inclusive acolhendo estudantes e professores/as da EJA objetivando romper com as amarras que a gestão pública impõe.

Tocar essa questão foi importante para percebermos que, em muitos casos, as pessoas membros do fórum da EJA PE nunca haviam parado para tentar perceber como se dá a presença dos segmentos no fórum.

Avaliando de uma maneira mais abrangente a participação como estratégia de luta do fórum, reconhecem, mesmo apontando a ausência de alguns segmentos, que não se pode negar a aproximação do fórum da EJA PE de outros importantes atores desse campo do saber, e que, nesse caso, o fórum tem conseguido se manter próximo.

Ainda que uma ou outra instituição se afaste por motivos não sabidos, por algum tempo ou em definitivo, via de regra, o fórum está composto permanentemente por: órgãos públicos de ensino; governos nas duas esferas; ONG – Centro Paulo Freire Estudos e Pesquisas, reconhecida como instituição âncora com participação ininterrupta no fórum da EJA PE, desde a sua criação em 1998, apesar de ter sido a única ONG ao longo dos anos, todavia, lá está; da CUT, Sintepe e MST, UFPE, UndimE-PE, não obstante, esta última com algumas lacunas ao longo do tempo; o Sistema S: Sesc, Sesi e Senai, entretanto, no momento da pesquisa, o Sesi, que foi o último a se afastar, já não estava acompanhando o fórum da EJA PE, motivado pela crise econômica que acometia o país e pelos/as estudantes da EJA.

Essas instituições compõem o importante pilar do fórum da EJA PE, contribuíram e contribuem com a trajetória do movimento, apesar de todos os desafios e fragilidades impostos ao modo de fazer a articulação e controle social em defesa da EJA, principalmente pela inexpressiva presença do segmento dos/as estudantes e professores/as.

7.3.3 A Participação dos/as estudantes e professores da EJA no fórum da EJA PE

Essa questão é uma das que marcam muito esta pesquisa porque deu relevo a uma das maiores fragilidades e desafio desse movimento, uma vez que chegamos à conclusão de que há uma presença/ausência tanto do segmento dos/as estudantes, quanto dos/as professores/as da EJA. Conclui-se, portanto, que algumas das poucas pessoas desses segmentos que chegam ao fórum do fórum da EJA PE não encontram campo fértil para uma participação ativa, salvo raríssimas exceções.

Desse modo, mesmo que seja reconhecidamente o grande objetivo do fórum da EJA PE, chegar próximo desse público da EJA e atender às necessidades desse segmento, esse espaço de protagonismo foi negligenciado ao longo dos anos.

Especificamente no que tange aos/as estudantes da EJA, por unanimidade, as pessoas entrevistadas reconhecem que o grande desafio do fórum da EJA PE é saber traduzir em ações efetivas nos seus espaços organizativos a importância desses segmentos na causa defendida. Empoderar seus/as estudantes e professores/as de forma consistente numa conscientização pautada no saber de experiência, ancorado nos referenciais freireanos, sobre a importância do seu posicionamento e visibilidade como meio para lutar por seus direitos, como sujeitos autênticos.

Apuramos que os fóruns Regionais saem na frente do Estadual ao assumir um posicionamento político, como foi o caso do Metropolitano/Olinda em 2000 e o de Vicência/Nazaré da Mata em 2001, ocasião em que assumiram a identidade de fórum da EJA, mesmo que o Estadual tenha se mantido com o uso da nomenclatura de Articulação Pernambucana pela EJA até 2004. Dessa vez, as Regiões do Agreste Centro Norte, como pioneira, Mata Centro e Sertão do Moxotó-Ipanema, cada uma do seu jeito, têm se destacado através das mais diversas ações para mudar esse quadro, estimulando os/as estudantes da EJA a assumirem seu protagonismo nesse movimento como membros dos fóruns da EJA.

Apesar de estarmos nos referindo a apenas três regionais de educação[51], esse fato retrata uma esperança de que o fórum da EJA PE possa superar essa lacuna em suas ações. Esses fóruns das Regiões do Agreste Centro Norte, Mata Centro e Sertão do Moxotó-Ipanema exercitam a prática de um posicionamento político, libertador, junto com o segmento dos/as estudantes da EJA, impulsionando, insistentemente, seus protagonismos.

Freire (2001) afirma que a história é tempo de possibilidade e não de determinismo, por isso o educador deve sonhar decidir e romper com a falsa ideia de que nada podemos contra a realidade, pois ela seria imutável e "natural". De acordo com o autor, a luta pela transformação de toda e qualquer forma de opressão não será realizada por métodos educativos hegemônicos, mas, pelo contrário, ela será alcançada com o auxílio de processos pedagógicos democráticos (Freire, 1988).

7.3.4 A aproximação do fórum da EJA de Pernambuco com o campo da Educação Popular

Constatou-se que o fórum da EJA PE é um espaço que privilegia a temática da Educação Popular, todavia, não tem conseguido, apesar dos esforços, dar concretude a essa prática, principalmente, porque não tem conseguido transpor a metodologia aportada no formato acadêmico, além de não ter conseguido atingir o público das camadas sociais populares. Trata-se de uma concepção de educação na qual o método dialógico é essencial.

> No Brasil, quando falamos de Educação Popular, estamos a nos referir a um movimento de ideias e um campo de práticas socioeducativas que, mais caracterizadamente desde o

---

[51] Reiteramos que não afirmamos que não haja práticas iguais ou parecidas, oferecidas em outras regiões. Nos debruçamos sobre as informações e experiências às quais a autora teve acesso. Espera-se ainda, que sejam possibilitados na organização do fórum da PE espaços para que essas regiões socializem suas experiências como mote para que as demais possam (re)criar estratégias de retirar os/as estudantes da invisibilidade.

> final da década de 1950, tem se constituído em alternativa e construído alternativas para o fazer e pensar educação, nos mais diversos contextos em que sujeitos do povo brasileiro lutam por superar a secular exclusão que os deixou fora de muita coisa, inclusive do chamado "saber escolar". O pensamento de Paulo Freire – formulado sucessivamente como Pedagogia da Liberdade, do Oprimido, da Esperança, da Autonomia, da Indignação – foi o grande inspirador e catalisador desse movimento. (Pantoja, 2013, p. 17)

Consoante com Paulo Freire, podemos afirmar que se trata de "uma educação para a decisão, para a responsabilidade social e política" (Freire, 1986, p. 12). Postula Freire que a prática pedagógica poderá se tornar revolucionária, na medida em que se objetiva a conquista da liberdade.

7.3.5 A Identidade do fórum da EJA PE

A temática da identidade do fórum da EJA PE, a partir da triangulação dos dados, revelou divergências por haver diferenças de opiniões, colhidas a partir das técnicas de recolha de dados do grupo de discussão da OP, do questionário on-line e das entrevistas.

O primeiro assumiu a identidade do fórum da EJA como um Movimento Social. O segundo revelou que um número bastante elevado de respondentes, 86,11%, também considera que o fórum da EJA de Pernambuco é um Movimento Social, e por último as pessoas entrevistadas, em sua grande maioria, não reconhecem o fórum da EJA de Pernambuco como um Movimento Social pelas próprias características de atuação, pensando a forma como tem se organizado para incidir nas políticas públicas no estado, especialmente nos últimos tempos, com a ausência do professor João Francisco de Souza, mentor e primeiro coordenador do fórum da Educação de Jovens e Adultos de Pernambuco.

Conclui-se que, para os membros do fórum da EJA de Pernambuco, participantes desta pesquisa, o fórum da EJA de Pernambuco, é um espaço de contradição por sua natureza. Em alguns momentos, tem o comportamento de movimento social, quando se mobiliza e se organiza na luta por direitos junto aos demais fóruns do Brasil. Por outro lado, tem também a natureza de uma articulação na qual as iniciativas não caberão, especificamente, ao conjunto, mas, sim, a cada um dos atores e suas instituições.

Então os resultados apontam que a designação de Movimento Social funciona, quando o conjunto de organizações – fóruns da EJA do Brasil – age com objetivos em comum, incluindo o de Pernambuco, visto que atuam orquestradamente, em rede, juntos para alcançar um propósito comum no campo da efetivação do direito à educação.

Isso se deu, por exemplo, para buscar a inclusão de uma meta no Plano Nacional de Educação (PNE), para buscar a inclusão do financiamento no Fundo de Manutenção e Desenvolvimento da Educação Básica e de Valorização dos Profissionais da Educação (Fundeb), e quando se uniram em uma forte mobilização para a participação na VI Confintea, contribuindo significativamente na construção do diagnóstico da EJA do país, com participação ativa na construção do Documento Base que pautam ou pautava as ações da EJA desde 2009, com fins de influenciar na política pública para a EJA. Entre outros tantos exemplos que este livro não daria conta, portanto, não temos a pretensão de esgotar o debate, e sim, também, levantar essa reflexão crítica no contexto da sua organização e atuação.

Os fóruns da EJA representam um posicionamento sobre direitos subjetivos da educação. Pode-se até discordar da forma como isso se dá. Mas existe uma identidade subjacente sobre o reconhecimento e luta por esse direito e isso é característica de movimento que tem consistência, coerência, continuidade e autoidentificação. Têm uma identidade, por mais que às vezes entrem em crise para saber o que é ou o que não é.

No fundo, há algo que transcende a experiência de cada um e que une a todos/as, e isso vai muito além da questão só de valorizar a educação. Constitui a identidade dos fóruns da EJA do Brasil. Mobilizam permanentemente, ainda que essa mobilização apresente algumas fragilidades no campo da pluralidade de segmentos sociais, ou ainda no lidar, no caso de Pernambuco em específico, com o segmento dos/as estudantes e professores/as da EJA.

Têm identidade coletiva e uma presença permanente. Há pessoas que estão há mais de 20 anos nos fóruns militando. Como, por exemplo, 4,55% do grupo participante da pesquisa, respondente ao questionário on-line, que estão atuando no fórum da EJA PE desde a década de seu surgimento em 1990.

Os fóruns da EJA têm uma forma de sensibilizar as pessoas para si que lhes é muito peculiar. Porque são plurais em suas bases, embora, apresentem sérias fragilidades. E isso é a maior riqueza dos fóruns. Congregam pessoas de vários setores, de várias realidades, várias perspectivas e demandas diferentes, embora a pesquisa revele que essa diferença de atores no fórum da EJA PE esteja numa balança desigual, principalmente, porque o segmento dos governos representa a maioria absoluta.

Todavia, vale ressaltar que a investigação apontou, por unanimidade, a partir de todos os métodos de recolha, que não há reprovação à presença do segmento do governo no seio do fórum. Pelo contrário. Entendem que a falha não está na presença do governo, mas, sim, na ausência dos demais sujeitos que atuam na EJA: movimentos sociais diversos, associações de bairros, grêmios estudantis diversos, igrejas nas suas diversas denominações, professores de todas as redes de ensino, estudantes da EJA, mais sindicatos, associação de pais, secretarias de defesa das mulheres e dos idosos, conselhos diversos, entre outros.

Então o que une os membros do fórum não é a uma forma de fazer, é uma motivação do por que fazer. Porque se parte da premissa de que todas as pessoas que têm assento no fórum e, portanto, militam nele, consideram que o direito à EJA é um direito subjetivo extensivo a todos, e é por isso que, apesar de todos os percalços, estão no fórum da EJA PE. Como isso se dá é que vai ser feito através dos debates, das "brigas", que fazem parte da característica do público para o qual este movimento está voltado.

O fórum da EJA PE é mais que uma marcha em prol de alguma coisa. Ele cria uma arena pública de debate. Uma das riquezas do fórum é a capilaridade das diversas experiências dos vários segmentos sociais, muito embora também tenham sido pontos destacados nesta pesquisa críticas de pessoas entrevistadas como a falta de espaço no fórum da EJA PE para que as pessoas socializem suas experiências, a partir de suas instituições de assento, para que se possa perceber com clareza como a EJA está sendo desenhada em Pernambuco, como é o caso das diversas Secretarias de Educação ou a exemplo das experiências com o segmento dos/as estudantes realizadas pelas Regiões do Agreste Centro Norte, Mata Centro, Sertão do Moxotó-Ipenama ou das experiências de luta do MST, CUT e Sintepe tentando perceber quais as suas principais estratégias de luta em seus espaços, ou, ainda, no caso da ONG (Centro Paulo Freire – Estudos e Pesquisas), da Cátedra Paulo Freire e do Nupep/UFPE, ao buscarem melhor compreender as metodologias dos Círculos de Cultura

FÓRUM DA EJA DE PERNAMBUCO

a partir do referencial freiriano para tentar fazer uso dessa prática como estimulador da pluralidade de vozes no debate.

Ou ainda das Secretarias Municipais e Estadual de Educação para socializar os resultados dos tensionamentos oriundos dos Encontros Estaduais do fórum da EJA PE, entre outros objetivos, para que não mais ocorram casos como os descritos nesta pesquisa de pessoas que, por falta de informação dos resultados de atuação do próprio fórum da EJA PE, embora se trate de membro atuante, não conseguem se posicionar a respeito da incidência ou não dos fóruns sobre as políticas públicas para a EJA em Pernambuco.

Cabendo ao fórum da EJA PE, se assim entenderem os seus membros, que precisa repensar a divulgação sistemática e permanente de suas ações, lançando mão, principalmente, do Portal do fórum da EJA PE, de acesso público, indistintamente, de caráter permanente e oficial.

Os resultados também apontam que essa falha de ligação dos pontos entre as ações realizadas entre o fórum da EJA PE e as suas instituições de base, e o inverso ajudam, contundentemente, na sua desarticulação e, como consequência, no enfraquecimento do fórum da EJA PE. De acordo com Jorge Teles[52], "não podemos discutir uma política sem considerar todos os aspectos dessa política, senão, qualquer resposta dada sairá limitada de sua origem, porque estaria enviesada por um único olhar". Então, ele entende que

> Se colocar no lugar do outro é muito difícil, e pouca gente faz o exercício de se colocar no lugar dos vários outros: então essa é a riqueza do fórum: vem o/ professor/a, a universidade, o/a estudante, a ONG, as secretarias, o coordenador do estado e dos municípios, o sindicato, as empresas privadas, movimentos sociais... é essa a riqueza. Cada um ao mesmo tempo em que aporta a sua resposta a partir de sua visão do mundo, é provocado pela visão de mundo do outro. Se qualquer uma dessas partes falta, podemos criar respostas, que talvez, seja inviabilizada na prática. (Teles, 2016, comunicação pessoal concedida à pesquisadora)

O fórum possibilita isso. Esse diálogo horizontal entre a sociedade civil e o governo facultando a todos os mesmos direitos de voz e vez. Por mais que algumas pessoas do governo estejam dentro do fórum, as pessoas

---

[52] Diretor de Políticas da DPJA – Secretaria de Educação Continuada e Diversidade do Ministério da Educação – Secad-MEC 2008 a 2011 e Membro da Comissão Nacional de Alfabetização e Educação de Jovens e Adultos no períodos de 208 a 2011.

conseguem identificar: "isso aqui é espaço do fórum", ou "aquele ali é o espaço do governo". Ou ainda, "isso quem faz são os fóruns", "aquilo ali quem deve fazer é o governo".

A parte do fórum é alertar, cobrar, sugerir, criticar, e a parte do governo é implementar. Entretanto, o fórum da EJA de Pernambuco precisa rever como pôr em prática o controle social que resulte em ganhos para a EJA e sane as expectativas de seus membros.

É urgente que o fórum de EJA PE "passe de fato a uma organização social e política com capacidade de intervenção orgânica no campo da política pública de educação" (Machado, 2007, p. 22), e, principalmente, que seja reconhecido como tal por seus membros.

O que os fóruns da EJA defendem é uma política emancipatória, uma política de justiça social, uma política de democracia. Não se tem justiça social e não se chega à democracia sem educação. Direito sagrado. E é a posição dos fóruns que vai alertar ao gestor público sobre a necessidade de garantir e de ter atenção à efetivação, avanço e ampliação desse direito.

Então, os fóruns são de fundamental importância nessa luta política e na construção de políticas públicas. Uma organização importante que deve cada vez mais estar empoderada. É um movimento que não deve estar ausente do diálogo e construção das políticas públicas no campo da educação, assim como do acompanhamento e avaliação.

Os fóruns da EJA têm uma importância histórica e cumprem um papel muito relevante nacionalmente. Entretanto, a história não é retilínea. Vivemos em uma sociedade em movimento e este movimento é determinado pela correlação de forças.

Vivemos em uma sociedade de lutas permanentes. Então, é possível que, em determinados momentos, o diálogo entre o governo e os movimentos sociais e outros atores sociais não seja tão ativo, sobretudo, porque isso depende da compreensão dos gestores. E dependendo do momento e da situação, como é o caso da conjuntura do Brasil, entre os anos de 2016 a 2022, aportados num projeto de educação conservador e neoliberal em que se contrapõe a histórica biografia de reconhecimento e avanços da EJA como modalidade da educação, representados inicialmente pela Secad-Mec e pela Secadi-Mec, ao contrário do que o período acima cita em que a EJA já não ocupou o lugar das prioridades do governo brasileiro, tendo sido, inclusive, erradicada das ações do MEC através da extinção da Secretaria de Educação Continuada, Alfabetização, Diversidade e Inclusão (Secadi) em 2016, com o Decreto de n.º 10502. Esta que era a secretaria responsável por acolher as demandas desse segmento,.

Tal secretaria era reconhecida, inclusive, pelos fóruns da EJA do Brasil como uma instância importante para dar visibilidade aos sujeitos que fazem da EJA no que se refere ao esforço da garantia e da efetivação dos direitos legais constituídos. Embora reconheçamos os entraves e embates travados com esta secretaria através do movimento dos fóruns da EJA do Brasil, tensionando-os a criarem, cada vez mais mecanismos através de políticas públicas para a EJA para que se fosse garantido, para além das leis, a efetivação do direito a esta modalidade da educação. A Secadi-MEC foi reestrutura em janeiro de 2023 através do Decreto de n.º 11.342.

Por meio do exercício do *Advocacy* os fóruns da EJA do Brasil, fazem isso de uma maneira ímpar, porque ele não surge no cenário político só para cobrar ou criticar. Ele se coloca no cenário como partícipe no processo de elaboração e construção das políticas públicas para a EJA.

O fórum propõe, avalia, critica e acompanha, *pari passu* as políticas públicas para a EJA. Vislumbra-se que um dia o Brasil esteja em um patamar de investimento na educação tão digno que não tenha analfabetos absolutos e/ou funcionais, subescolarização ou baixa qualidade social da educação, e que, portanto, a partir da utopia freireana os fóruns da EJA possam figurar na história como um exercício de controle social que atingiu sua plenitude, seus objetivos, e passou a partir daí a não ser mais necessário. Para tanto, o fórum da EJA PE, de acordo com os achados desta pesquisa, com recomendação expressa pelas pessoas entrevistadas, necessita fazer uma autoavaliação a fim de fortalecer seus mecanismos de estratégias de luta, de *advocacy* e de controle social.

7.3.6 A categoria diálogo na organização do fórum da EJA PE

As pessoas entrevistadas fazem referência aos desafios impostos à EJA, que são enormes, e para enfrentá-los os fóruns têm se organizado ao longo dos anos para acompanhar e influenciar as políticas públicas para a EJA, juntos aos governos municipais e estadual, entre outros atores importante já citados, assumindo-se para além da prática de controle social das políticas públicas, como corresponsáveis, num processo de cidadania ativa.

Esse esforço ancora-se na vontade-ação expressa e exercida pelos seus membros para não deixar que a EJA figure no esquecimento, mas, sobretudo, trata-se de uma utopia freiriana em mover-se, permanentemente, para que a Educação de Jovens e Adultos, a partir do direito que lhe é constituído, ultrapasse as bases documentais e seja efetivada para todo/a e qualquer cidadão ou cidadã, independentemente de seu gênero, cor, raça, religião, idade e localização geográfica.

Sendo o diálogo um dos principais instrumentos utilizados pelos membros do fórum da EJA PE através do *Advocacy* como exercício de controle social, é preciso estarmos atentos à principal forma de se relacionar nessa luta e à necessidade de, cada vez mais, se criar unidade para fortalecer as bases do movimento em defesa da EJA.

Não há espaços para fragmentação do próprio movimento diante do enorme desafio que ainda acomete a EJA em Pernambuco e no Brasil. É cada vez mais urgente que seus membros, cravados por uma reconhecida importância, possam estar mais abertos à escuta atenta e generosa da posição, mesmo que contrária, dos outros membros.

O diálogo utilizado como instrumento de luta política precisa estar pautado nos referenciais freirianos e, como tal, da educação popular. Inspirados em Freire (2005c), os fóruns da EJA lutam pelo direito de dizer a sua palavra, a palavra-mundo, a palavra-ação, e através dela dizerem os seus anseios, suas necessidades, as suas especificidades e, sobretudo, enquanto pares, participar da luta em defesa da EJA.

Reconhecemos, então, que esses espaços de diálogo sobre direito social negado à EJA, ao longo da história do Brasil e da luta incessante por políticas públicas, também se constituem como espaços educativos, propiciando o exercício da consciência crítica e igualmente contribuindo para que cada participante tome maior consciência de seu papel no mundo (Freire, 2005b).

7.3.7 Desafios e possibilidades da organização do fórum da EJA de Pernambuco

Os atores que compõem o fórum da EJA de Pernambuco entendem ser basilar manter um elo entre a sociedade civil e o Estado, a fim de possibilitar mecanismos de participação essenciais para acompanhamento e fiscalização e, sobretudo, para a ação orquestrada e (com)partilhada na proposição das políticas públicas, destacando, inclusive, que o fórum da EJA PE precisa, como tarefa de casa, rever suas bases para melhor articular-se com outros importantes segmentos da sociedade que atuam nesse campo da educação.

Reconhecem por unanimidade que as experiências da atuação dos fóruns da EJA no Brasil demonstram que o exercício de participação social não é algo pronto a se exercer. "Exige de quem o faz um tempo de aprendizagem", sendo necessário investir nesse exercício de aprendizagem.

Com os pés cravados na realidade brasileira, a partir da complexidade das estruturas político-sociais e do próprio fenômeno da corrupção, o controle social, no sentido mais amplo da expressão, faz-se impositivo e confere ao fórum da EJA PE o desafio de, cada vez mais, investir na (in) formação crítica/qualificada do/as pernambucanos/as, almejando que tenham melhores condições de exercer sua participação como cidadãos/ãs plenos/as na gestão pública, na fiscalização, no monitoramento e no controle das ações das administrações públicas.

Para tanto, mesmo com reconhecidas necessidades de aprimorar algumas ações em sua organização, os fóruns da Educação de Jovens e Adultos têm, permanentemente, mobilizado e provocado arenas de debates críticos, sobretudo, no campo do direito à educação, sendo reconhecidamente vetores de formação crítica.

7.3.8 A contribuição do fórum da EJA PE para influenciar nas políticas públicas para a EJA

No que se refere à verificação dos resultados da luta empreendida pelo fórum da EJA PE em termos das políticas públicas para a EJA e da sua contribuição para a superação das condições de sociabilidade relativas à educação, às quais estão submetidos os/as jovens e os/as adultos/as das classes populares, os resultados admitem que, apesar das diversas lacunas da efetivação do direito que ainda acometem a EJA no estado, os avanços que a Educação de Jovens e Adultos vem galgando em Pernambuco devem-se muito à atuação do fórum da EJA PE por estar conseguindo, apesar de reconhecer-se o muito que ainda falta para qualificar a sua organização, que ele, o fórum da EJA PE, tem conseguido influenciar na construção das políticas para a EJA, principalmente, porque a própria Rede Estadual de Ensino e as muitas das Redes Municipais de Educação utiliza as diversas instâncias que compõem o fórum da EJA PE como termômetros para as suas ações.

A Secretaria Estadual de Educação de Pernambuco reconhece ainda esses espaços do fórum da EJA PE como importantes para avaliar as ações de suas redes de ensino.

A Secretaria Estadual de Educação, através de sua Gerência da EJA, afirmou em entrevista que mantém e utiliza os espaços do fórum da EJA, ouvindo/participando dos debates críticos em torno da temática, porque essas discussões são levadas em consideração para que se pensem, proponham e/ou definam políticas para a EJA em Pernambuco.

Afirma também que utiliza os espaços do fórum como referências para contribuir no momento que realiza as suas avaliações. Entende, por razões já citadas ao longo desta, obra que os espaços do fórum da EJA de Pernambuco são espaços ímpares de aprendizados coletivos de democracia. Revela o cuidado de manter seus/as técnicos\as, coordenadores/as e professores/as da EJA – esse último segmento em minoria – acompanhando esse movimento, por notar que, de forma muito peculiar, o fórum da EJA de Pernambuco não os deixam esquecer os compromissos assumidos com a EJA no estado, principalmente, porque executam ações em cadeia, em especial, pelas Reuniões Ordinárias itinerantes, realizadas pelo fórum da EJA PE, com agenda mensal, que alcançam a participação de todas as Gerências Regionais de Educação, a partir de seus segmentos participantes.

O fórum da EJA PE tem atuado e colaborado, junto com seus atores, fortemente, na construção das políticas públicas para a EJA em Pernambuco, sobretudo, no campo da formação crítica de seus membros.

Essas instituições entendem que a organização do fórum da EJA, mantida em vigilância a respeito dos rumos da Educação de Jovens e Adultos no estado e no país, é um instrumento essencial para influenciar na construção das políticas públicas para esse segmento da educação, desde a sua primeira nomenclatura de Articulação Pernambucana pela EJA, cujo desenho e forma de organização, de um modo geral, permanecem, desde sua criação em 1990.

Vale ressaltar, no entanto, o que foi dito em entrevista com relação às costuras que os fóruns da EJA de Pernambuco vêm realizando para a construção das políticas públicas para a EJA no estado, pois algumas pessoas admitem não conseguir perceber com clareza se há ou não incidência do fórum da EJA PE na construção das políticas públicas.

De acordo com suas impressões, tal dificuldade decorreria da forma como o fórum da EJA PE se organiza, sobretudo, pelo fato de alguns membros, de maneira geral, não serem informados a respeito dos protocolos de entrega dos relatórios dos Encontros Estaduais à SEE-PE e demais Secretarias Municipais de Educação, ou melhor, de não receberem retorno quanto às possíveis respostas enviadas por essas Secretarias de Educação relativas aos pleitos formulados pelo fórum da EJA PE que possam ter incidido na construção de políticas públicas para a EJA em Pernambuco.

Considerando-se a forma como o fórum da EJA de PE tem se organizado para incidir sobre as políticas públicas para a EJA no estado de Pernambuco, talvez seja importante o fórum pautar essa temática da contribuição do fórum da EJA PE para implementar políticas públicas para a EJA com suas bases, a fim de poder melhor compreender como e por que algumas pessoas, parte atuante de seus membros, têm essa compreensão, mas, principalmente, como e o que fazer para sanar essa lacuna.

Faz-se necessário que o fórum da EJA PE, atendendo à reivindicação de participantes desta pesquisa, democratize o acesso dos seus membros aos relatórios reivindicativos dos Encontros Estaduais encaminhados às Secretarias e, principalmente, aos registros de respostas das Diversas Secretarias de Educação sobre as pautas de orientação/sugestão para o aprimoramento e/ou criação das políticas públicas para a EJA em Pernambuco.

Para finalizar, em síntese, de acordo com os objetivos específicos da pesquisa, foram constatadas várias intervenções realizadas pelo fórum da EJA de Pernambuco, seja através das reuniões ordinárias formativas realizadas mensalmente, seja pelos seus encontros municipais, estaduais, regionais, nacionais, seminários, entre outros, sempre com temáticas críticas, constantes e relevantes em torno da EJA, traduzindo-se, a partir do olhar das pessoas entrevistadas, como práticas reveladoras de uma importante contribuição para influenciar nas políticas públicas para a EJA no estado de Pernambuco, desde a sua origem, como Articulação Pernambucana pela EJA, em 1990.

7.4 ALGUMAS CRÍTICAS E SUGESTÕES DAS PESSOAS PARTICIPANTES DESTA INVESTIGAÇÃO, COLHIDAS ATRAVÉS DAS ENTREVISTAS E DO INQUÉRITO POR QUESTIONÁRIO ON-LINE

Vale salientar que estes registros, que constam a seguir, sugestivos de melhorias na organização do fórum da EJA PE, não intencionam criticar gestões de A, B ou C. Intencionam contribuir com o **movimento**...

Espera-se, enquanto falas representativas anteriormente descritas no capítulo 7.4, de uma boa parcela de membros do fórum da EJA de Pernambuco, que possam ser acolhidas por fazerem parte da contribuição das instituições e pessoas que representam as bases significativas da organização deste fórum da EJA de Pernambuco.

Portanto, como podemos inferir, não se trata de uma avaliação ancorada na segunda pessoa do singular, e sim pode-se dizer que faz parte de uma "autoavaliação" aportada na terceira pessoa do plural, que não se traduz em julgamentos, mas sim como mais um caminho encontrado para ajudar a fortalecer a forma como o movimento do fórum da Educação de Jovens e Adultos de Pernambuco se organiza.

Segue as críticas e sugestões colhidas, **sem filtros.**

> [...] *resgatamos um pouco do debate que o Paulo Freire fazia, ao dizer que a amorosidade só é possível se essa amorosidade cheirar a povo. E o fórum da EJA PE ainda não tem cheiro de povo. O fórum precisa de povo. Cheirar a povo. Sentir-se povo. Não ser um grupo de iluminados que pensa pelo povo. E aí, avançar para tensionar espaços, nos quais o povo está inserido;*
>
> *A EJA continua sendo uma modalidade de educação invisível. Que estratégias reinventaremos para vencer esses obstáculos?;*
>
> *É preciso que o fórum conheça as experiências, saiba o que está acontecendo, e que ele formule processos organizativos para que ele ajude a organizar o conjunto de sujeitos que compõe o espaço da EJA;*
>
> *Que os/as estudantes sejam protagonistas no fórum, falando pelas suas próprias falas, inclusive, compondo a coordenação colegiada do fórum;*
>
> *Que os/as estudantes toquem fogo em nossas bibliotecas cefálicas;*
>
> *Por que nas reuniões os/as estudantes raramente se pronunciam? O que se pode fazer para ajudar a mudar essa dívida do fórum da EJA PE para com os/as estudantes da EJA?;*

FÓRUM DA EJA DE PERNAMBUCO

Como fazermos para tentar dar unidade ao grupo e, cada vez mais, nos fortalecermos enquanto movimento?;

Teríamos que ter uma coisa assim mais prática, mais direta para mostrar para a comunidade que está ali presente... tudo o que a gente vem contribuindo para melhorar, cada vez mais a EJA;

Com a socialização das ações das instituições poderíamos contribuir para nos avaliarmos coletivamente enquanto instituição, e tentar apontar o que não estaria dando certo;

Alguns representantes se envolvem em todo o processo. Outros não. O que fazer?;

Como envolver/delegar atribuições e responsabilidades além de todos/as os/as representantes, aos/ãs suplentes?;

Alimentar rotineiramente o Portal do fórum Estadual, uma vez que, este é o mecanismo de comunicação que dá unidade aos fóruns que compõem o Nacional..., além de ser uma forma de registrar a história. Não desprezando outras formas de comunicações digitais/virtuais e impressas;

O portal do fórum deve ser acessado por todos/as os/as coordenadores/as dos fóruns Regionais e Municipais para socializar as ações dos diversos fóruns, a fim de dar unidade ao coletivo e fortalecer a EJA, com acesso democrático às senhas;

Ao convidar os/as governantes para que participem dos Encontros Estaduais, cobrar deles/as de forma oficial, que assumam compromissos com o fórum da EJA e com a EJA;

Após o Encontro Estadual, através do documento construído, pautar os governos municipais e estadual a assumirem compromissos junto ao fórum da EJA PE, de forma oficial;

As questões pessoais/políticas que ocorrem entre os/as representantes do fórum jamais deverão prejudicar o fórum;

A luta pelo poder irá sempre existir, mesmo que não seja o poder pela função de Coordenação do fórum, mas, também pelo poder das ideias;

O principal desafio para os fóruns é manter a pauta da EJA na pauta da educação brasileira;

Como fazer com que o movimento ultrapasse seus limites estruturais e possa incluir a classe popular nos seus debates, como propõe o MST?

Como fazer para mobilizar cada vez mais estudantes para participar do fórum? Isso é uma forma de estimular a continuidade de seus estudos e tentar, cada vez mais, deixar claro para eles/as a importância do estudo na vida dos sujeitos;

Trazer o/a estudante para o espaço do fórum é importante, mas não é suficiente, o importante é fazer do fórum o espaço do/a estudante;

Ver o/a estudante como protagonista é um sonho acalentado por mim e outros/as educadores/as, desde que o fórum foi criado em Pernambuco, em 1990. Na realidade é um sonho que faz parte de uma dimensão mais ampla de Educação;

Como o fórum poderá tentar mudar sua postura centralizada na imagem de alguns poucos personagens e instituições, a fim de tornar o debate mais plural?

Como romper com a metodologia quase que exclusiva de palestras para partir para o diálogo cultural como propõe a CUT?;

Como se dá um espaço de fórum, no sentido literal da palavra, onde a maioria das pessoas não se pronuncia, verbalmente, publicamente, e sequer se apresentam ou são apresentadas, em muitas reuniões e encontros? Chegam e saem caladas.

Precisamos conquistar o nosso espaço de fala de autonomia de organização, dentro do espaço das institucionalizações;

Convocar as Secretarias Municipais e Estadual de Educação para tentarmos encontrar estratégias de superação das escolas que intencionam fechar, e criar quem sabe, um novo modelo de escolas noturnas;

O método de eleger a coordenação é um método muito difícil/ ruim porque ele não abre para o debate. É importante que se faça uma reformulação disso. E isso não é uma coisa que deve ser feita de cima para baixo, mas a partir de uma tensão de baixo para cima;

Ter representantes no fórum que sejam dos movimentos sociais é importante;

O/a coordenador/a não pode se perpetuar no fórum. É importante que os/as coordenações dos fóruns sejam alternados/as e que essa rotatividade seja interpretada como estratégia de fortalecimento através da formação de quadros;

A composição dos coordenadores do fórum precisa ser mais plural com diversidade de segmentos sociais que perpassem os anos políticos;

Criar um folder permanente com dados institucionais do fórum da EJA PE, como estratégia de divulgação: on-line e impresso; criar uma revista ou um folder com registro das ações do fórum;

Dar mais visibilidade ao fórum, pois, consideramos que apesar do nosso esforço, a sociedade ainda não nos enxerga;

O silêncio da maioria do público presente no fórum dar-se-ia, ao fato de um grande número de participantes representarem instituições governamentais e, sendo assim, não se posicionam para não se comprometerem em seus respectivos locais de atuação no campo da EJA?;

Democratizar o acesso às informações;

É preciso ter um espaço executivo do fórum para que ele não esteja como está hoje, sendo um pouco em cada lugar, e seus registros se perdendo;

Que a gente pudesse ter um momento de estudo nos fóruns, sobre quem sou eu enquanto instituição;

Quem custeia nossas presenças nos fóruns é, na maioria das vezes, dinheiro público. Se a pauta não é relevante, estaremos gastando dinheiro público em vão. Ou seja, deixa de ser investimento, e passa a ser gasto;

Investir na construção do conhecimento coletivo, para fortalecer os segmentos, aproveitando os Encontros Municipais, Regionais e o Estadual, propondo-se ênfase na formação dos sujeitos;

Lembrar que a amorosidade e respeito às posições contrárias faz parte de uma das categorias do pensamento de Paulo Freire, e, portanto, o fórum precisa tornar essa prática concretude;

Lembrar que o Portal do fórum é um mecanismo de fortalecimento do fórum e da EJA, sendo assim, deve ser facultado o acesso com senhas a todos/as os/as representantes dos fóruns Municipais e Regionais para divulguem ações da EJA;

Lembrar que o que une os membros do fórum é uma causa coletiva, e não individual. Somos oponentes ou parceiros nessa causa?

Lembrar que representamos instituições e, portanto, as ações que nós representamos precisam ser referendadas e levadas ao conhecimento de cada instituição ali presente;

O que é o ponto fraco diante dos fóruns que eu tenho presenciado? É a ausência de diálogo e de compreensão do papel de cada um. Como se fosse um ranço. Uma incompreensão diante do que existe, e confunde políticas públicas voltadas para a EJA. Como percebemos, também, partidarismo, entre sistemas de redes dessas organizações locais. E nisso há um travamento das ações de contribuições para a melhoria pública que é o papel de todos ali;

Mobilizar outros segmentos para participar do fórum: Associação de estudantes e de pais, movimentos sociais, associações de moradores ou comunitárias, as igrejas, clubes de mães, o Sistema S, ONGs, movimentos sociais e universidades, sujeitos que ultrapassam as estruturas governamentais. Ou seja, envolver a comunidade em vários aspectos;

Levar o fórum para os diversos espaços da sociedade, como associações, igrejas, agremiações de estudantes etc. Não só esperar que eles venham até nós;

Não podemos usar o fórum para projeção pessoal. Não pode haver vaidade dentro do fórum, pois do contrário, não avançaremos;

Nós precisamos das gestões públicas participando do fórum. Precisamos lidar com o gestor;

O fórum é uma instituição reconhecida e não oficializada. Ela precisa ser oficializada juridicamente para ter acesso a outros subsídios, pois sem financiamento tem e terá suas ações limitadas, inclusive, sua autonomia. Como exemplo, não garante presença em todos os lugares porque lhe faltam recursos próprios;

O fórum não cuida bem desse processo de formação de quadros. Ele fica girando em torno de um núcleo central, e esse núcleo central, é muito fechado e não permite a sua expansão. Ele deveria agir em ondas. Você parte de um eixo central, mas, que deve ir se espalhando... Ele se azeita pouco;

O fórum precisa consolidar a EJA como prioridade vigiada, acompanhada por um número de centenas e centenas de educadores/as, que idealizam e que se encontram. Mas, uma ação que seja de revirar a história, e garantir que os sujeitos expulsos da escola tenham o seu acesso à escolarização assegurado;

O fórum precisa passar a sentir-se povo, e do povo. E isso só será possível estando no meio do povo. Não que não esteja. Mas, precisaria criar uma identidade mais sólida;

O fórum precisa ser reconhecido oficialmente como um ente vivo capaz de analisar e dar parecer sobre as políticas públicas em diversas esferas, com uma composição que seja capaz de dialogar com gestores da EJA;

O fórum precisa investir nos processos de construção de espaços de articulação;

O isolamento do trabalho dos/as representantes não ajuda a fortalecer o movimento. Todas as ações: pautas, documentos afins, senhas de acesso, acesso aos e-mails, relatos e relatórios dos Encontros, devem ser partilhado o acesso em igual condição entre representantes e suplentes;

O que nós vamos fazer para que as reformas educacionais atuais não possibilitem ainda mais a perda do direito à EJA, dentro desse modelo que se constituiu?;

Para que serve o Regimento do fórum? Poderá ser alterado em reuniões ordinárias onde não tem representado a maioria de seus membros? Ou este só terá legitimidade se as alterações forem feitas em Assembleias nos Encontros Estaduais, onde se faz presente a maioria dos segmentos por Municípios que compõem o fórum Estadual?;

Qual é mesmo a finalidade do Regimento do fórum, se não diz sequer o que tem que ser feito com os documentos oriundos dos

Encontros Estaduais? Ou ainda, as estratégias de mobilização e de controle social;

Os documentos que são construídos durante os Encontros Estaduais, e Erejas, o que é feito com eles? Para onde vão e como? Por que os membros do fórum não acompanham esse processo, independentemente de estar na coordenação ou não?

E o documento resultante do Eneja que é entregue ao MEC, por que não se multiplicam cópias para todos os membros dos fóruns, independente de estarmos na coordenação, ou ainda de termos ou não, participado do Estadual, dos Erejas ou Enejas? Multiplicar o documento não seria essa uma ação que fortaleceria o Movimento do fórum da EJA de Pernambuco?

O documento resultante do Encontro Estadual é entregue ao Nacional para o Eneja como? O que o Eneja dá de retorno? Por que os membros que não estão na coordenação não acompanham esse processo? Como ele aparece no Documento Nacional? Os Encontros Estaduais devem resultar em documentos propositivos de políticas públicas, entregues aos governos em caráter oficial pelo fórum e posterior acompanhamento;

Que ações ou propostas os fóruns estarão apresentando após cada Encontro?;

Os membros do fórum como um todo só atuam na construção do documento até a realização do Estadual. Depois de gerado o documento no Encontro Estadual, este se torna assunto exclusivo dos coordenadores? Por quê?

Quais estratégias poderão ser utilizadas para podermos extinguir o isolamento que há entre os GTs nos Encontros e tentar fazermos com que vários sujeitos tenham acesso às discussões mais amplas, pelo menos em mais de um GT? Seria o caso de as plenárias terem seus tempos de execução aumentados para qualificar o debate? Seria o caso de o relatório final ser encaminhado para toda a lista de e-mail (banco de dados) do fórum após os Encontros?

As três ou quatro propostas/proposições/proposituras construídas nos Encontros e socializadas em plenária por GTs são o suficiente para que as pessoas se apropriem e votem no que está sendo apontado durante as plenárias dos Encontros Estaduais?;

Pensar estratégias para que os/as estudantes e a sociedade vejam a escola como direito de todos/as, independente de sua idade ser considerada ou não como certa;

Usar como estratégia de mobilização a participação de estudantes em Mesas de Debates – como faz a o fórum da EJA do Agreste Centro Norte – para que eles/as possam falar de como estão sendo atingidos/as e de como se sentem nesse processo;

Percebe-se a falta da participação dos movimentos sociais: MST, quilombola, movimento das mulheres, indígena, Mova Brasil etc. Quais estratégias utilizaremos para os mobilizar? O que fazer para disseminar e mobilizar instituições e pessoas?;

Trazer de volta movimentos e organizações sociais para dentro do fórum com toda a sua carga de vida para apontar novos caminhos estruturais que coadunem com um movimento de proposição para intervir nas políticas públicas;

Por que alguns sujeitos que continuam trabalhando com a EJA têm se afastado do fórum da EJA PE, por motivos não sabidos? Valeria a pena entrar em contato com essas pessoas/instituições objetivando tentar mobilizá-las para reintegrarem o fórum?;

Por que na grande maioria das reuniões, mesmo com diferentes temáticas, palestrantes, coordenadores, regiões e públicos, a grande maioria dos membros do movimento não se sentem motivados/as a participar do debate ativamente, ou ainda, (con)versar sobre temas caros para suas próprias ações no campo da EJA?;

Por que será que apenas poucas e, praticamente, as mesmas pessoas se colocam nas reuniões? Será que, embora seja repetido, reiteradamente, em muitas reuniões, esse fato é um caso atípico?

Por que será que o fórum não tem, na maioria das vezes, conseguido mobilizar um número maior de estudantes para acompanhar suas ações?;

Por que, também, praticamente não se percebe a presença do segmento dos professores junto ao coletivo do fórum a EJA, e os que chegam, ficam em sua extrema maioria, em silêncio?

Precisamos enxergar que espaços como os do fórum são extremamente importantes, mas, que eles precisam tomar uma direção de classe ainda maior. Isso só será possível se o conjunto de trabalhadores/as estiver nesse processo de construção;

Precisamos que os membros-gestores assumam compromissos para além daquele espaço. Ou seja, dentro da discussão da EJA;

Precisamos ver a meta maior. Não é preciso que eu esteja tendo ganhos individuais, mas, eu preciso ver os ganhos coletivos que estão favorecendo a mim e àqueles que vêm depois de mim, não é?;

Provocar as Redes de Educação para que o Sistema de Ensino seja mais comprometido com a EJA pública de qualidade;

Qual o sentido de mobilizar pessoas/instituições para compor o coletivo do movimento se, na maioria das vezes, não criamos estratégias para ouvi-los/as atentamente e, sobretudo, tentar dar unidade ao grupo?;

Que a gente pudesse ter uma coisa mais concreta no fórum. Por exemplo, se a gente está tentando ver os avanços à melhoria... que a gente busque apontar no próprio fórum isso. Porque, senão, a gente, fica andando em círculos;

Reservar nas pautas espaços para que as instituições possam contribuir socializando suas ações, buscando, cada vez mais, que as pessoas acreditem no sentido que nos faz ir para ali, para aquele espaço. Ora, se estou vindo aqui, é para quê? E que cada um também se sinta coparticipante;

Registrar por escrito as experiências vividas nos municípios, como por exemplo, o da Região da Mata Norte – com um jornal – utilizando-se dos diversos gêneros textuais como formas atraentes de escrita. Entre eles o cordel;

Retomar as Agendas Territoriais, ou algo semelhante à Agenda, para o acompanhamento de ações de controle social;

Será que é fruto de sua forma organizacional o fato do fórum, embora com reconhecida importância em defesa da EJA, ainda assim, nunca tenha sido oficialmente chamado, pela SEE-PE, para discutir e contribuir sobre os rumos da EJA no Estado?

Seria a metodologia empregada nas reuniões do fórum centrada em palestra que inibe a participação espontânea das pessoas?;

Socializar com no máximo dez dias após as reuniões as memórias para os membros via e-mail e, principalmente, postá-las no portal do fórum, acompanhadas de fotos, filmagens e memórias. Porque estando no Portal é possibilitado o acesso a todos/as os/as interessados/as, universalmente;

Que o Metropolitano faça um folder registrando as ações do fórum;

Também é no espaço do fórum o lugar ideal para criar estratégia para modificar o cenário político local, estadual e nacional;

Se tivessem as reuniões do fórum a metodologia dos Círculos de cultura temáticos, possibilitaria uma maior adesão aos debates?;

Transformar as nossas salas de aula em oficinas pedagógicas de desconstrução de conhecimentos que não servem, e reconstrução do conhecimento novo;

Utilizar mais e melhor os recursos tecnológicos, como Skype, Meet, Teams, Zoom, entre outros, para expandir o processo de mobilização;

Utilizar mecanismos de comunicação junto aos membros do fórum que possam perdurar como registros históricos. Nesse sentido, o e-mail institucional deverá ser sempre mantido como comunicação oficial entre os membros do fórum;

Utilizar o rádio para mobilizar outros parceiros para participarem do fórum. O rádio ainda é uma ferramenta que atinge várias pessoas, em vários cantos do país. Que seja usado na mobilização e alimentação do processo;

Utilizar o teatro, como o Movimento de Cultura Popular utilizou no passado, para atuar na formação crítica dos sujeitos;

Se incluíssemos os membros do fórum permanentes para mediar junto com os convidados os GTs nos Encontros, não seria mais rico para o movimento, ao invés de delegar essa mediação "apenas" aos/as convidados/as externos ao fórum, mesmo reconhecendo suas importâncias?;

Para garantir um processo realmente coletivo e representativo o fórum deve fortalecer a diversidade na composição da sua coordenação;

Garantir a rotatividade de lideranças e envolver mais movimentos sociais, como o MST, quilombolas, indígenas, associações de mulheres e o Movimento Negro, para que o movimento seja mais plural e democrático;

O fórum da EJA deve se comprometer com o protagonismo estudantil garantindo que os estudantes sejam incentivados a participar e se manifestar livremente, inclusive, ocupando papéis na coordenação;

Garantir a participação efetiva da comunidade e, principalmente, dos estudantes como protagonistas é essencial;

É fundamental promover uma mobilização mais eficaz que traga estudantes e representantes populares para o centro, fazendo com que o fórum não seja apenas de uma elite de pensadores, ao debater os problemas principais, mas um espaço de debate horizontal;

A invisibilidade da EJA exige a criação de estratégias inovadoras que promovam sua valorização e inclusão na agenda pública. Para isso, é essencial que o fórum conheça a fundo as experiências locais e ofereça apoio organizacional para fortalecer a representatividade e unidade de todos os envolvidos;

Diante do que mostra a história, o fórum vem ao longo do tempo perdendo representatividades como é o caso do Sistema S, da Secretaria de Educação de Vicência, da Escola Marista Unbec, entre outros;

A metodologia do fórum também precisa ser repensada para estimular o debate e o diálogo cultural, em vez de palestras expositivas, adotando práticas como os círculos de cultura freirianos, que possibilitem uma participação mais democrática e significa. Além disso, é necessário que todas as instituições compartilhem suas práticas e resultados, permitindo uma avaliação coletiva que ilumine os desafios e as suas práticas, resultados, e os desafios que lhes são peculiares;

A comunicação é uma área crucial. O reconhecimento oficial do fórum é essencial para a sua autonomia e acesso como agente legítimo de análise e, posicionamento nas políticas públicas da EJA, possibilitando uma atuação mais articulada junto aos gestores, convites para participar de audiências públicas, entre outros.

Vale a pena o fórum da EJA PE fazer uma autoanálise para melhor avaliar suas estratégias de mobilização, atuação e luta.

Reitera-se que as falas são apresentadas a partir das reflexões dos próprios sujeitos, membros partícipes do fórum da EJA PE como atores do próprio processo, portanto, são críticas reflexivas construtivas.

POSFÁCIO

O presente livro apresentou os resultados da pesquisa doutoral de Mirian Burgos. Todavia, foi além, pois socializou histórias de uma vida em prol da EJA. São anos de vivências dentro e fora de sala de aula, lutando ombro a ombro com outros sujeitos pelo respeito ao disposto no artigo 205 da Constituição Federal do Brasil de 1988 e na Lei de Diretrizes e Bases da Educação Nacional de 1996. Aprouve à autora pegar partes dessas vivências, transmutá-las, entretece-las com outras, olhar de fora e relê-las, à luz do conhecimento acadêmico, para, por fim, recontá-las, compartilhando com aqueles que dela fizeram parte, mas também generosamente disponibilizando esse conteúdo àqueles que virão a se somar nas veredas dos sujeitos da EJA.

Pesquisadora "afetada" pelo objeto da pesquisa, que conseguiu elaborar nesta e a partir desta "afetação", em franco diálogo respeitoso com a produção acadêmica na área, Mirian chamou Paulo Freire e outras grandes figuras pensantes da realidade brasileira para o diálogo, em uma conversa franca e fluida, deixando patente sua amorosidade tanto na abordagem quanto na escrita deste livro. Esta é sua marca, forma de ser e estar no mundo realmente freiriana, em um país onde muitos se dizem inspirado em Freire, mas suas práticas são contrárias à cosmovisão freiriana legítima. O principal objetivo foi alcançado com maestria neste trabalho, por parte de uma mestra de fato e de direito, fazendo jus à sua trajetória enquanto profissional e militante, professora e cidadã.

Cabe destacar a robustez metodológica da pesquisa, lançando mão de vários métodos para reconstruir o percurso dos fóruns de EJA em Pernambuco e analisá-lo de modo crítico. Em especial, a autora fez uma escuta ativa das vozes dos próprios sujeitos envolvidos nessa história. Nessa labuta, ela demonstrou capacidade de estranhamento, tão caro à produção científica, ao mesmo tempo em que não perdeu seu lugar de fala.

A investigação deixou patente a capacidade de levantar informações, mapear redes, identificar sujeitos chave nos processos considerados, ler as relações e, em um mover respeitoso da pena (teclado), sintetizar todos esses volumosos insumos e os apresentar muito bem ilustrados neste livro. O fruto foi exibido de modo apetitoso. De escrita leve e sempre convidativa, narrou as histórias de vidas fruídas e entretecidas na EJA, nos fóruns e nos demais espaços que configuram a ágora da política pública educacional. Com respeito e sabendo valorizar as experiências passadas, não deixou de problematizá-las, apontar gargalos e, ao mesmo tempo, ressaltar criticamente a potência das mesmas.

A presente obra exprime um olhar do local a partir do próprio local, mas que dialoga com o nacional e o global, focando nos desdobramentos sobre o estado, demonstrando as intercessões, constrangimentos e induções propiciados por estas múltiplas dimensões geopolíticas do fenômeno social em foco. Tal abordagem teve claras implicações para a forma como compreende a política pública.

O impacto nas políticas foi pensado para além do mero mecanicismo de "resultados" quantitativos, tendo sido orientado por uma concepção mais ampla, humanizada e republicana, tanto de política quanto de "resultado". Daí a importância da maior compreensão dos processos dinâmicos de construção, implementação e avaliação de políticas públicas, com destaque para a imbricação sobre as formas de sociabilidade.

A análise captou bem as tensões presentes em todo processo de construção participativa de política pública e no exercício de *advocacy* (controle social) frente ao Estado, atravessado pelo pacto federativo, de um lado, e a sociedade civil, com suas próprias disputas e tensionamentos internos, de outro. Há claro destaque para os papéis da democracia participativa e de *advocacy* como potencializadoras da real garantia do direito à educação para jovens, adultos e idosos. Nesse sentido, a autora chamou a atenção para os fóruns enquanto espaço formativo, resgatando as características da educação popular, nas lutas pela efetivação do direito à educação.

Todavia, ela também expôs corajosamente as fragilidades dos fóruns, como o calcanhar de Aquiles da presença-ausência dos estudantes da EJA e de seus professores. Não apenas apontando problemas, mas buscando inspiração na própria dinâmica da história contada, para pensar inéditos viáveis para esses sujeitos da EJA na formulação e controle da política em foco.

Não foram expostas respostas prontas. Pelo contrário, ela convidou diferentes vozes para o círculo de cultura da política da EJA. O diálogo figurou, assim, como categoria estruturante da pesquisa. Em uma postura de honestidade acadêmica, tal compromisso com o diálogo e respeito por todas e por cada uma das vozes permeia o texto. As considerações finais reproduzem sugestões críticas das pessoas entrevistadas, ilustra bem isso, dispondo indagações preciosas para novos círculos de cultura nos fóruns.

Os fazedores e os controladores de política pública são brindados com este livro como exemplo de registro potente de memória de movimentos sociais no Brasil recente, que funciona também como elemento instigador, para que se façam pesquisas similares para os fóruns dos outros estados, guardadas as especificidades. Apontam também os desafios do adequado registro público dos percursos e da comunicação fluída, transparente e democrática, tão cruciais para que qualquer movimento social realmente cumpra seu papel de forma plena. Um premente chamado à ação!

Trabalhos como o corporificado neste livro constituem uma provocação a partir da *phronesis* (sabedoria prática), do quão melhor pode ser o futuro se realmente formos humildes para aprender com o passado e construir um presente que alavanque a garantia de fruição do direito à educação de milhões de brasileiros/as, para todas as gerações, independente de idade, gênero, raça, classe ou qualquer outro marcador social que evidencie desigualdades nesse direito.

Que a leitura deste livro tenha afetado suas práticas, fortalecendo uma educação e uma *advocacy* mais freirianas e contribuindo para *práxis* que ensejem a real garantia do direito à educação para todos/as e para cada cidadão/ã brasileiro/a.

Jorge Teles
Doutor em Educação pela Universidade Federal Fluminense. Diretor de Educação de Jovens e Adultos do MEC/SECADI, de 2008 a 2011. Membro da Comissão Nacional de Alfabetização e Educação de Jovens e Adultos (CNAEJA), no período de 2008 a 2011

REFERÊNCIAS

Abers, R., & Bulow, M. U. (2011). Movimentos sociais na teoria e na prática: como estudar o ativismo através da fronteira entre estado e sociedade?. *Sociologias*, 13(28), 52-84. http://www.scielo.br/scielo.php?script=sci_arttext&pid= S1517-45222011000300004 &lng=pt&nrm =iso

Ágora net. ([2025]). Dicionário Político. Instituto Ágora em Defesa do Eleitor e da Democracia, s/d p://www.agoranet.org.br/az.htm

Aires, J. C., & Conselho Nacional de Educação. *PROJETO CNE/UNESCO: 914BRZ1144.3.* "Desenvolvimento, aprimoramento e consolidação de uma educação nacional de qualidade". Termo de referência n.03/2024. Produto I. Documento técnico contendo estudo analítico sobre o panorama nacional de efetivação da gestão democrática na Educação Básica no Brasil. http://portal. mec.gov.br/index.php?option= com_docman& view=download& alias=2611 1- produto1-panorama- nacional-efetivacao- gestao-democratica- edu-basica-pdf& Itemid=30192.

Alves-Mazzotti, A. J., & Gewandsznajder, F. (2004). *O método nas Ciências Naturais e Sociais: Pesquisa quantitativa e qualitativa.* Pioneira Thomson Leraning.

Amado, J. (2013). *Manual de investigação qualitativa em educação.* Imprensa da Universidade de Coimbra.

Arendt, H. (2004). *Responsabilidade e Julgamento.* Companhia das Letras.

Arroyo, G. (2005). Educação de jovens e adultos: um campo de responsabilidade pública. In G. Arroyo, L. Soares, M. A. Giovanetti, & N. L. Gomes (Eds.), *Diálogos na educação dos jovens e adultos* (pp. 1-23). Autêntica.

Arroyo, M. G., Caldart, R. S. & Molina, M. C. (Orgs.). (2011). *Por uma Educação do Campo* (5. ed.). Vozes.

Arte Risco. (1997, Abril 2). *Paulo Freire fala sobre as marchas para a Democracia* [Vídeo]. Youtube. https://www.youtube.com/watch?v=9lS1sXj4zKk

Azevedo, S. (2003). Políticas públicas: discutindo modelos e alguns problemas de implementação. In J. Santos, A. Orlando, *Políticas públicas e gestão local: programa interdisciplinar de capacitação de conselheiros municipais* (pp. 17-25). FASE.

Bandeira, P. (2006). Institucionalização de regiões no Brasil. *Ciência e Cultura*, 58(1), Jan./Mar. 2006. http//cienciacultura.bvs.br.s.phpcielo.ph?scrpt=ci_arrtext&pid=S0009-6725006000100015&LNG-EM&nrm=isso

Barreiro, J. (1980). *Educação popular e conscientização* (2. ed.). Cortez.

Beisegel, C. (2004). *Estado e educação popular no Brasil*. Liber Livro.

Bobbio, N. (1987). *Estado, governo, sociedade para uma teoria geral da política* (17. impr.). Paz e Terra.

Brandão, C. R. (1981). *O que é método Paulo Freire* (2. ed). Brasiliense.

Brandão, C. R. (2003). *A pergunta a várias mãos: a experiência da pesquisa no trabalho do educador*. Cortez.

Brandão, C. R. (2013). Prefácio: Cinquenta e um anos depois. In Streck, D., & Esteban, M. T. R. (Org.). *Educação Popular: um lugar de construção coletiva*. Vozes.

Brandão, C. R., & Fagundes, M. C. V. (2016). Cultura popular e educação popular: expressões da proposta freireana para um sistema de educação. *Educar em Revista*, 61, 89-106.

Brasil. ([2025]). Portal da Transparência. Secretaria do Tesouro Nacional e o endereço URL do Portal: Secretaria do Tesouro Nacional. www.tesourotransparente.gov.br

Brasil. (16 jan. 2010) Res. No 3, CNE/CEB. Diário Oficial da União.

Brasil. (1934). Constituição Federativa do Brasil.

Brasil. (1988). Constituição Federativa do Brasil.

Brasil. (20 Dez. 1996). Lei no. 9394 (LDBEN). Estabelece as Diretrizes e Bases da Educação Nacional. *Diário Oficial da União*, seção 1.

Brasil. (2009). Documento nacional preparatório à VI conferência internacional de educação de adultos – VI confintea.

Brasil. (24 jun. 2006). Ministério da Educação/MEC. Decreto n. 5.478.

Brasil. (7 jun. 2013). Ministério da Educação. Resolução /CD/FNDE n. 22.

Brasil. Ministério da Educação. (2016). SECADI/MEC. Seminário Internacional de Educação ao Longo da Vida e Balanço Intermediário da VI Confintea no Brasil.

Britto, C. (1992). Distinção entre "controle social do poder" e "participação popular". *Revista Direito Administrativo*, 189, 114-122.

Brzezinski, I. (Org.). (2000). *LDB Interpretada: Diversos olhares se cruzam* (3. ed.). Cortez.

Burgos, M., Coimbra, J., & Ferreira, P. (2016). Democracia, participação social e controle social de políticas públicas no Brasil: a experiência dos fóruns da Educação de Jovens e Adultos do Brasil. *Global Journal of Community Psychology Practice*, 7(1S), 1-22.

Burgos, M., Coimbra, J., & Ferreira, P. (2017). Fórum da Educação de Jovens e Adultos de Pernambuco-Brasil: primeiras reflexões sobre sua contribuição para o controle social das políticas públicas. In L. Alcoforado, M. R. Barbosa, & D. A. B. Barreto (Eds.), *Diálogos Freirianos: A educação e formação de jovens e adultos em Portugal e no Brasil* (pp. 657-682). Imprensa da Universidade de Coimbra.

Burgos, P., & Uytdenbroek, X. (2011). *Vivendo... aprendendo... ressignificando com Paulo Freire: uma experiência de formação com gestores/as educadores/as de escolas públicas de Pernambuco*. Centro Paulo Freire – Estudos e Pesquisas.

Coutinho, N. (2006). *Intervenções:* o marxismo na batalha das ideias. Cortez.

Dagnino, E. (2002). *Sociedade e espaço público no Brasil*. São Paulo: UFSP.

Dantas, A. C. L. (2005). *Fórum de Educação de Jovens e Adultos do Estado do Rio de Janeiro: tecendo novas práticas políticas na esfera pública* [Monografia, Universidade do Estado do Rio de Janeiro]. Universidade do Estado do Rio de Janeiro. Faculdade de Educação.

Di Pierro, M. (2000). O financiamento público da educação básica de jovens e adultos no Brasil no período de 1985/1999. *23ª Reunião Anual da ANPED, GT 18*, Caxambu.

Di Pierro, M. (2005). Notas sobre a redefinição da identidade e das políticas públicas de Educação de Jovens e Adultos no Brasil. *Educação e Sociedade*, (92), 1115-1139.

Di Pierro, M., & Graciano, M. (2003). *A Educação de Jovens e Adultos no Brasil*. Ação Educativa: Assessoria, Pesquisa e Informação. https://alfabetizarvirtualtextos. wordpress.com/wp-content/uploads/2011/08/a- educac3a7c3a3o -de-jovens--e-adultos- no-brasil.pdf

Documento nacional preparatório à VI conferência internacional de educação de adultos – VI Confintea. (2009). MEC; FUNAPE, UFG.

Documento síntese da VI Confintea. (2008). MEC-SECAD. pp. 16-17.

Dowbor, L. (1999). O poder local diante dos novos desafios sociais. In Cepam (Org.). *O município no século XXI – cenários e perspectivas – Cepam 30 Anos* (pp. 3-24). http://twiki.ufba.br/twiki/bin/viewfile/PROGESP/ItemAcervo323?rev= &filename= livro_cepam-_ o_papel_do_ municipio.pdf

Durkheim, E. (1989). *As regras do método sociológico.* (5. ed). Editorial.

Eneja. (2009). *Relatório Síntese do I Encontro Nacional da Educação de Adultos.*

Farah, M. (2001). Parcerias, novos arranjos institucionais e políticas públicas no nível local do governo. *Revista Administração Pública, 35*(1), 119-144.

Fávero, O. (2013). Paulo Freire, movimentos sociais e Educação de Jovens e Adultos. In D. Streck, & M. T. Esteban (Eds.). *Educação popular: lugar de construção social coletiva* (pp. 49-63). Vozes.

Fênix, N. (2000). *Revista Fênix Notícias.* ano 1 (0). Edições UFPE/NUPEP.

Fênix, N. (2001). *Revista Fênix Notícias,* ano 5 (10). Edições UFPE/NUPEP.

Fênix, N. (2002). *Revista Fênix Notícias,* (15). Edições UFPE/NUPEP.

Fênix, N. (2002). *Revista Fênix Notícias,* ano 1. Edições UFPE/NUPEP.

Fênix, N. (2003). *Revista Fênix Notícias,* ano 2 (2). Edições UFPE/NUPEP

Fênix, N. (2006). *Revista Fênix Notícias,* ano 5 (7). Edições UFPE/NUPEP.

Fênix, N. (2006). *Revista Fênix Notícias,* ano 5 (7). Edições UFPE/NUPEP.

Ferreira, L. O. F. (2008). *Ações em movimento: Fórum Mineiro de EJA - da participação às políticas públicas* (Dissertação de Mestrado). Universidade Federal de Minas Gerais. Repositório da UFMG. https://repositorio.ufmg.br/handle/1843/ FAEC-84VJSW

Ferreira, G. (2016). *População analfabetita em Pernambuco povoaria 76 cidades.* https://curiosamente.diariodepernambuco.com.br/project/ populacao- analfabeta-em- pernambuco- povoaria-o-equivalente- 76-cidades/

Flick, U. (2009). *Introdução à pesquisa qualitativa* (3. ed.) ArtMed.

Foley, M. W. & Eduards, B. (1996). O paradóxo da sociedade civil. *Jornal da democracia*, 7(3), 38-52.

Foucault, M. (1977). *Vigiar e punir*. Vozes.

Freire, P. (1967). *Pedagogia do Oprimido* (1. ed.). Paz e Terra.

Freire, P. (1986). *Educação como prática da liberdade*. Paz e Terra.

Freire, P. (1988). *Pedagogia do oprimido* (18. ed.). Paz e Terra.

Freire, P. (1991). *A Educação na cidade*. Cortez.

Freire, P. (1993). *Cartas a quem ensina* (10. ed.). Olho D'Água.

Freire, P. (1993). *Pedagogia da esperança: um reencontro com a pedagogia do oprimido*. Paz e Terra.

Freire, P. (1994). *Cartas a Cristina*. Paz e Terra.

Freire, P. (1996). *Pedagogia da autonomia: saberes necessários à prática educativa* (19. ed.). Paz e Terra.

Freire, P. (2000). *Pedagogia da Indignação: cartas pedagógicas e outros escritos*. A Andreola. Apresentação: Ana Maria Freire. UNESP.

Freire, P. (2001). *Pedagogia dos sonhos possíveis*. Editora Unesp.

Freire, P. (2003). *Política e educação: ensaios* (pp. 89-95). Cortez.

Freire, P. (2005a). *Pedagogia da autonomia: saberes necessários à prática educativa*. (31. ed.). Paz e Terra.

Freire, P. (2005b). *Conscientização: teoria e prática de libertação* (3. ed.). Cortez.

Freire, P. (2005c). *Educação como prática da liberdade*. Paz e Terra.

Freire, P. (2006). *Pedagogia da autonomia: saberes necessário à prática docente*. Paz e Terra.

Freire, P. (2009). *Pedagogia do oprimido* (48. reimpr.). Paz e Terra.

Gadotti, M. (2014). 50 Anos de angicos: um sonho interrompido a ser retomado. *Educatrix*, (2), 26-31.

Gaetani, F. (2001). *Gestão e avaliação de políticas e programas sociais: subsídios para discussão*. Fundação João Pinheiro, Escola de Governo (Cadernos de textos; 3).

Gohn, G. (2013). Educação popular e movimentos sociais. In D. Streck, & M. T. Esteban (Eds.), *Educação popular. lugar de construção coletiva* (pp. 33-48). Vozes.

Gohn, G., & Bringel, B. (Orgs.). (2014). Movimentos sociais na era global (2. ed.). Vozes.

Habermas, J. (1980). O conceito de poder de Hannah Arendt. In B. Freitag, & S. Rouanet (Orgs.), *Habermas. Sociologia* (pp. 131-146). Ática.

Haddad, S. (2007). Escolarização de jovens e adultos. In UNESCO. (Ed.). *Educação como exercício de diversidade* (pp. 85-128). UNESCO.

IBGE. (2023). *Em 2022, analfabetismo cai, mas continua mais alto entre idosos, pretos e pardos e no Nordeste.* Estatísticas Sociais. https://agenciadenoticias.ibge.gov.br/agencia-noticias/2012-agencia-de-noticias/noticias/37089-em-2022-analfabe-tismo-cai-mas-continua-mais-alto-entre-idosos-pretos-e-pardos-e-no-nordeste

Ireland, T. (2000). A história recente da mobilização pela Educação de Jovens e Adultos à luz do contexto internacional. *Alfabetização e Cidadania, 9*, 9-22.

Ireland, T. (2009). *Apresentação documento nacional preparatório à VI conferência Internacional de Educação de Adultos – VI CONFINTEA.* MEC-SECAD.

Jacobi, P. R. (1989). *Movimentos sociai e políticas públicas.* Cortez.

Lavalle, A. (2003). *A construção da cidadania no Brasil: desafios da inclusão social.* UFSP.

Lázaro, A. (2009). *Apresentação documento nacional preparatório à vi conferência internacional de educação de adultos – VI confintea.* MEC-SECAD.

Lázaro, A. (2014). Educação de jovens e adultos: conquistas recentes e desafios. *Educatriz, (2)*, 51-57.

Libardoni, M. (2000). Fundamentos teóricos e visão estratégica da advocacy. *Revista Estudos Feministas, 8(2)*, 167-69.

Lima, L. (2007). *Educação ao longo da vida: entre a mão direita e a mão esquerda de miró.* Cortez.

Lima, M., Correia, Z., & Burgos, M. P. (2015). *Agenda territorial de desenvolvimento integrado de alfabetização e EJA de Pernambuco.* Editora Universitária da UFPE.

Lima, S. (2009). *Fórum da Educação de Jovens e Adultos de Pernambuco: registros históricos.* Bagaço.

Melucci, A. (1989). Um objetivo para os movimentos sociais? *Lua Nova*, 17, 49-66.

Minayo, M. (2003). *Pesquisa social: teoria, método e criatividade*. Vozes.

Monlevade, J., & Ferreira, E. (1998). *O fundef e seus pecados capitais* (2. ed.). Idea.

Nogueira, A. (2005). *Um estado para a sociedade civil: temas éticos e políticos da gestão democrática* (2. ed.). Cortez.

Paiva, J. (2006). Tramando concepções e sentidos para redizer o direito à Educação de Jovens e Adultos. *Revista Brasileira de Educação*, 11(33), 516-566.

Paiva, J. (2007). Educação de jovens e adultos: movimentos pela consolidação de direitos.

Paiva, J., Machado, M., & Ireland, T. D. (Orgs.). (2004). *Educação de jovens e adultos: uma memória contemporânea, 1996–2004*. MEC; UNESCO.

Paiva, V. (Org.). (1984). *Perspectivas e dilemas da educação popular*. Graal.

Pantoja, Á. L. (2013). *A construção pedagógica de sujeitos em processos formativos – uma experiência com educadores e educadoras sociais no nordeste brasileiro* (Tese de Doutorado) – Universidade do Porto, Portugal.

Pernambuco. SEE/PE. (Mar. 2016). *Diretrizes operacionais para a oferta da Educação de Jovens e Adultos em Pernambuco*.

Pernambuco. SEE-PE. (2016). *Diretrizes Operacionais para a oferta da EJA*. SEE/PE.

PNAD. (2015). *Pesquisa Nacional por Amostra de Domicílio*. Rio de Janeiro: IBGE.

PNAD. (2016). *Pesquisa Nacional por Amostra de Domicílio*. Rio de Janeiro: IBGE.

Pontual, P. (2008). Desafios à construção da democracia participativa no Brasil: a prática dos conselhos de gestão das políticas públicas. *Cadernos da Cidade*, 12(14), 7-26.

Raichelis, R. (1998). *Esfera pública e conselhos de assistência social: caminhos de construção democrática*. Cortez.

Saviani, D. (1997). *A nova lei da educação: trajetória, limites e perspectiv*as (2. ed.) Autores Associados.

Seithel, F. (2004). *Revista Antropológicas*, ano 8, 15(1), 5-48.

Silva, B. (Coord.). (1986). *Dicionário de Ciências Sociais*. Editora da Fundação Getúlio Vargas.

Silva, J. (2003). *O fórum da Educação de Jovens e Adultos do Estado da Paraíba: uma nova configuração em movimentos sociais* (Dissertação de Mestrado) Universidade Federal da Paraíba, João Pessoa.

Soares, L. (2002). As políticas de EJA e as necessidades de aprendizagens de jovens e adultos. In M. Ribeiro (Org.), *Educação de jovens e adultos: novos leitores, novas leituras*. Mercado de Letras.

Soares, L. (2003). Os fóruns de Educação de Jovens e Adultos: articular, socializar e intervir. *Presença Pedagógica, 9*(54), 14-21.

Soares, L. (2004). O surgimento dos fóruns de EJA no Brasil: articular, socializar e intervir. *Alfabetização e Cidadania*, (17), 25-35.

Souza, J. (2000). *Educação de jovens e adultos no Brasil e no mundo*. Bagaço.

Souza, J. (2004). *E a educação: Quê?*. Bagaço – UNICEF.

Streck, D., & Esteban, M. (2013). Paulo Freire, movimentos sociais e Educação de Jovens e Adultos. In D. Streck & M. T. Esteban. (Eds.). *Educação popular: lugar de construção social coletiva*. Vozes, pp. 49-63.

Streck, D. S., & Esteban, M. T. (2013). *Educação popular. lugar de construção social coletiva*. Vozes.

Tarrow, S. (2009). *Poder em movimento: movimentos sociais e confronto político*. Vozes. (Obra original publicada em 1994)

Teles, J. (2015). Prefácio. In N. S. Lima, M. Z. S. Correia, & M. P. Burgos, *Agenda territorial de desenvolvimento integrado de alfabetização e EJA de Pernambuco* (pp. 17-25). Editora Universitária da UFPE.

Touraine, A. (1996). *O que é a democracia?*. Vozes.

Touraine, A. (2006). Na fronteira dos movimentos sociais. *Revista Sociedade e Estudo, 21*(1), 17-28.

Unesco. (1997). *Declaração de Hamburgo: agenda para o futuro*.

Unesco. (2003). *Convenção das Nações Unidas contra a corrupção*. Assembléia Geral das Nações Unidas.

Urbinati, N. (2010). Representação como advocacy: um estudo sobre deliberação democrática. *Revista Política e Sociedade*, *10*(16), 51-88. DOI: 10.5007/2175-7984.2010v9n16p5

Urpia, M. de F M. (2009). *Fórum EJA Bahia: implicação na definição da política pública da Educação de Jovens e Adultos* (Dissertação de Mestrado). Universidade Católica do Salvador.

Vasconcelos, M., & Brito, R. (2006). *Conceitos de educação em Paulo Freire*. Vozes.

Warren, I. S. (2011). Redes da sociedade civil: advocacy e incidências. In C. Martinho (Org.), *Vida em redes: relacionamento e caminhos* (pp. 65-85). Instituto C&A.

Weber, M. (2013). Max Weber e a racionalização da vida. (1. ed.). Vozes.

Yin, R. (2003). *Case study research – design and methods*. SAGE Publications.

Consulta a outros documentos

Fórum EJA PE. (2016). *Ofício 16/2016*. fórum de EJA. (1997). *Boletim Informativo*. Natal. (1996). *Relatório final*.

Ofício Circular n. 06/2008 fazendo referência ao Ofício Circular n. 01/2008. (2008) MEC/SEF. (1996). *Relatório*

Relatório Síntese do I Encontro Nacional da Educação de Adultos (Eneja). (1999).

Relatório Síntese do II Encontro Nacional da Educação de Adultos (Eneja). (2000).

Relatório Síntese do III Encontro Nacional da Educação de Adultos (Eneja). (2001). Eneja.

Relatório Síntese do IV Encontro Nacional da Educação de Adultos (Eneja). (2002). Eneja.

Relatório Síntese do V Encontro Nacional da Educação de Adultos (Eneja). (2003). Eneja.

Relatório Síntese do VI Encontro Nacional da Educação de Adultos (Eneja). (2004). Eneja.

Relatório Síntese do VII Encontro Nacional da Educação de Adultos (Eneja). (2005). Eneja.

Relatório Síntese do VIII Encontro Nacional da Educação de Adultos (Eneja). (2006). Eneja.

Relatório Síntese do IX Encontro Nacional da Educação de Adultos (Eneja). (2007). Eneja.

Relatório Síntese do X Encontro Nacional Nacionais da Educação de Adultos (Eneja). (2008). Eneja.

Relatório Síntese do XI Encontro Nacional da Educação de Adultos (Eneja). (2009). Eneja.

Relatório Síntese do XII Encontro Nacional da Educação de Adultos (Eneja). (2011). Eneja.

Relatório Síntese do XIII Encontro Nacional da Educação de Adultos (Eneja). (2013). Eneja.

Relatório Síntese do XIV Encontro Nacional da Educação de Adultos (Eneja). (2015). Eneja.

Relatório Síntese do XV Encontro Nacional da Educação de Adultos (Eneja). (2017). Eneja.

Relatórios Síntese de todos os Encontros do fórum da EJA PE.